**O sublime objeto da ideologia**

*Slavoj Žižek*

# O sublime objeto da ideologia

**Tradução de**
Vera Ribeiro

**Revisão técnica de**
Carla Rodrigues e Gabriel Lisboa Ponciano

1ª edição

Rio de Janeiro
2024

Primeira edição publicada por Verso 1989
Esta edição publicada por Verso 2008
Copyright © Slavoj Žižek, 1989

Título original: *The Sublime Object of Ideology*

*Diagramação:* Abreu's System

Todos os direitos reservados. É proibido reproduzir, armazenar ou transmitir partes deste livro, através de quaisquer meios, sem prévia autorização por escrito.

Texto revisado segundo o Acordo Ortográfico da Língua Portuguesa de 1990.

Direitos desta edição adquiridos pela
EDITORA CIVILIZAÇÃO BRASILEIRA
Um selo da
EDITORA JOSÉ OLYMPIO LTDA.
Rua Argentina, 171 – 3º andar – São Cristóvão
Rio de Janeiro, RJ – 20921–380
Tel.: (21) 2585–2000.

Seja um leitor preferencial Record.
Cadastre-se no site www.record.com.br
e receba informações sobre nossos
lançamentos e nossas promoções.

Atendimento e venda direta ao leitor:
sac@record.com.br

Impresso no Brasil
2024

---

CIP-BRASIL. CATALOGAÇÃO NA PUBLICAÇÃO
SINDICATO NACIONAL DOS EDITORES DE LIVROS, RJ

Z72s
    Žižek, Slavoj
       O sublime objeto da ideologia / Slavoj Žižek ; tradução Vera Ribeiro ; revisão técnica Carla Rodrigues, Gabriel Lisboa Ponciano. – 1. ed. – Rio de Janeiro : Civilização Brasileira, 2024.

       Tradução de: The sublime object of ideology
       ISBN 978-65-5802-135-3

       1. Filosofia. 2. Ideologia. 3. Ideologia – Aspectos sociais. I. Ribeiro, Vera. II. Rodrigues, Carla. II. Ponciano, Gabriel Lisboa. III. Título.

| | |
|---|---|
| | CDD: 140 |
| 24-89177 | CDU: 316.75 |

Meri Gleice Rodrigues de Souza – Bibliotecária – CRB-7/6439

# Sumário

**PREFÁCIO À EDIÇÃO DE 2008**
A constipação da ideia?   7

**INTRODUÇÃO**   25

## Parte I – O sintoma

**CAPÍTULO 1**
Como Marx inventou o sintoma?   37

**CAPÍTULO 2**
Do sintoma ao *sinthoma*   93

## Parte II – A falta no Outro

**CAPÍTULO 3**
"*Che vuoi?*"   135

**CAPÍTULO 4**
Só se morre duas vezes   189

## Parte III – O sujeito

**CAPÍTULO 5**
Qual é o sujeito do Real?   215

**CAPÍTULO 6**
"Não apenas como *substância*, mas também como *sujeito*"   275

**ÍNDICE REMISSIVO**   315

# Prefácio à edição de 2008
## A constipação da ideia?

Quando uma disciplina está em crise, fazem-se tentativas de modificar ou complementar suas teses *dentro* dos termos de sua estrutura básica — procedimento que poderíamos chamar de "ptolemização" (já que, quando surgiu uma profusão de dados que se chocavam com a astronomia de Ptolomeu, centrada na Terra, seus adeptos introduziram complicações adicionais para explicar as anomalias). Mas a verdadeira revolução "copernicana" ocorre quando, em vez de apenas acrescentar complicações e modificar premissas menores, a própria estrutura básica sofre uma transformação. Assim, ao lidarmos com uma autodeclarada "revolução científica", a pergunta a fazer é sempre: isso é realmente uma revolução copernicana ou uma simples ptolemização do velho paradigma?

Dois exemplos de ptolemização: há boas razões para dizer que a "teoria das cordas", que fornece os fundamentos de uma teoria unificada (um arcabouço teórico único para descrever as quatro interações fundamentais entre partículas subatômicas, antes separadamente explicadas pela teoria da relatividade ou pela física quântica), continua a ser uma tentativa de ptolemização, e que ainda estamos à espera de um novo começo, que exigirá uma mudança ainda mais radical dos pressupostos básicos (algo como abandonar o tempo ou o espaço como o constituinte básico da realidade).[1] Similarmente, na teoria social, há boas razões para afirmar que todas as propostas do "novo paradigma" sobre a natureza do mundo contemporâneo (o de que estamos entrando numa sociedade pós-industrial, numa sociedade pós-moderna, numa sociedade de risco, numa sociedade da informação etc.) continuam a ser outras tantas ptolemizações do "velho paradigma" dos modelos sociológicos clássicos.

A pergunta é, portanto: como ficam as coisas com a psicanálise? Embora Freud tenha apresentado sua descoberta como uma revolução copernicana, a premissa fundamental das ciências cognitivas é que a psicanálise continua a ser uma "ptolemização" da psicologia clássica, não abandonando suas premissas mais básicas. (Aliás, os economistas pós-clássicos fazem a mesma afirmação sobre Marx: a crítica de Smith e Ricardo equivale a uma ptolemização.) *O sublime objeto da ideologia* tenta responder a essa pergunta por meio da reabilitação da psicanálise em seu núcleo filosófico — como uma teoria que tem uma dívida para com a dialética de Hegel e só é legível contra esse pano de fundo. Isto só pode afigurar-se, talvez, o pior movimento que se poderia ter feito: tentar salvar a psicanálise, uma teoria (e uma prática) desacreditada, mediante a referência a uma teoria ainda mais desacreditada, o pior tipo de filosofia especulativa, tornada irrelevante pelo progresso da ciência moderna.

No entanto, como nos ensinou Lacan, ao nos confrontarmos com uma escolha aparentemente clara, às vezes o correto a fazer é escolher a pior opção. Por isso, minha aposta foi (e é) que, através da interação das duas (ler Hegel através de Lacan e vice-versa), a psicanálise e a dialética hegeliana podem redimir-se simultaneamente, descartando suas caras antigas e emergindo numa forma nova e inesperada.

Tomemos a dialética de Hegel no que ela tem de mais "idealista", com a noção de suspensão [*Aufhebung*]* de qualquer realidade material imediata. A operação fundamental da *Aufhebung* é a redução: a coisa suspensa sobrevive, mas numa edição "abreviada", por assim dizer, arrancada de seu contexto de mundo/vida, despida até suas características

---

* É longo e conhecido o debate dos especialistas sobre a tradução do substantivo *Aufhebung* e do verbo correspondente, *aufheben*, cuja polissemia abriga, na língua alemã, os sentidos conjuntos de negar/alçar/conservar. Optei aqui por *suspensão/suspender/suspendido*, a tradução mais usada na psicanálise lacaniana, e *suprassunção/suprassumir/suprassumido*, os neologismos preferidos por Paulo Meneses nas traduções de Hegel no Brasil. (*N. T.*)

## PREFÁCIO À EDIÇÃO DE 2008

essenciais, com todo o movimento e riqueza de sua vida reduzidos a uma marca fixa. Não é que, depois de a abstração da Razão fazer seu trabalho mortificante, com suas categorias fixas ou suas determinações nocionais, a "universalidade concreta" especulativa nos devolva, de algum modo, ao verde frescor da Vida; ao contrário, ao passarmos da realidade empírica para sua *Aufhebung* conceitual, a imediatez da vida perde-se para sempre. Nada é mais estranho a Hegel do que um lamento pela riqueza da realidade que se perde, ao procedermos a sua captura conceitual. Recordemos a inequívoca celebração hegeliana do poder absoluto do Entendimento, em seu Prefácio da *Fenomenologia*: "A atividade do dividir é a força e o trabalho do entendimento, a força maior e mais maravilhosa, ou melhor: a potência absoluta." Essa celebração não tem nenhuma ressalva, ou seja, a ideia de Hegel não é que esse poder seja "suprassumido", mais tarde, num momento subalterno da totalidade unificadora da Razão. O problema do Entendimento está, antes, em que ele não desencadeia esse poder até o fim, em que o toma como externo à própria coisa — daí a noção padronizada de que é apenas *nosso* Entendimento (a "mente") que separa em sua imaginação aquilo que na "realidade" é unido, de modo que o "poder absoluto" do Entendimento é meramente o poder de nossa imaginação, que de modo algum concerne à realidade da coisa analisada. Passamos do Entendimento à Razão não quando essa análise, ou essa divisão, é superada numa síntese que nos reconduz à riqueza da realidade, mas quando esse poder de "dividir" é deslocado do estar "apenas em nossa mente" para as próprias coisas, como seu poder intrínseco de negatividade.

Nos anos 1960, um teórico "progressista" da educação provocou uma reação ao divulgar os resultados de um experimento simples: pediu a um grupo de crianças de cinco anos para desenhar uma imagem delas brincando em casa; dois anos depois, pediu ao mesmo grupo que fizesse a mesma coisa, depois de haver passado um ano e meio na escola primária. A diferença foi notável: os autorretratos das crianças de cinco anos eram exuberantes, animados, repletos de cores, surrealisticamente divertidos; dois anos depois, eram muito mais rígidos e contidos, e a grande maioria das crianças escolheu espontaneamente apenas o cinza dos lápis comuns, embora houvesse outras cores à sua disposição. Como seria previsível, esse experimento foi entendido como prova do "caráter opressivo" do aparato escolar, de como a rotina e a disciplina da escola esmagam a criatividade espontânea das crianças, e assim por diante. Do ponto de vista hegeliano, porém, deveríamos, ao contrário, celebrar essa mudança como indicação de um progresso crucial do espírito: nada se perde nessa redução do colorido vívido à disciplina cinzenta; na verdade, só se tem a ganhar — a força do espírito está, precisamente, em progredir da imediatez "verde" da vida para sua estrutura conceitual "cinza", e em reproduzir nesse meio reduzido as determinações essenciais para as quais nossa experiência imediata nos cega.

A mesma modificação ocorre na memória histórica e nos monumentos do passado, nos quais o que sobrevive são objetos privados de sua alma viva. Eis o comentário de Hegel a propósito da Grécia antiga: "As estátuas são agora cadáveres cuja alma vivificante escapou, como os hinos são palavras cuja fé escapou."[2] Como na passagem do Deus substancial para o Espírito Santo, a reanimação propriamente dialética deve ser buscada exatamente nesse meio de determinação conceitual "cinzenta":

> sensível pela forma da universalidade abstrata, o entendimento lhes dá [às variedades do sensível], por assim dizer, uma tal dureza do ser; (...) por essa simplificação, porém, ele, ao mesmo tempo, anima-as e afia-as.[3]

Essa "simplificação" é precisamente o que Lacan, referindo-se a Freud, expôs como a redução de uma coisa ao traço unário [*der einzige Zug*]: estamos lidando com uma espécie de epitomação por cujo meio a multidão de propriedades reduz-se a uma só característica dominante, de modo que obtemos "uma forma concreta em que predomina uma só, enquanto outras estão presentes apenas em traços rasurados": "o conteúdo já é a efetividade reduzida à possibilidade [*zur Möglichkeit*

## PREFÁCIO À EDIÇÃO DE 2008

*getilgte Wirklichkeit*]. A imediatez foi obtida à força, a configuração foi reduzida à sua abreviatura, à simples determinação-de-pensamento."[4]

A abordagem dialética costuma ser percebida como a tentativa de situar o fenômeno a ser analisado na totalidade a que pertence, de trazer à luz a riqueza de seus vínculos com outras coisas e, desse modo, quebrar o feitiço da abstração fetichizante: pela perspectiva dialética, deve-se ver não apenas a coisa que se tem diante de si, mas essa coisa tal como inserida em toda a riqueza de seu contexto histórico concreto. Mas essa é a armadilha mais perigosa a evitar; para Hegel, o verdadeiro problema é justamente o inverso: o fato de que, quando observamos uma coisa, vemos demais nela, somos enfeitiçados pela profusão de detalhes empíricos, que nos impede de perceber com clareza a determinação conceitual que forma o cerne da coisa. O problema, portanto, não é como apreender a multiplicidade de determinações, mas como *abstrair* delas, como restringir nosso olhar e ensiná-lo a apreender apenas a determinação conceitual.

A formulação de Hegel é muito precisa nesse ponto: a redução ao "traço unário" significante reduz a atualidade à possibilidade, no exato sentido platônico de que a noção (ideia) de uma coisa tem sempre uma dimensão deontológica, designando *aquilo que a coisa deve vir a ser para ser plenamente o que é*. "Potencialidade", portanto, não é o simples nome da essência de uma coisa atualizada na multidão de coisas empíricas (a ideia de uma cadeira como potencialmente atualizada em cadeiras empíricas). A multidão das propriedades atuais de uma coisa não se reduz, simplesmente, ao núcleo interno da "verdadeira realidade" dessa coisa; o mais importante é que a redução significante acentua (desenha) o potencial interno da coisa. Quando chamo alguém de "meu professor", delineio com isso o horizonte do que espero dele; quando me refiro a uma coisa como "cadeira", faço um perfil de como pretendo usá-la no futuro. Quando observo o mundo a meu redor pelas lentes de uma língua, percebo sua atualidade pelas lentes das potencialidades ocultas, presentes nela sob forma latente. O que isto significa é que a potencialidade só aparece "como tal", só se atualiza *como potenciali-*

*dade*, através da linguagem: é a denominação de uma coisa que traz à luz ("propõe") seus potenciais.

Ao apreendermos a *Aufhebung* dessa maneira, podemos ver, imediatamente, o que há de errado num dos principais tópicos do descarte pseudofreudiano de Hegel: a ideia de que o Sistema hegeliano é a expressão mais alta e mais exagerada de uma economia oral. Não é a Ideia hegeliana, efetivamente, uma devoradora voraz, que "engole" todos os objetos com que depara? Não admira que Hegel se visse como cristão: para ele, o comer ritualístico do pão transubstanciado no corpo de Cristo assinala que o sujeito cristão pode integrar e digerir o próprio Deus, sem nenhum resto. Por conseguinte, acaso a concepção/apreensão hegeliana não é uma versão sublimada da digestão? Hegel escreve:

> Quando o ser humano individual faz algo, realiza algo, atinge um objetivo, este fato deve basear-se no modo como a própria coisa, em seu conceito, age e se comporta. Quando como uma maçã, destruo sua autoidentidade orgânica e a assimilo a mim mesmo. A possibilidade de fazê-lo implica que a maçã em si, já de antemão, antes que eu me apodere dela, tem em sua natureza a determinação de estar sujeita à destruição, de trazer em si uma homogeneidade tal com meus órgãos digestivos que posso torná-la homogênea a mim mesmo.[5]

Acaso o que Hegel oferece não é uma versão inferior do próprio processo de cognição, no qual, como ele gosta de assinalar, só podemos apreender o objeto quando esse próprio objeto já "quer estar conosco/a nosso lado"? Convém levar essa metáfora até o fim: a leitura crítica padrão interpreta o Sujeito-Substância absoluto de Hegel como inteiramente *constipado* — retendo em si o conteúdo engolido. Ou, como diz Adorno em um de seus comentários mordazes (que, como não raro acontece com ele, erra o alvo), o sistema hegeliano é "a barriga transformada em mente",[6] com a pretensão de haver engolido toda a Alteridade indigerível... Mas, e o movimento contrário, a defecação

PREFÁCIO À EDIÇÃO DE 2008

hegeliana? Será que o sujeito do que Hegel chama de "Conhecimento absoluto" não é também um sujeito completamente *esvaziado*, um sujeito reduzido ao papel de puro observador (ou melhor, registrador) do automovimento do próprio conteúdo?

> O mais rico é, portanto, o mais concreto e o mais *subjetivo*, e aquilo que se retira na profundidade mais simples é o mais poderoso e o mais prevalente. O cume mais alto, mais agudo, é a personalidade pura, que unicamente através da dialética absoluta, que é sua natureza, *inclui e sustenta tudo dentro de si*.[7]

Neste sentido estrito, o sujeito em si é a substância ab-rogada, uma substância reduzida ao vácuo da forma vazia da negatividade relativa a si mesma, esvaziada de toda a riqueza da "personalidade" — em lacanês, a passagem da substância para o sujeito é a de S para $, ou seja, o sujeito é a substância barrada. (Adorno e Horkheimer, na *Dialética do Esclarecimento*, fazem a observação crucial de que o Eu empenhado na mera sobrevivência tem que sacrificar qualquer conteúdo que possa fazer essa sobrevivência valer a pena; Hegel, ao contrário, tem uma visão positiva desse sacrifício constitutivo.) Schelling referiu-se a esse mesmo movimento como *contração* (mais uma vez, com a conotação excrementícia de espremer as fezes para fora de si, de expulsá-las): o sujeito é a substância contraída.

Então, será que a posição subjetiva final do sistema hegeliano não nos obriga a inverter a metáfora digestiva? O exemplo supremo (e, para muitos, o mais problemático) desse contramovimento ocorre bem no final da *Lógica*, quando, uma vez concluída a exposição conceitual, fechando o círculo completo da Ideia absoluta, a Ideia, em sua resolução/decisão, "solta-se livremente" na Natureza, deixa a Natureza para lá, larga-a, descarta-a, afasta-a de si, e com isso a liberta.[8] E é por isso que, para Hegel, a filosofia natural não é uma reapropriação violenta dessa externalidade, mas envolve, antes, a atitude passiva de um observador: como diz ele na *Filosofia do espírito*, "a filosofia, de certo modo, tem apenas de assistir a como a natureza mesma suprassume sua exterioridade".[9]

O mesmo movimento é realizado pelo próprio Deus, que, sob o disfarce de Cristo, um mortal finito, também "se solta livremente" na existência temporal. O mesmo se aplica ao início da arte moderna, na qual Hegel explicou a ascensão das telas de "natureza-morta" (não apenas paisagens e flores etc., mas até pedaços de alimentos ou animais mortos) como sendo devida, precisamente, ao fato de que a subjetividade, no desenvolvimento da arte, já não necessita do meio visual como seu principal meio de expressão — ou seja, pelo fato de a ênfase deslocar-se para a poesia como uma apresentação mais direta da vida íntima do sujeito. Os ambientes naturais ficam "livres" do fardo de expressar a subjetividade e, assim libertos, podem ser afirmados em seus próprios termos. Além disso, como já assinalaram alguns leitores perspicazes de Hegel, a própria suprassunção da arte em si nas ciências filosóficas (no pensamento conceitual), o fato de a arte não mais ser obrigada a servir como principal meio de expressão do espírito, liberta-a, permite que ela ganhe autonomia e seja independente. Não é justamente essa a definição da arte moderna propriamente dita, uma arte já não subordinada à tarefa de representar a realidade espiritual?

O modo pelo qual a ab-rogação se relaciona com a suprassunção não é o de uma simples sucessão ou oposição externa, não é um "primeiro se come, depois se caga". Cagar é a *conclusão* imanente de todo o processo: sem isso, lidaríamos com a "infinidade espúria" de um processo interminável de suprassunção. O próprio processo de suprassunção só consegue atingir seu fim por meio do contramovimento:

> ao contrário do que se imaginaria a princípio, esses dois processos, de suprassunção e ab-rogação, são completamente interdependentes. Considerando o momento final do espírito absoluto [*Filosofia*], observa-se de imediato a sinonímia entre os verbos *aufheben* e *befreien* ["libertar"], bem como *ablegen* ["descartar", "remover", "retirar"]. A ab-rogação especulativa,

## PREFÁCIO À EDIÇÃO DE 2008

em nada estranha ao processo da *Aufhebung*, é, na verdade, sua realização. A ab-rogação é uma suprassunção da suprassunção, o resultado do trabalho da *Aufhebung* sobre si mesma e, como tal, sua transformação. O movimento de eliminação e preservação produz essa transformação num certo momento da história, o momento do Conhecimento Absoluto. A ab-rogação especulativa é a *suprassunção absoluta*, se por "absoluta" nos referirmos a uma liberação ou suprassunção que liberta de certo tipo de apego.[10]

A cognição verdadeira, portanto, não é apenas a "apropriação" conceitual de seu objeto: o processo de apropriação só continua enquanto o conhecimento permanece incompleto. O sinal de que ele se concluiu é que ele liberta seu objeto, larga-o, deixa-o de lado. É por isso que o movimento de suprassunção tem que culminar no gesto autorreferente de suprassumir a si mesmo.

E quanto ao óbvio argumento contrário? Será que a parte ab-rogada, liberta, não é exatamente o aspecto arbitrário, passageiro do objeto, aquele que a mediação/redução conceitual pode permitir-se abandonar como a parte sem valor em si? É precisamente essa a ilusão a ser evitada, por duas razões. Primeiro, é exatamente como descartada que a parte liberta é, ao contrário, se nos permitem insistir na metáfora excrementícia, o *adubo* do desenvolvimento espiritual, o solo no qual crescerá outro desenvolvimento. Assim, a libertação da Natureza nela mesma lança a base do Espírito propriamente dito, que só pode desenvolver-se a partir da Natureza como sua autossuprassunção intrínseca. Segundo (e mais fundamental), o que é liberado em seu próprio ser, no conhecimento especulativo, é, em última análise, o objeto em si da cognição, o qual, quando verdadeiramente apreendido [*begriffen*], não mais tem que depender da intervenção ativa do sujeito, mas se desenvolve seguindo seu próprio automatismo conceitual, enquanto o sujeito se reduz a um observador passivo que, ao permitir que a coisa exiba seu potencial sem nenhuma intervenção sua (*Zutun*), meramente registra o processo. É por isso que a cognição hegeliana é simultaneamente ativa e passiva, mas num sentido que desloca radicalmente a ideia kantiana de cognição como a união de atividade e passividade. Em Kant, o sujeito sintetiza (confere unidade) ativamente o conteúdo (a multiplicidade sensível) pelo qual é passivamente afetado. Para Hegel, ao contrário, no nível do Conhecimento Absoluto, o sujeito cognoscente é totalmente apassivado: já não interfere no objeto, mas apenas registra o movimento imanente da autodiferenciação/autodeterminação do objeto (ou, para usar um termo mais contemporâneo, a auto-organização autopoiética do objeto). O sujeito, portanto, no que tem de mais radical, não é o agente do processo: o agente é o próprio Sistema (de conhecimento), que se dispõe "automaticamente", sem necessidade de empurrões ou ímpetos externos. Contudo, essa extrema passividade envolve, ao mesmo tempo, o máximo de atividade: é necessário o mais exaustivo esforço para que o sujeito se "apague" nesse conteúdo particular, como agente que intervém no objeto, e se exponha como um meio neutro, sede da autodisposição do Sistema. Desse modo, Hegel supera o dualismo-padrão entre Sistema e Liberdade, entre a ideia spinozista de um *deus sive natura* substancial, da qual o Eu faz parte, apanhado em seu determinismo, e a ideia fichtiana do sujeito como agente oposto à matéria inerte, que tenta dominá-la e se apropriar dela: *o momento supremo da liberdade do sujeito é libertar seu objeto*, deixá-lo livre para se posicionar: "A liberdade absoluta da ideia é que ela (...) decide-se a *deixar* sair livremente de si o momento de sua particularidade."[11]

Aqui, "liberdade absoluta" é literalmente absoluta, no sentido etimológico de *absolvere*: liberar, soltar. Schelling foi o primeiro a criticar como ilegítimo esse movimento: depois de Hegel concluir o círculo do autodesenvolvimento lógico do conceito, e ciente de que todo esse desenvolvimento se dava no meio abstrato do pensamento, ele tinha que fazer, de algum modo, a passagem de volta à vida real — mas, como não havia categorias em sua lógica para realizar essa passagem, teve que recorrer a termos como "decisão" (a Ideia "decide" libertar a Natureza dela mesma), termos que não são categorias da lógica, mas da vontade e da vida prática. É claro que essa crítica perde de vista o modo pelo qual o ato de libertar o outro é rigorosamente *imanente* ao processo dialético, é seu momento conclusivo, o sinal da conclusão de um círculo dialético. Não é essa a versão hegeliana da *Gelassenheit*?

É assim que se deve ler o "terceiro silogismo da Filosofia" enunciado por Hegel, Espírito-Lógica-Natureza: o ponto de partida do movimento especulativo expresso por esse silogismo é a substância espiritual em que os sujeitos ficam imersos; depois, através de um exaustivo trabalho conceitual, a riqueza dessa substância se reduz a sua estrutura lógica/conceitual elementar; uma vez realizada essa tarefa, a Ideia lógica plenamente desenvolvida pode libertar a Natureza dela mesma. Eis a passagem principal:

> Na medida em que a ideia se põe como *unidade* absoluta do puro conceito e de sua realidade, com isso, recolhe-se na imediatidade do ser, assim ela como a *totalidade* está nesta forma — *natureza*.[12]

Mas essa determinação não veio de um processo de devir nem é uma transição, como quando, acima, o conceito subjetivo em sua totalidade torna-se objetividade e a finalidade subjetiva torna-se vida. Ao contrário, a Ideia pura em que a determinidade ou a realidade do Conceito eleva-se ao Conceito é, ela mesma, uma liberação absoluta, para a qual já não há nenhuma determinação imediata que não seja igualmente posta e não seja, ela mesma, Conceito; nessa liberdade, portanto, não ocorre nenhuma transição; o simples ser para o qual a ideia se determina permanece-lhe perfeitamente transparente, e é o Conceito que, em sua determinação, continua junto a si mesmo. A passagem, portanto, deve ser entendida aqui desta maneira, no sentido de que a Ideia abandona-se livremente em sua absoluta autoconfiança e equilíbrio interno. Em razão dessa liberdade, a forma de sua determinidade é também totalmente livre — a exterioridade de espaço e tempo existe absolutamente para si mesma, sem o momento da subjetividade.[13] Hegel insiste repetidamente, nesse ponto, em que essa "libertação absoluta" é totalmente distinta da "transição" dialética padronizada. Mas, como? Paira a suspeita de

O SUBLIME OBJETO DA IDEOLOGIA

que a "liberdade absoluta" de Hegel baseia-se na mediação absoluta de toda e qualquer alteridade: eu só liberto o Outro depois de o haver internalizado completamente... Mas, será mesmo esse o caso?

Aqui, convém reler a crítica lacaniana de Hegel: e se, longe de negar o que Lacan chama de "disjunção subjetiva", Hegel estiver afirmando, ao contrário, uma divisão antes desconhecida que *perpassa o sujeito (particular), bem como a ordem substancial (universal) da "coletividade", unindo os dois*? Em outras palavras, e se a "conciliação" entre o Particular e o Universal ocorrer, precisamente, por meio da divisão que atravessa os dois? A censura "pós-moderna" básica a Hegel — a de que sua dialética admite antagonismos e cisões somente para resolvê--los, magicamente, numa síntese-mediação superior — contrasta estranhamente com a velha crítica marxista (já formulada por Schelling) de que Hegel só resolve os antagonismos "em pensamento", através da mediação conceitual, enquanto, na realidade, eles continuam não resolvidos. Ficamos tentados a aceitar essa segunda censura por seu valor aparente e a usá-la contra a primeira: e se for essa a resposta adequada à acusação de que a dialética hegeliana resolve magicamente os antagonismos? E se, para Hegel, a questão *for*, precisamente, não "resolver" antagonismos "na realidade", mas simplesmente fazer uma mudança em paralaxe por meio da qual os antagonismos sejam reconhecidos "como tais" e, com isso, percebidos em seu papel "positivo"?

A passagem de Kant para Hegel, portanto, é muito mais intrincada do que pode parecer; tornemos a abordá-la por meio de suas diferentes atitudes diante da prova ontológica da existência de Deus. A rejeição kantiana dessa prova toma como ponto de partida sua tese de que o ser não é um predicado: quando se conhecem todos os predicados de uma entidade, seu ser (existência) não é decorrência disso, ou seja, não se pode concluir por um ser a partir de um conceito. (É óbvia aqui a linha anti-Leibniz, uma vez que, de acordo com Leibniz, dois objetos são indistinguíveis quando todos os seus predicados são iguais.) A implicação para a prova ontológica de Deus é clara: do mesmo modo que posso ter uma ideia perfeita de 100 táleres e, apesar disso, não os ter

# PREFÁCIO À EDIÇÃO DE 2008

no bolso, posso ter uma ideia perfeita de Deus e, mesmo assim, Deus pode continuar a não existir. A primeira observação de Hegel, seguindo essa linha de raciocínio, é que "ser" é a determinação conceitual mais pobre e mais imperfeita (tudo "é" de algum modo, inclusive minhas mais loucas fantasmagorias); é só através de outras determinações conceituais que chegamos à existência, à realidade, à atualidade, todas as quais são muito mais do que o mero ser. A segunda observação dele é que a distância entre conceito e existência é, precisamente, a marca da finitude; aplica-se a objetos finitos, como 100 táleres, mas não a Deus: Deus não é algo que eu possa ter (ou não ter) no bolso.

Numa primeira abordagem, talvez pareça que a oposição entre Kant e Hegel nesse ponto é, em última análise, a que se dá entre materialismo e idealismo: Kant insiste num mínimo de materialismo (a independência da realidade em relação às determinações conceituais), enquanto Hegel dissolve totalmente a realidade em suas determinações nocionais. Mas a verdadeira questão em Hegel está noutro lugar: envolve a afirmação "materialista", muito mais radical, de que uma determinação conceitual completa de uma entidade — à qual teríamos apenas de acrescentar "ser" para chegar a sua existência — é, por si só, uma ideia abstrata, uma possibilidade abstrata vazia. A falta de um (certo modo de) ser também é sempre uma falta inerente de alguma determinação conceitual — digamos, para que uma coisa exista como parte da realidade material opaca, é preciso atender a todo um conjunto de condições/determinações conceituais (e outras determinações têm que faltar). Com respeito aos 100 táleres (ou a qualquer outro objeto empírico), isto significa que sua determinação conceitual é abstrata, razão por que eles possuem um ser empírico opaco e não a atualidade plena. Assim, quando Kant traça um paralelo entre Deus e os 100 táleres, devemos formular uma pergunta simples e ingênua: Kant *realmente* possui um *conceito* (plenamente desenvolvido) de Deus?

Isso nos traz à verdadeira finura da argumentação de Hegel, que é orientada em dois sentidos, contra Kant e contra a clássica versão de Anselmo sobre a prova ontológica de Deus. O argumento de Hegel contra a prova de Anselmo não reside no fato de que seja conceitual demais, porém em não ser suficientemente conceitual: Anselmo não desenvolve o conceito de Deus, apenas se refere a ele como a soma de todas as perfeições, o que, como tal, está justamente fora da compreensão de nossas mentes humanas finitas. Anselmo apenas propõe "Deus" como uma realidade impenetrável, que está além de nossa compreensão (isto é, fora do campo conceitual); em outras palavras, seu Deus, precisamente, não é um conceito (algo postulado por nosso trabalho conceitual), mas uma realidade pré- ou não conceitual, puramente pressuposta. Seguindo a mesma linha, embora no sentido oposto, convém notar a ironia no fato de Kant falar em táleres, isto é, em *dinheiro*, cuja existência *como dinheiro* não é "objetiva", mas depende de determinações "nocionais". É verdade, como diz Kant, que ter o conceito de 100 táleres não é o mesmo que tê-los no bolso; mas imaginemos um processo de inflação acelerada que desvalorize inteiramente os 100 táleres no bolso; nesse caso, o mesmo objeto está ali, na realidade, porém já não é dinheiro, tendo-se transformado numa moeda sem sentido e sem valor. Em outras palavras, o dinheiro é, precisamente, um objeto cujo status depende de como "pensamos" nele: quando as pessoas já não tratam esse pedaço de metal como dinheiro, quando já não "acreditam" nele como dinheiro, ele já não *é* dinheiro.

Com respeito à realidade material, a prova ontológica da existência de Deus deve ser invertida, portanto: a existência da realidade material atesta o fato de que o Conceito não está plenamente atualizado. As coisas "existem materialmente" não quando satisfazem certas exigências conceituais, mas quando *não* as satisfazem — a realidade material é, como tal, um sinal de imperfeição. No tocante à verdade, isso significa que, para Hegel, a verdade de uma proposição é intrinsecamente conceitual, determinada pelo conteúdo conceitual imanente, não uma questão de comparação entre conceito e realidade — em termos lacanianos, existe um não-todo [*pas-tout*] da verdade. Talvez pareça estranho invocar Hegel a propósito do não-todo: porventura Hegel não é o filósofo do Todo por excelência? Mas a verdade hegeliana é,

## PREFÁCIO À EDIÇÃO DE 2008

precisamente, desprovida de qualquer limitação/exceção externa que sirva como sua medida ou padrão, e é por isso que seu critério é absolutamente imanente: compara-se uma afirmação com ela mesma, com seu próprio processo de enunciação.

Quando Alain Badiou enfatiza a indecidibilidade de um Evento de Verdade, sua postura difere radicalmente do conceito-padrão desconstrutivista de indecibilidade.[14] Para Badiou, indecidibilidade significa que não há critérios "objetivos" neutros para um Evento: o Evento só aparece como tal para os que se reconhecem em seu chamado; ou, nas palavras de Badiou, o evento se relaciona consigo mesmo, inclui a si mesmo — sua própria nomeação — entre seus componentes. Embora isso não signifique que se tem que *decidir* sobre um Evento, essa decisão, infundada, em última instância, não é "indecidível"[*] no sentido padrão; é, antes, insolitamente parecida com o processo dialético hegeliano em que, como o próprio Hegel deixou claro, já na Introdução de sua *Fenomenologia*, uma "figura da consciência" não é medida por nenhum padrão externo de verdade, mas de modo absolutamente imanente, através da distância entre ela mesma e sua própria encenação. Um Evento, portanto, é "não-todo" no exato sentido lacaniano do termo: nunca é plenamente confirmado, precisamente por ser infinito/ilimitado, ou seja, por não haver um limite externo a ele. E a conclusão a ser extraída aqui é que, pela mesmíssima razão, a "totalidade" hegeliana também é "não-toda".

Voltando a nossa linha principal de argumentação. O que isso significa é que a exterioridade da Natureza no tocante à Ideia não é a exceção constitutiva da Ideia: não é o fato de a Natureza ser libertada como exceção que garante a Inteireza da automediação da Ideia. Não se trata de que, uma vez concluída a mediação (isto é, depois que o progresso dialético da Ideia já não pode ser impulsionado pela incompletude da

---

[*] Derrida tomou o termo "indecidível" do matemático Kurt Gödel e ampliou seu uso na filosofia. Nos seus teoremas da incompletude, Gödel constata a possibilidade de construir uma afirmação lógica que não pode nem ser comprovada nem refutada. A partir dessa ideia, Derrida quer mostrar que os indecidíveis são signos de duplo valor, nem verdadeiros nem falsos (Jacques Derrida, *La Dissémination*, Paris: Éditions du Seuil, 1971). (*N. E.*)

própria Ideia — sua não correspondência a seu próprio conceito), a Ideia concluída precise de um Outro externo (a Natureza) para sustentar o círculo completo e fechado de sua automediação. A Natureza é, antes, a marca do não-todo da totalidade da Ideia.

Assim, levando adiante a metáfora de mau gosto, Hegel não foi um coprófago sublimado, como nos levaria a crer a concepção habitual do processo dialético. A matriz do processo dialético não é a excreção--exteriorização, seguida pela devoração (reapropriação) do conteúdo exteriorizado, mas, ao contrário, a apropriação seguida pelo gesto ex-crementício de largar, libertar, soltar. O que isso significa é que não se deve equiparar exteriorização a alienação. A exteriorização que conclui um ciclo de processo dialético não é alienação, e sim o ponto mais alto de desalienação: obtém-se a reconciliação com um conteúdo objetivo não quando ainda se tem que lutar para dominá-lo e controlá-lo, mas quando se pode arcar com o supremo gesto soberano de livrar esse conteúdo de si mesmo, de libertá-lo. É por isso, aliás, e como assinalaram alguns dos intérpretes mais argutos, que, longe de sujeitar totalmente a natureza ao homem, Hegel abre um espaço inesperado para a consciência ecológica: para Hegel, o impulso de explorar tecnologicamente a natureza ainda é uma marca da finitude humana; nessa atitude, a natureza é percebi-da como um objeto externo, uma força de oposição a ser dominada, enquanto o filósofo, de seu ponto de vista do Conhecimento Absoluto, vivencia a natureza não como uma força ameaçadora a ser controlada e dominada, mas como algo a se deixar que siga seu caminho intrínseco.

Isso significa que o Sujeito-Substância hegeliano nada tem a ver com nenhum tipo de mega Sujeito controlador do processo dialético: não há ninguém puxando as cordinhas ou controlando o processo; o Sistema hegeliano é um avião sem piloto. Nesse ponto, Louis Althusser errou, ao opor o Sujeito-Substância hegeliano, o processo-com-sujeito "teleo-lógico", ao "processo sem sujeito" materialista-dialético.[*] O processo

---

[*] Para essa discussão na obra de Althusser, cf. *Por Marx* (também já publicado no Brasil como *A favor de Marx*, *ver* nota 2 da introdução). (*N. E.*)

PREFÁCIO À EDIÇÃO DE 2008

dialético hegeliano é, na verdade, a versão mais radical de um "processo sem sujeito", no sentido de um agente controlador e diretor do processo, seja ele Deus ou a humanidade, ou a classe como sujeito coletivo. Em seus escritos mais tardios, Althusser foi tomando consciência disso, ao mesmo tempo que permaneceu totalmente desconhecedor de como o fato de o processo dialético hegeliano ser um "processo sem sujeito" significa, exatamente, o mesmo que a tese hegeliana fundamental de que "é crucial apreender o Absoluto não apenas como Substância, mas também como Sujeito": a emergência de um puro sujeito-como-vazio tem estreita correlação com o conceito de "Sistema" como o autodesenvolvimento do objeto, sem necessidade de qualquer agente subjetivo para empurrá-lo adiante ou dirigi-lo.

Talvez o necessário aos *críticos* da voracidade de Hegel, portanto, seja uma dose de um laxante eficaz.

## NOTAS

1.  *Ver* Lee Smolin, *The Trouble with Physics*, Nova York: Houghton Mifflin Company, 2006.
2.  G. W. F. Hegel, *Phenomenology of Spirit*, Oxford: Oxford University Press, 1977, p. 455 [ed. bras.: *Fenomenologia do espírito*, trad. Paulo Meneses, colab. Karl-Heinz Efken e José Nogueira Machado, Petrópolis/Bragança Paulista: Vozes/Ed. Universitária São Francisco, 9ª ed., 2014].
3.  G. W. F. Hegel, *Science of Logic*, Londres e Nova York: Humanities Press, 1976, p. 611 [ed. bras.: *Ciência da lógica, 1: A doutrina do ser*, trad. Christian G. Iber, Marloren L. Miranda e Federico Orsini, Petrópolis/Bragança Paulista: Vozes/ EdUSF, 2016; *Ciência da lógica, 2: A doutrina da essência*, trad. Christian G. Iber e Federico Orsini, mesmas editoras, 2017; *Ciência da lógica, 3: A doutrina do conceito*, trad. Christian G. Iber e Federico Orsini, mesmas editoras, 2018].
4.  Hegel, *Phenomenology of Spirit*, p. 17 [*Fenomenologia do espírito*, op. cit.].
5.  G. W. F. Hegel, *Lectures on the Philosophy of Religion III*, Berkeley: University of California Press, 1987, p. 127.
6.  Theodor W. Adorno, *Negative Dialectics*, Nova York: Continuum, 1973, p. 34. [ed. bras.: *Dialética negativa*, trad. Marco Antonio Casanova, Rio de Janeiro: Zahar, 2009].

7. Hegel, *Science of Logic*, p. 841 [*Ciência da lógica*, op. cit.].
8. Ibid., p. 843.
9. G. W. F. Hegel, *Philosophy of Mind*, Oxford: Clarendon Press, 1971, § 381, p. 14 [ed. bras.: *Enciclopédia das ciências filosóficas em compêndio, 1830*: volume III: *A filosofia do espírito*, trad. Paulo Meneses, colab. pe. José Machado, São Paulo: Loyola, 1995].
10. Catherine Malabou, *The Future of Hegel*, Londres: Routledge, 2005, p. 156.
11. G. W. F. Hegel, *Encyclopaedia of the Philosophical Sciences, Part I: Logic*, Oxford: Oxford University Press, 1892, § 244 [ed. bras.: *Enciclopédia das ciências filosóficas em compêndio, 1830*: volume I: *A ciência da lógica*, trad. Paulo Meneses, colab. pe. José Machado, São Paulo: Loyola, 1995].
12. Hegel, *Science of Logic*, p. 843 [*Ciência da lógica*, op. cit.].
13. Hegel, *Philosophy of Mind*, § 577 [*A filosofia do espírito*, op. cit.].
14. Ver Alain Badiou, *L'être et l'événement*, Paris: Éditions de Minuit, 1989 [ed. bras.: *O ser e o evento*, trad. Maria Luiza X. de A. Borges, Rio de Janeiro: Zahar/Ed. UFRJ, 1996].

# Introdução

No livro de Habermas que aborda especificamente a questão do chamado "pós-estruturalismo", *Der philosophische Diskurs der Moderne* [O discurso filosófico da modernidade], há um detalhe curioso a respeito do nome de Lacan: ele só é mencionado cinco vezes e, em cada uma delas, junto com outros nomes. (Permitam-me citar todas as cinco vezes: p. 70: "*von Hegel und Marx bis Nietzsche und Heidegger, von Bataille und Lacan bis Foucault und Derrida*"; p. 120: "*Bataille, Lacan und Foucault*"; p. 311: "*mit Lévi-Strauss und Lacan*"; p. 313: "*den zeitgenössischen Strukturalismus, die Ethnologie von Lévi-Strauss und die Lacanische Psychoanalyse*"; p. 359: "*von Freud oder C. G. Jung, von Lacan oder Lévi-Strauss*".)* A teoria lacaniana, portanto, não é percebida como uma entidade específica; ela é — para usar a expressão de Laclau e Mouffe — sempre articulada numa cadeia de equivalências. Por que essa recusa a confrontar Lacan diretamente, num livro que inclui longas discussões sobre Bataille, Derrida e, acima de tudo, Foucault, o verdadeiro parceiro de Habermas?

A resposta a esse enigma pode ser encontrada em outra curiosidade do livro de Habermas, num curioso incidente relativo a Althusser. Usamos a expressão "curioso incidente", é claro, num sentido sherlock-holmesiano: o nome de Althusser não é sequer mencionado no livro de Habermas, e é esse o incidente curioso. Assim, nossa primeira tese seria

---

* Os trechos dizem, respectivamente: "p. 70: de Hegel e Marx a Nietzsche e Heidegger, de Bataille e Lacan a Foucault e Derrida"; p. 120: "Bataille, Lacan e Foucault"; p. 311: "com Lévi-Strauss e Lacan"; p. 313: "o estruturalismo contemporâneo, a etnologia de Lévi-Strauss e a psicanálise lacaniana"; p. 359: "de Freud ou C. G. Jung, de Lacan ou Lévi- Strauss". (*N. T.*)

O SUBLIME OBJETO DA IDEOLOGIA

que o grande debate que ocupa o centro do palco intelectual de hoje, o debate Habermas-Foucault, mascara uma outra oposição, um outro debate de maior alcance em termos teóricos: o debate Althusser-Lacan. Há algo de enigmático no eclipse repentino da escola althusseriana, que não pode ser explicado em termos de uma derrota teórica. Antes, é como se houvesse na teoria de Althusser um núcleo traumático que teve de ser prontamente esquecido, "recalcado"; trata-se de um caso efetivo de amnésia teórica. Então, por que a oposição Althusser-Lacan foi substituída, numa espécie de substituição metafórica, pela oposição Habermas-Foucault? O que está em jogo aqui são quatro posturas éticas diferentes e, ao mesmo tempo, quatro conceitos diferentes do sujeito.

Com Habermas, temos a ética da comunicação ininterrupta, o ideal da comunidade intersubjetiva universal e transparente; o conceito de sujeito por trás disso, é claro, é a versão filosofia-da-linguagem do antigo sujeito da reflexão transcendental. Com Foucault, temos uma oposição a essa ética universalista, que resulta numa espécie de estetização da ética: cada sujeito deve, sem nenhum respaldo de regras universais, construir seu próprio modo de autodomínio; deve harmonizar o antagonismo das forças que há dentro dele — inventar-se, por assim dizer, produzir-se como sujeito, encontrar sua arte particular de viver. É por isso que Foucault tinha tanto fascínio por estilos de vida marginais que construíam seu modo particular de subjetividade (o universo homossexual sadomasoquista).[1]

Não é muito difícil detectar como esse conceito foucaultiano de sujeito entra na tradição humanista-elitista: sua realização mais próxima seria o ideal renascentista da "personalidade completa", que domina as paixões dentro de si e faz de sua vida uma obra de arte. A ideia foucaultiana de sujeito, ao contrário, é clássica: o sujeito como o poder de automediação e harmonização das forças antagônicas, como um modo de dominar o "uso dos prazeres" através de uma restauração da imagem do eu. Nesse ponto, Habermas e Foucault são duas faces da mesma moeda — a verdadeira ruptura é representada por Althusser, por sua insistência no fato de que certa fenda, certa fissura, o desconhecimento,

### INTRODUÇÃO

caracteriza a condição humana como tal: pela tese de que a ideia do possível fim da ideologia é uma ideia ideológica por excelência.[2]

Apesar de Althusser não ter escrito muito sobre problemas éticos, fica claro que todo o seu trabalho incorpora certa postura ética radical, que poderíamos chamar de heroísmo da alienação, ou de destituição subjetiva (embora, ou melhor, precisamente por ele rejeitar a própria ideia de "alienação" como ideológica). Não se trata apenas de que devamos desmascarar o mecanicismo estrutural que produz o efeito de sujeito como um falso reconhecimento ideológico, mas de que devemos, ao mesmo tempo, reconhecer plenamente que esse falso reconhecimento é inevitável — ou seja, devemos aceitar certa ilusão como condição de nossa atividade histórica, da assunção do papel de agentes do processo histórico.

Nessa perspectiva, o sujeito como tal constitui-se através de certo falso reconhecimento: o processo de interpelação ideológica mediante o qual o sujeito se "reconhece" como o destinatário da convocação da causa ideológica implica, necessariamente, certo curto-circuito, uma ilusão do tipo "eu já estava lá", que, como assinalou Michel Pêcheux — que nos deu a versão mais elaborada da teoria da interpelação —, não deixa de ter seus efeitos cômicos: o curto-circuito do "não admira que você tenha sido interpelado como proletário, uma vez que é proletário".[3] Nesse ponto, Pêcheux complementa o marxismo com os Irmãos Marx, cuja piada famosa diz: "Você me lembra o Emanuel Ravelli." "Mas eu sou Emanuel Ravelli." "Então, não admira que se pareça com ele!"

Em contraste com essa ética althusseriana da *alienação* no "processo [simbólico] sem sujeito", podemos denotar a ética implícita na psicanálise lacaniana como a da *separação*. O famoso lema lacaniano de não ceder no próprio desejo (*ne pas céder sur son désir*) visa o fato de que não devemos obliterar a distância que separa o Real de sua simbolização: é esse excesso do Real em toda simbolização que funciona como o objeto-causa do desejo. Haver-se com esse excesso (ou, mais precisamente, resto) significa reconhecer um impasse ("antagonismo") fundamental, um núcleo que resiste à integração/dissolução simbólica. A melhor maneira de situar essa postura ética é através de sua opo-

O SUBLIME OBJETO DA IDEOLOGIA

sição ao conceito marxista tradicional de antagonismo social. Esse conceito tradicional implica duas características interligadas: (1) existe certo antagonismo fundamental que detém a prioridade ontológica de "mediar" todos os outros antagonismos, determinando seu lugar e seu peso específico (antagonismo de classe, exploração econômica); (2) o desenvolvimento histórico acarreta, se não uma necessidade, ao menos uma "possibilidade objetiva" de solucionar o antagonismo fundamental e, desse modo, mediar todos os outros antagonismos; lembrando a conhecida formulação marxista, a mesma lógica que levou a humanidade à alienação e à divisão de classes cria também a condição de sua abolição: *"die Wunde schliesst der Speer nur, der sie schlug"* [a ferida só pode ser curada pela lança que a causou], como disse Wagner, contemporâneo de Marx, pela boca de Parsifal.

É na união dessas duas características que se fundamenta o conceito marxista da revolução, da situação revolucionária: uma situação de condensação metafórica em que, finalmente, fica claro para a consciência cotidiana que não é possível solucionar nenhuma questão particular sem solucionar todas — isto é, sem resolver a questão fundamental que incorpora o caráter antagônico da totalidade social. Num estado "normal", pré-revolucionário de coisas, cada um trava suas batalhas particulares (os trabalhadores lutam por melhores salários, as feministas lutam pelos direitos das mulheres, os democratas, pelas liberdades políticas e sociais, os ecologistas, contra a exploração da natureza, os participantes dos movimentos pacifistas, contra o perigo da guerra, e assim por diante). Os marxistas usam toda a sua habilidade e perspicácia de argumentação para convencer os participantes dessas lutas particulares de que a única verdadeira solução de seus problemas encontra-se na revolução global: enquanto as relações sociais forem dominadas pelo capital, sempre haverá sexismos nas relações entre os sexos, sempre haverá uma ameaça de guerra global, sempre haverá o perigo de que as liberdades políticas e sociais sejam suspensas, a própria natureza continuará sempre a ser objeto de uma exploração implacável etc. A revolução global abolirá então o antagonismo social

### INTRODUÇÃO

básico, permitindo a formação de uma sociedade transparente, governada com racionalidade.

O traço básico do chamado "pós-marxismo", é claro, é a ruptura com essa lógica — que, aliás, não tem necessariamente uma conotação marxista: quase qualquer dos antagonismos que parecem ser secundários, à luz do marxismo, pode assumir esse papel essencial de mediador para todos os outros. Temos, por exemplo, o fundamentalismo feminino (não há libertação global sem a emancipação das mulheres, sem a abolição do sexismo); o fundamentalismo democrático (a democracia como valor fundamental da civilização do Ocidente; todas as outras lutas — econômica, feminista, das minorias e assim por diante — são, simplesmente, aplicações adicionais do princípio democrático igualitário básico); o fundamentalismo ecológico (o impasse ecológico como o problema fundamental da humanidade); e — por que não? — também o fundamentalismo psicanalítico, tal como articulado em *Eros e civilização*, de Marcuse (o segredo da libertação está em mudar a estrutura libidinal repressora).[4]

O "essencialismo" psicanalítico é paradoxal, na medida em que é justamente a psicanálise — pelo menos em sua leitura lacaniana — que representa a verdadeira ruptura com a lógica essencialista. Em outras palavras, a psicanálise lacaniana dá um decisivo passo a mais que o antiessencialismo "pós-marxista" costumeiro, ao afirmar a irredutível pluralidade das lutas particulares — ou seja, ao demonstrar como a articulação delas numa série de equivalências sempre depende da contingência radical do processo sócio-histórico: ela nos faculta apreender essa própria pluralidade como uma multiplicidade de respostas ao mesmo núcleo real-impossível.

Consideremos o conceito freudiano de "pulsão de morte". Temos de abstrair o biologismo de Freud: a "pulsão de morte" não é um fato biológico, mas um conceito indicativo de que o aparelho psíquico humano está subordinado a um automatismo cego de repetição que vai além da busca do prazer, da autopreservação, da harmonia entre o homem e seu meio. O homem — diz Hegel — é "um animal doente de morte", um animal extorquido por um parasita insaciável (razão, logos, linguagem). Nessa perspectiva, a "pulsão de morte", essa dimensão de negatividade radical, não pode ser reduzida a uma expressão de condições sociais alienadas, mas define *la condition humaine* como tal: não há solução, não há como escapar dela; o que se deve fazer não é "superá-la", "aboli--la", mas entrar num acordo com ela, aprender a reconhecê-la em sua dimensão aterradora e, em seguida, com base nesse reconhecimento fundamental, tentar articular com ela um *modus vivendi*.

Toda "cultura" é, de certo modo, uma formação reativa, uma tentativa de limitar, de canalizar, de *cultivar* o desequilíbrio, o núcleo traumático, o antagonismo radical através do qual o homem corta seu cordão umbilical com a natureza, com a homeostase animal. Não se trata apenas de que o objetivo já não é abolir esse antagonismo pulsional, mas de que a aspiração a aboli-lo é justamente a fonte da tentação totalitária: os maiores homicídios em massa e os maiores holocaustos sempre foram perpetrados em nome do homem como um ser harmonioso, de um Novo Homem desprovido de tensão antagônica.

Usamos a mesma lógica com a ecologia: o homem como tal é "a ferida da natureza", não há como voltar ao equilíbrio natural; para entrar num acordo com seu meio, a única coisa que o ser humano pode fazer é aceitar plenamente essa brecha, essa fissura, esse desarraigamento estrutural, e depois tentar consertar as coisas, tanto quanto possível; todas as outras soluções — a ilusão de um retorno possível à natureza, a ideia de uma socialização total da natureza — são uma via direta para o totalitarismo. Temos a mesma lógica com o feminismo: "não existe relação sexual", ou seja, a relação entre os sexos é "impossível" por definição, antagônica; não há solução final, e a única base para uma relação razoavelmente suportável entre os sexos é o reconhecimento desse antagonismo básico, dessa impossibilidade básica.

Usamos a mesma lógica com a democracia: ela é — para lembrar uma expressão batida, atribuída a Churchill — o pior de todos os sistemas possíveis, com exceção de todos os demais. Ou seja, a democracia sempre implica a possibilidade de corrupção, do domínio

## INTRODUÇÃO

da mediocridade maçante; o único problema é que toda tentativa de escapar desse risco intrínseco e de resgatar a "verdadeira" democracia acarreta justamente o seu inverso — termina na abolição da própria democracia. Neste ponto, seria possível defender a tese que diz que o primeiro pós-marxista não foi ninguém menos do que o próprio Hegel: de acordo com Hegel, o antagonismo da sociedade civil não pode ser eliminado sem uma queda no terrorismo totalitário — só *a posteriori* é que o Estado pode limitar seus efeitos desastrosos.

É mérito de Ernest Laclau e Chantal Mouffe terem desenvolvido, em *Hegemonia e estratégia socialista,*\* uma teoria do campo social baseada em tal noção de antagonismo — no reconhecimento de um "trauma" original, de um núcleo impossível que resiste à simbolização, à totalização, à integração simbólica. Toda tentativa de simbolização/totalização vem depois: é uma tentativa de suturar uma fissura original — uma tentativa que, em última instância, está fadada por definição ao fracasso. Os autores enfatizam que não devemos ser "radicais", no sentido de almejarmos uma solução radical: vivemos sempre num interespaço e com os dias contados; toda solução é provisória e temporária, uma espécie de adiamento de uma impossibilidade fundamental. Por isso, a expressão deles, "democracia radical", deve ser entendida de modo um tanto paradoxal: ela é *não* "radical", precisamente, no sentido de democracia pura, verdadeira; seu caráter radical implica, ao contrário, que só podemos salvar a democracia *levando em conta sua impossibilidade radical*. Vemos aí o quanto atingimos o extremo oposto do ponto de vista marxista tradicional: no marxismo tradicional, a solução/revolução global é a condição da solução efetiva de todos os problemas particulares, ao passo que, aqui, toda solução provisória e temporária bem-sucedida de um problema particular implica um reconhecimento do impasse radical global, da impossibilidade, o reconhecimento de um antagonismo fundamental.

---

\* Ernest Laclau e Chantal Mouffe, *Hegemonia e estratégia socialista: por uma política democrática radical*, trad. Joanildo A. Burity, Josias de Paula Jr. e Aécio Amaral, São Paulo: Intermeios, 2015. (*N. T.*)

O SUBLIME OBJETO DA IDEOLOGIA

Minha tese (desenvolvida em *O mais sublime dos histéricos: Hegel com Lacan*)\* é que o modelo mais consistente desse reconhecimento do antagonismo é oferecido pela dialética hegeliana: longe de ser uma história de sua superação progressiva, a dialética é, para Hegel, uma anotação sistemática do fracasso de todas essas tentativas — o "conhecimento absoluto" denota uma posição subjetiva que acaba aceitando a "contradição" como uma condição interna de toda identidade. Em outras palavras, a "conciliação" hegeliana não é uma suprassunção "panlogista" de toda a realidade no Conceito, e sim uma admissão final de que o próprio Conceito é "não-todo" (para usar o termo lacaniano). Nesse sentido, podemos repetir a tese de Hegel como o primeiro pós-marxista: ele inaugurou o campo de certa fissura, posteriormente "suturada" pelo marxismo.

É inevitável que esse entendimento de Hegel contrarie a ideia aceita do "conhecimento absoluto" como um monstro da totalidade conceitual que devora todas a contingências; esse lugar-comum de Hegel simplesmente *atira depressa demais*, como o soldado patrulheiro da famosa piada da Polônia de Jaruzelski, logo depois do golpe militar. Na época, as patrulhas militares tinham o direito de atirar sem advertência nas pessoas que andassem pelas ruas depois do toque de recolher (às dez da noite); um de dois soldados em patrulha vê alguém andando apressado, às dez para as dez, e atira nele de imediato. Quando o colega lhe pergunta por que atirou, se ainda eram só dez para as dez, ele responde: "Eu conhecia aquele sujeito — ele morava longe daqui e, de qualquer modo, não conseguiria chegar em casa em dez minutos, então, para simplificar, atirei logo nele..." É exatamente assim que agem os críticos do suposto panlogismo de Hegel: eles condenam o conhecimento absoluto "antes das dez da noite", sem chegar a alcançá-lo, ou seja, não refutam nada com sua crítica senão seus próprios preconceitos.

É tríplice, portanto, o objetivo deste livro:

---

\* No original, *Le plus sublime des hystériques: Hegel passe*. Ver Slavoj Žižek, *O mais sublime dos histéricos: Hegel com Lacan*, trad. Vera Ribeiro, Rio de Janeiro: Zahar, col. Transmissão da Psicanálise, 1991. (*N. T.*)

## INTRODUÇÃO

- servir de introdução a alguns conceitos fundamentais da psicanálise lacaniana: opondo-se à imagem distorcida de Lacan como pertencente ao campo do "pós-estruturalismo", o livro articula seu rompimento radical com o "pós-estruturalismo"; opondo-se à imagem distorcida do obscurantismo de Lacan, o livro o situa na linhagem do racionalismo. A teoria lacaniana talvez seja a versão contemporânea mais radical do Iluminismo.
- fazer uma espécie de "retorno a Hegel" — reatualizar a dialética hegeliana, dando-lhe uma nova leitura com base na psicanálise lacaniana. A imagem corrente de Hegel como "idealista monista" é totalmente enganosa: o que encontramos em Hegel é a mais sólida afirmação, até hoje, da diferença e da contingência — o próprio "conhecimento absoluto" nada mais é do que o nome do reconhecimento de certa perda radical.
- contribuir para a teoria da ideologia por meio de uma nova leitura de alguns famosos temas clássicos (fetichismo da mercadoria etc.) e de alguns conceitos lacanianos cruciais que, numa primeira abordagem, nada têm a oferecer à teoria da ideologia: "ponto de basta" (*point de capiton*: "ponto de estofo"), objeto sublime, mais-gozar, e assim por diante.

É minha crença que esses três objetivos têm uma ligação profunda: a única maneira de "salvar Hegel" é através de Lacan, e essa leitura lacaniana de Hegel e da herança hegeliana abre uma nova abordagem da ideologia, permitindo-nos captar fenômenos ideológicos contemporâneos (cinismo, "totalitarismo", a frágil condição da democracia) sem nos tornarmos presas de nenhum tipo de armadilha "pós-modernista" (como a ilusão de que vivemos numa situação "pós-ideológica").

# NOTAS

1. Por exemplo, *ver* Michel Foucault, *Power/Knowledge*, Nova York: The Harvester Press, 1980 [ed. bras.: *Estratégia, poder-saber*, org. e sel. de textos: Manoel Barros da Motta, trad. Vera Lucia Avellar Ribeiro, Rio de Janeiro: Forense Universitária, 2003].
2. Louis Althusser, *For Marx*, Londres: Verso, 2006 [ed. bras.: *A favor de Marx*, trad. Dirceu Lindoso, rev. téc. Paulo de Melo Jorge Filho, Rio de Janeiro: Zahar, 1979].
3. Michel Pêcheux, *Language, Semantics and Ideology*, Nova York: Macmillan, 1982.
4. *Ver* Herbert Marcuse, *Eros and Civilization*, Boston: Beacon Press, 1974 [ed. bras.: *Eros e civilização: uma interpretação filosófica do pensamento de Freud*, trad. Álvaro Cabral, São Paulo: Círculo do Livro, 1982].

**PARTE I** O sintoma

# 1. Como Marx inventou o sintoma?

## Marx, Freud: a análise da forma

Segundo Lacan, não foi ninguém menos que Karl Marx que inventou o conceito de sintoma. Será essa tese lacaniana apenas um dito espirituoso, uma vaga analogia, ou possuirá ela uma base teórica pertinente? Se Marx realmente articulou o conceito de sintoma tal como também o vemos operar no campo freudiano, devemos formular-nos a pergunta kantiana concernente às "condições [epistemológicas] de possibilidade" desse encontro: como foi possível que Marx, em sua análise do mundo das mercadorias, produzisse um conceito que também se aplica à análise de sonhos, dos fenômenos histéricos e assim por diante?

A resposta é que há uma homologia fundamental entre os processos interpretativos de Marx e de Freud — mais precisamente, entre suas respectivas análises da mercadoria e do sonho. Em ambos os casos, a questão é evitar o fascínio propriamente fetichista do "conteúdo" supostamente escondido por trás da forma: o "segredo" a ser desvendado pela análise não é o conteúdo oculto pela forma (a forma da mercadoria, a forma dos sonhos, mas, ao contrário, o *"segredo" dessa própria forma*. O entendimento teórico da forma dos sonhos não consiste em desvendar, a partir do conteúdo manifesto, seu "núcleo oculto", os pensamentos latentes do sonho; consiste na resposta à pergunta: por que os pensamentos latentes do sonho assumiram essa forma, por que foram transpostos para a forma de um sonho? O mesmo acontece com as mercadorias: o verdadeiro problema não é penetrar no "cerne oculto" da mercadoria — a determinação de seu valor pela quantidade de trabalho consumida em sua produção —, mas explicar por que o trabalho assumiu a forma do valor de uma mercadoria, por que ele só consegue afirmar seu caráter social na forma-mercadoria de seu produto.

A notória pecha de "pansexualismo" com que se censura a interpretação freudiana dos sonhos já é lugar-comum. Hans Jürgen Eysenck, um severo crítico da psicanálise, há muito observou um paradoxo crucial na abordagem freudiana dos sonhos: segundo Freud, o desejo articulado no sonho é, supostamente — pelo menos de modo geral —, inconsciente e, ao mesmo tempo, de natureza sexual, o que contradiz a maioria dos exemplos analisados pelo próprio Freud, a começar pelo sonho que ele escolheu como caso introdutório para exemplificar a lógica dos sonhos, o famoso sonho da injeção de Irma. O conteúdo latente articulado nesse sonho é a tentativa de Freud de se livrar da responsabilidade pelo fracasso de seu tratamento de Irma, uma paciente sua, mediante argumentos do tipo "não foi minha culpa, isso foi causado por uma série de circunstâncias..."; mas esse "desejo", o sentido do sonho, obviamente não é nem de natureza sexual (concerne, antes, à ética profissional) nem inconsciente (o fracasso do tratamento de Irma vinha perturbando Freud dia e noite).[1]

Esse tipo de censura baseia-se num erro teórico fundamental: a identificação entre o desejo inconsciente em ação no sonho e o "pensamento latente" — isto é, a significação do sonho. Mas, como Freud enfatiza continuamente, *não há nada de "inconsciente" no "pensamento latente do sonho"*: este é um pensamento inteiramente "normal", passível de ser articulado na sintaxe da linguagem cotidiana comum; em termos topológicos, faz parte do sistema "consciente/pré-consciente"; o sujeito costuma ter conhecimento dele, até demais; é algo que o atormenta o tempo todo... Sob certas condições, esse pensamento é rechaçado, empurrado para fora da consciência e atraído pelo inconsciente — ou seja, submetido às leis do "processo primário", traduzido na "linguagem do inconsciente". A relação entre o "pensamento latente" e o chamado "conteúdo manifesto" do sonho — o texto do sonho, o sonho em sua fenomenalidade literal — é, portanto, a que existe entre um pensamento (pré)consciente inteiramente "normal" e sua tradução no "rébus" do sonho. A constituição essencial do sonho, portanto, não é seu "pensamento latente", e sim o trabalho (os mecanismos de deslocamento e condensação, a figuração dos conteúdos de palavras ou sílabas) que lhe confere a forma de sonho.

Aí está, portanto, o equívoco fundamental: se buscarmos o "segredo do sonho" no conteúdo latente, escondido pelo texto manifesto, estaremos fadados ao desapontamento: encontraremos apenas um pensamento inteiramente "normal" — ainda que geralmente desagradável — cuja natureza, na maioria das vezes, será não sexual e, decididamente, não "inconsciente". Esse pensamento consciente/pré-consciente "normal" não é atraído pelo inconsciente e recalcado, simplesmente por seu caráter "desagradável" para a consciência, e sim por efetuar uma espécie de "curto-circuito" entre ele mesmo e um outro desejo já recalcado, situado no inconsciente — *um desejo que não tem absolutamente nada a ver com o "pensamento latente do sonho"*. "Uma cadeia normal de pensamentos" — normal e, portanto, passível de ser articulada na linguagem cotidiana comum, isto é, na sintaxe do "processo secundário" — "só é submetida ao tratamento psíquico anormal do tipo que vimos descrevendo" — ao trabalho do sonho, aos mecanismos do "processo primário" — "quando um desejo inconsciente, derivado da infância e em estado de recalcamento, é transferido para ela."[2]

É esse desejo inconsciente/sexual que não pode ser reduzido a uma "cadeia normal de pensamentos", por estar, desde o começo, constitutivamente recalcado (o *Urverdrängung* [recalcamento primário] de Freud) — por não ter nenhum "original" na linguagem "normal" da comunicação cotidiana, na sintaxe do consciente/pré-consciente; sua única localização está nos mecanismos do "processo primário". É por isso que não devemos reduzir a interpretação dos sonhos, ou dos sintomas em geral, à retradução do "pensamento latente do sonho" na linguagem "normal" cotidiana da comunicação intersubjetiva (fórmula de Habermas). A estrutura é sempre tríplice; há sempre *três* elementos em ação: o *texto manifesto do sonho*, o *conteúdo latente ou latente do sonho*, ou *pensamento latente*, e o *desejo inconsciente* articulado no sonho. Esse desejo se liga ao sonho, intercala-se no interstício entre o pensamento latente e o texto manifesto; por conseguinte, não é "mais oculto, mais profundo" em relação ao pensamento latente; decididamente, está mais "na superfície", consistindo inteiramente nos mecanismos do significante, no tratamento a que o pensamento latente é submetido. Em outras palavras, seu único lugar está na *forma* do "sonho": a verdadeira matéria do sonho (o desejo inconsciente) articula-se no trabalho do sonho, na elaboração de seu "conteúdo latente".

Como é comum acontecer com Freud, o que ele formula como uma observação empírica (embora de "surpreendente frequência") anuncia um princípio universal fundamental: "A forma de um sonho, ou a forma como é sonhado, é empregada, com surpreendente frequência, para representar seu tema oculto."[3] É este, portanto, o paradoxo básico do sonho: o desejo inconsciente, aquilo que se supõe ser seu núcleo mais oculto, articula-se precisamente através do trabalho de dissimulação do "núcleo" do sonho, seu pensamento latente, mediante o trabalho de disfarçar esse núcleo-conteúdo por meio de sua tradução no rébus onírico. Mais uma vez, como é característico, Freud deu sua formulação final a esse paradoxo numa nota de rodapé acrescentada a uma edição posterior:

> Houve época em que eu achava extraordinariamente difícil habituar os leitores à distinção entre o conteúdo manifesto do sonho e o conteúdo latente do pensamento do sonho. Vez após outra, levantavam-se argumentos e objeções baseados em algum sonho não interpretado na forma como fora guardado na memória, e a necessidade de interpretá-lo era ignorada. Mas, agora que ao menos os analistas aquiesceram em substituir o sonho manifesto pelo sentido revelado por sua interpretação, muitos deles são culpados por incorrer numa outra confusão, à qual se aferram com obstinação idêntica. Procuram encontrar a essência do sonho em seu conteúdo latente e, assim fazendo, desconhecem a distinção entre os pensamentos oníricos latentes e o trabalho do sonho.

###### COMO MARX INVENTOU O SINTOMA?

No fundo, os sonhos nada mais são que uma forma particular de pensamento, possibilitada pelas condições do estado de sono. É o trabalho do sonho que cria essa forma e somente ele é a essência do sonho — a explicação de sua natureza peculiar.[4]

Nesse ponto, Freud procede em duas etapas:

- Primeiro, devemos eliminar a aparência de que o sonho nada mais é que uma simples confusão sem sentido, um distúrbio causado por processos fisiológicos e, como tal, algo que não tem absolutamente nada a ver com a significação. Em outras palavras, devemos dar um passo crucial em direção a uma abordagem hermenêutica e conceber o sonho como um fenômeno dotado de sentido, como algo que transmite uma mensagem recalcada, a ser descoberta por um método interpretativo.
- Depois, devemos livrar-nos do fascínio por esse núcleo de significação, pelo "sentido oculto" do sonho — ou seja, pelo conteúdo escondido atrás da forma de um sonho — e centrar nossa atenção nessa própria forma, no trabalho do sonho a que os "pensamentos oníricos latentes" foram submetidos.

O crucial a assinalar aqui é que encontramos em Marx, em sua análise do "segredo da forma-mercadoria", exatamente essa mesma articulação em duas etapas:

- Primeiro, devemos eliminar a aparência de que o valor de uma mercadoria depende do puro acaso — de uma interação acidental entre a oferta e a procura, por exemplo. Devemos dar o passo crucial de conceber o "sentido" oculto por trás da forma--mercadoria, a significação "expressa" por essa forma; devemos penetrar no "segredo" do valor das mercadorias:

  A determinação da magnitude do valor pelo tempo de trabalho, por conseguinte, é um segredo que se oculta sob as aparentes flutuações dos valores relativos das mercadorias. Sua descoberta, embora elimine qualquer aparência de mera acidentalidade da determinação da magnitude dos valores dos produtos, de modo algum altera a maneira pela qual ocorre essa determinação.[5]

- Entretanto, como assinala Marx, há um certo "ainda": o desmascaramento do segredo não basta. A economia política burguesa clássica já descobrira o "segredo" da forma-mercadoria; seu limite consiste em que ela não consegue desligar-se do fascínio pelo segredo oculto por trás da forma-mercadoria — sua atenção é cativada pelo trabalho como a verdadeira fonte da riqueza. Em outras palavras, a economia política clássica só se interessa pelos conteúdos ocultos por trás da forma-mercadoria, razão por que não consegue explicar o verdadeiro segredo, não o segredo por trás da forma, porém o segredo dessa própria forma. Apesar de sua explicação bastante correta do "segredo da magnitude do valor", a mercadoria continua a ser, para a economia política clássica, uma coisa misteriosa, enigmática — tal como sucede com o sonho: mesmo depois de havermos explicado seu sentido oculto, seu pensamento latente, o sonho continua a ser um fenômeno enigmático; o que ainda não foi explicado é, simplesmente, sua forma, o processo mediante o qual o sentido oculto disfarçou-se nessa forma.

Devemos, portanto, dar outro passo crucial e analisar a gênese da própria forma-mercadoria. Não basta reduzir a forma à essência, ao núcleo oculto; devemos também examinar o processo — homólogo ao "trabalho do sonho" — por cujo meio o conteúdo oculto assume essa forma, pois, como assinala Marx: "De onde vem, então, o caráter enigmático do produto do trabalho, tão logo ele assume a forma de mercadorias? Claramente, dessa própria forma."[6] É esse passo em direção à gênese da forma que a economia política clássica não consegue dar, e essa é sua fraqueza crucial:

De fato, a economia política analisou o valor e sua magnitude, ainda que de maneira incompleta, e desvendou o conteúdo oculto nessas formas. Porém nunca perguntou, nem uma vez sequer, por que esse conteúdo assumiu tal forma particular, isto é, por que o trabalho se expressa num valor e por que a mensuração do trabalho por sua duração se expressa na magnitude do valor do produto.[7]

## O inconsciente da forma-mercadoria

Por que a análise marxista da forma-mercadoria — que, *prima facie*, concerne a uma questão puramente econômica — exerceu tamanha influência no campo geral das ciências sociais? Por que fascinou gerações de filósofos, sociólogos, historiadores da arte e outros? Porque oferece uma espécie de matriz que nos habilita a gerar todas as outras formas da "inversão fetichista": é como se a dialética da forma-mercadoria nos apresentasse uma versão pura — destilada, por assim dizer — de um mecanismo que nos oferece uma chave para a compreensão teórica de fenômenos que, à primeira vista, nada têm a ver com o campo da economia política (direito, religião etc.). Decididamente, há mais coisas em jogo na forma-mercadoria do que a própria forma-mercadoria, e foi exatamente esse "mais" que exerceu um poder de atração tão fascinante. O teórico que foi mais longe na revelação do alcance universal da forma-mercadoria foi, sem dúvida alguma, Alfred Sohn-Rethel, um dos "simpatizantes" da Escola de Frankfurt. Sua tese fundamental foi que

a análise formal da mercadoria detém não somente a chave da crítica da economia política, mas também a da explicação histórica do modo de pensamento conceitual abstrato e da divisão entre trabalho intelectual e trabalho manual que passou a existir com ele.[8]

Em outras palavras, na estrutura da forma-mercadoria é possível encontrar o sujeito transcendental: a forma-mercadoria articula de antemão a anatomia, o esqueleto do sujeito transcendental kantiano, isto é, a rede de categorias transcendentais que constitui o arcabouço *a priori* do conhecimento científico "objetivo". Nisso reside o paradoxo da forma-mercadoria: ela — esse fenômeno intramundano "patológico" (no sentido kantiano da palavra) — fornece-nos uma chave para solucionar a questão fundamental da teoria do conhecimento: como é possível um conhecimento objetivo com validade universal?

Após uma série de análises detalhadas, Sohn-Rethel chegou à seguinte conclusão: o método científico (naturalmente, o da ciência newtoniana da natureza) pressupõe um aparato de categorias, uma rede de noções através das quais ele capta a natureza; tal aparato já está presente na efetividade social, já está em ação no ato da troca de mercadorias. Antes que o pensamento pudesse chegar à *abstração* pura, a abstração já funcionava na efetividade social do mercado. A troca de mercadorias implica uma abstração dupla: a abstração do caráter mutável da mercadoria durante o ato de troca e a abstração do caráter concreto, empírico, sensível e particular da mercadoria (no ato de troca, a determinação qualitativa distintiva e particular de uma mercadoria não é levada em conta; a mercadoria é reduzida a uma entidade abstrata que — independentemente de sua natureza particular, de seu "valor de uso" — tem "o mesmo valor" que a outra mercadoria pela qual é trocada).

Antes que o pensamento pudesse chegar à ideia de uma determinação puramente *quantitativa*, um *sine qua non* da moderna ciência natural, a quantidade pura já estava em ação no dinheiro, essa mercadoria que possibilita a comensurabilidade do valor de todas as outras mercadorias, a despeito de sua determinação qualitativa particular. Antes que a física pudesse articular o conceito de um *movimento* puramente abstrato, ocorrendo num espaço geométrico, independentemente de quaisquer determinações qualitativas dos objetos em movimento, o ato social de troca já havia realizado um movimento abstrato "puro", que deixa inteiramente intactas as propriedades sensório-concretas do objeto captado em movimento: a transferência de propriedade. E Sohn-Rethel demonstrou o mesmo sobre a relação da substância com seus acidentes, sobre o conceito de causalidade atuante na ciência newtoniana — em suma, sobre toda a rede de categorias da razão pura.

Desse modo, o sujeito transcendental, esteio da rede de categorias a priori, confronta-se com o fato inquietante de que, em sua própria gênese formal, depende de um processo intramundano "patológico" — um escândalo, uma impossibilidade absurda do ponto de vista transcendental, na medida em que o a priori formal-transcendental é, por definição, independente de todos os conteúdos positivos: um escândalo que corresponde perfeitamente ao caráter "escandaloso" do inconsciente freudiano, que também é insuportável pela perspectiva transcendental-filosófica. Ou seja, se examinarmos de perto o status ontológico do que Sohn-Rethel chama de "a abstração real" [*das reale Abstraktion*] (isto é, o ato de abstração atuante no próprio processo *efetivo* da troca de mercadorias), verificaremos ser impressionante a homologia entre seu status e o do inconsciente, essa cadeia significante que persiste numa "outra Cena": *a "abstração real" é o inconsciente do sujeito transcendental*, suporte do conhecimento científico objetivo-universal.

Por um lado, é claro que a "abstração real" não é "real" no sentido das propriedades reais efetivas das mercadorias como objetos materiais: o objeto-mercadoria não possui "valor" do mesmo modo que possui um conjunto de propriedades particulares que determinam seu "valor de uso" (sua forma, cor, sabor etc.). Como assinalou Sohn-Rethel, sua natureza é a de um *postulado* subentendido no ato efetivo de troca — em outras palavras, a de certo "como se" [*als ob*]: durante o ato de troca, os indivíduos agem *como se* a mercadoria não estivesse submetida a trocas físicas, materiais, *como se* estivesse excluída do ciclo natural de geração e deterioração, embora, no nível de sua "consciência", eles "saibam muito bem" que isso não acontece.

A maneira mais fácil de detectar a efetividade desse postulado é pensar em como nos portamos em relação à materialidade do dinhei-

O SUBLIME OBJETO DA IDEOLOGIA

ro: sabemos muito bem que o dinheiro, como todos os outros objetos materiais, sofre os efeitos do uso, que seu corpo material se modifica através do tempo, mas, na efetividade social do mercado, ainda assim *tratamos* as moedas como se elas consistissem "numa substância imutável, uma substância sobre a qual o tempo não exerce poder algum e que se acha em contraste antitético com qualquer matéria encontrada na natureza".[9] Como é tentador relembrar aqui a fórmula do desmentido fetichista: "Sei muito bem, mas, mesmo assim..." Às exemplificações correntes dessa fórmula ("Sei que a mamãe não tem falo, mas, ainda assim... [acho que ela tem]"; "Sei que os judeus são gente como nós, mas, mesmo assim... [há qualquer coisa neles]", sem dúvida devemos acrescentar também a variante do dinheiro: "Sei que o dinheiro é um objeto material como qualquer outro, mas, ainda assim... [é como se ele fosse feito de uma substância especial, sobre a qual o tempo não exerce nenhum poder]".

Tocamos aí num problema não solucionado por Marx, o do caráter *material* do dinheiro: não da coisa empírica material de que ele é feito, mas do material *sublime*, do outro corpo, "indestrutível e imutável", que persiste para além da deterioração do corpo físico — esse outro corpo do dinheiro é como o cadáver da vítima de Sade, que suporta todos os tormentos e sobrevive com sua beleza imaculada. Essa corporeidade imaterial do "corpo dentro do corpo" nos dá uma definição precisa do objeto sublime, e é apenas nesse sentido que o conceito psicanalítico do dinheiro como um objeto "anal", "pré-fálico", é aceitável — desde que não esqueçamos que essa existência postulada do corpo sublime depende da ordem simbólica: o indestrutível "corpo dentro do corpo", isento dos efeitos de desgaste, é sempre sustentado pela garantia de alguma autoridade simbólica:

> Uma moeda traz estampado em seu corpo que deve servir como meio de troca, e não como objeto de uso. Seu peso e sua pureza metálica são garantidos pela autoridade emitente, de modo que, quando ela perde peso pelo desgaste da circulação, assegura-se

sua reposição plena. Sua matéria física tornou-se, visivelmente, mera portadora de sua função social.[10]

Portanto, se a "abstração real" nada tem a ver com o nível da "realidade", das propriedades efetivas de um objeto, seria um erro, por essa razão, concebê-la como uma "abstração do pensamento", como um processo que ocorre no "interior" do sujeito pensante: em relação a esse "interior", a abstração pertinente ao ato de troca é irredutivelmente externa, descentrada — ou, para citar a formulação concisa de Sohn-Rethel, "A abstração da troca *não é* pensamento, mas tem *forma de pensamento*".

Temos aí uma das definições possíveis do inconsciente: *a forma de pensamento cujo status ontológico não é o de pensamento*, ou seja, a forma de pensamento externa ao pensamento em si — em suma, uma Outra Cena, externa ao pensamento, através da qual a forma do pensamento já é articulada de antemão. A ordem simbólica é, precisamente, a ordem formal que complementa e/ou perturba a relação dual da realidade factual "externa" com a experiência subjetiva "interna"; é procedente, portanto, a crítica de Sohn-Rethel a Althusser, que concebe a abstração como um processo que se dá inteiramente no campo do conhecimento e, por essa razão, rejeita a categoria de "abstração real", tomando-a como expressão de uma "confusão epistemológica". A "abstração real" é impensável no contexto da distinção epistemológica fundamental de Althusser entre o "objeto real" e o "objeto do conhecimento", uma vez que ela introduz um terceiro elemento que subverte o próprio campo dessa distinção: a forma do pensamento anterior e externa ao pensamento — em suma, a ordem simbólica.

Estamos agora aptos a formular com exatidão a natureza "escandalosa" da iniciativa de Sohn-Rethel para a reflexão filosófica: ele confrontou o círculo fechado dessa reflexão com um lugar externo em que sua forma já é "encenada". Com isso, a reflexão filosófica fica sujeita a uma experiência de estranheza, semelhante à resumida pela antiga fórmula oriental "tu és aquilo": ali, na efetividade externa do processo de troca, ali é teu lugar apropriado, ali é o palco em que tua verdade foi encenada, antes que tomasses conhecimento dela. O confronto com esse lugar é insuportável, porque a filosofia como tal *se define por* sua cegueira quanto a esse lugar: não pode levá-lo em consideração sem se dissolver, sem perder sua consistência.

Isto não significa, por outro lado, que a consciência "prática" do dia a dia, em contraste com a consciência filosófico-teórica — a consciência dos indivíduos que participam do ato de troca — não esteja igualmente sujeita a uma cegueira complementar. Durante o ato de troca, os indivíduos agem como "solipsistas práticos", desconhecem a função sociossintética da troca: esse é o nível da "abstração real" como forma de socialização da produção privada por intermédio do mercado: "O que os donos da mercadoria fazem numa relação de troca é solipsismo prático — independentemente do que pensem e digam sobre ela."[11] Esse desconhecimento é a condição *sine qua non* da efetuação do ato de troca — se os participantes reparassem na dimensão de "abstração real", o próprio ato "efetivo" de troca já não seria possível:

> Assim, ao falar da abstração da troca, devemos ter o cuidado de não aplicar esse termo à consciência dos agentes da troca. Supõe--se que eles estejam ocupados com o uso das mercadorias que veem, mas ocupados apenas em sua imaginação. É o ato de troca, e somente o ato, que é abstrato (...) O caráter abstrato desse ato não pode ser notado quando acontece, porque a consciência dos agentes está tomada pela negociação e pela aparência empírica das coisas, que é pertinente a seu uso. Dir-se-ia que a abstração de seu ato está além da percepção dos atores porque a própria consciência deles interfere. Se o caráter abstrato captasse sua mente, seu ato deixaria de ser de troca e a abstração não surgiria.[12]

Esse desconhecimento acarreta a divisão da consciência em "prática" e "teórica": o proprietário que participa do ato de troca age como um "solipsista prático": desconsidera a dimensão sociossintética universal de

## COMO MARX INVENTOU O SINTOMA?

seu ato, reduzindo-o a um encontro informal de indivíduos atomizados no mercado. Essa dimensão *social* "recalcada" de seu ato emerge então sob a forma de seu contrário — como a Razão universal voltada para a observação da natureza (a rede de categorias da "razão pura" como arcabouço conceitual das ciências naturais).

O paradoxo crucial dessa relação entre a efetividade social da troca de mercadorias e a "consciência" dela é que — para usar novamente uma formulação concisa de Sohn-Rethel — "esse não-conhecimento da realidade é parte de sua própria essência": a efetividade social do processo de troca é um tipo de realidade que só é possível sob a condição de que os indivíduos que dela participam *não estejam* cientes de sua lógica própria, ou seja, um tipo de realidade *cuja própria consistência ontológica implica um certo não saber de seus participantes* — se viéssemos a "saber demais", a desvendar o verdadeiro funcionamento da realidade social, essa realidade se dissolveria.

Essa, provavelmente, é a dimensão fundamental da "ideologia": a ideologia não é simplesmente uma "falsa consciência", uma representação ilusória da realidade; antes, é essa própria realidade que já deve ser concebida como "ideológica" — *"ideológica" é uma realidade social cuja própria existência implica o não conhecimento de seus participantes no que tange à sua essência*, ou seja, à efetividade social, cuja própria reprodução implica que os indivíduos "não sabem o que fazem". *"Ideológica" não é a "falsa consciência" de um ser (social), mas esse próprio ser, na medida em que ele é sustentado pela "falsa consciência".* Assim, chegamos finalmente à dimensão do sintoma, pois uma de suas definições possíveis também seria "uma formação cuja própria consistência implica um certo não saber por parte do sujeito": o sujeito só pode "gozar com o sintoma" na medida em que a lógica deste lhe escape — a medida do sucesso da interpretação do sintoma é, exatamente, sua dissolução.

## O *sintoma social*

Então, como podemos definir o sintoma marxista? Marx "inventou o sintoma" (Lacan) mediante a detecção de uma certa fissura, de uma assimetria, de certo desequilíbrio "patológico" que desmente o universalismo dos "direitos e deveres" burgueses. Esse desequilíbrio, longe de anunciar a "realização imperfeita" desses princípios universais — ou seja, uma insuficiência a ser abolida pelo desenvolvimento ulterior —, funciona como seu momento constitutivo: o "sintoma", estritamente falando, é um elemento particular que subverte seu próprio fundamento universal, uma espécie que subverte seu gênero. Neste sentido, podemos dizer que o método marxista elementar da "crítica da ideologia" já é "sintomático": consiste em detectar um ponto de ruptura *heterogêneo* a um dado campo ideológico e, ao mesmo tempo, *necessário* para esse campo alcançar sua finalização, sua forma acabada.

Esse processo implica, pois, certa lógica da exceção: todo Universal ideológico — por exemplo, liberdade, igualdade — é "falso", uma vez que inclui, necessariamente, um caso específico que rompe sua unidade, expõe sua falsidade. Liberdade, por exemplo: é um conceito universal que abrange várias espécies (liberdade de expressão e de imprensa, liberdade de consciência, liberdade de comércio, liberdade política etc.), mas também, por necessidade estrutural, uma liberdade específica (a de o trabalhador vender livremente seu próprio trabalho no mercado), o que subverte esse conceito universal. Em outras palavras, essa liberdade é o oposto diametral da liberdade efetiva: ao vender "livremente" seu trabalho, o trabalhador perde sua liberdade — o conteúdo real desse ato livre de venda é a escravização do trabalhador ao capital. O ponto crucial, é claro, é que essa liberdade paradoxal, a forma de seu oposto, é precisamente o que fecha o círculo das "liberdades burguesas".

O mesmo também se pode demonstrar quanto à justa troca de equivalentes, esse ideal do mercado. Quando, na sociedade pré-capitalista, a produção de mercadorias ainda não atingiu um caráter universal — isto é, quando o que predomina ainda é a chamada "produção natural" —,

## COMO MARX INVENTOU O SINTOMA?

os próprios proprietários dos meios de produção ainda são produtores (pelo menos em regra geral): é uma produção artesanal; os próprios donos trabalham e vendem seus produtos no mercado. Nesse estágio de desenvolvimento, não há exploração (ao menos em princípio, isto é, se não considerarmos a exploração dos aprendizes e assim por diante); a troca no mercado é feita com equivalentes e toda mercadoria recebe como pagamento seu valor pleno. Mas, tão logo a produção para o mercado prevalece no edifício econômico de uma dada sociedade, essa *generalização* é necessariamente acompanhada pelo aparecimento de um novo tipo paradoxal de mercadoria: a força de trabalho, os trabalhadores que não são donos dos meios de produção e que, por conseguinte, são obrigados a vender no mercado seu próprio trabalho, em vez dos produtos de seu trabalho.

Com essa nova mercadoria, a troca de equivalentes torna-se sua negação — a própria forma de exploração, de apropriação da mais-valia. O ponto crucial a não perder de vista aqui é que essa negação é estritamente *interna* na troca de equivalentes, e não sua simples violação: a força de trabalho não é "explorada", no sentido de seu pleno valor não ser remunerado; ao menos em princípio, a troca entre o trabalho e o capital é inteiramente equivalente e equitativa. O problema é que a força de trabalho é uma mercadoria peculiar, cujo uso — o trabalho em si — produz certa mais-valia, e esse excedente que ultrapassa o próprio valor da força de trabalho é apropriado pelo capitalista.

Temos aí, mais uma vez, certo Universal ideológico (o da troca equivalente e equitativa) e uma troca paradoxal particular (a da força de trabalho pelo salário), que, justamente como um equivalente, funciona como a própria forma da exploração. O desenvolvimento "quantitativo" em si, a universalização da produção de mercadorias, promove uma nova "qualidade", a emergência de uma nova mercadoria que representa a negação interna do princípio universal da troca equivalente de mercadorias; em outras palavras, *ela acarreta um sintoma*. E, na perspectiva marxista, o socialismo *utópico* consiste na crença em que é possível uma sociedade em que as relações de troca sejam universalizadas e em que predomine a produção para o mercado, mas na qual os trabalhadores, ainda assim, continuem proprietários de seus meios de produção e, por conseguinte, não sejam explorados — em suma, o componente "utópico" transmite a crença na possibilidade de uma *universalidade sem sintoma*, sem o ponto de exceção que funciona como sua negação interna.

Essa é também a lógica da crítica marxista a Hegel, ao conceito hegeliano da sociedade como totalidade racional: assim que tentamos conceber a ordem social existente como uma totalidade racional, temos de incluir nela um elemento paradoxal que, sem deixar de ser um componente interno dela, funciona como seu sintoma — subverte o próprio princípio racional universal dessa totalidade. Para Marx, esse elemento "irracional" da sociedade existente era, é claro, o proletariado, "a desrazão da própria razão" (Marx), o ponto em que a razão incorporada na ordem social vigente depara com sua desrazão.

## O fetichismo da mercadoria

Em sua atribuição da descoberta do sintoma a Marx, no entanto, Lacan é mais preciso: situa essa descoberta na maneira como Marx concebeu a *passagem* do feudalismo para o capitalismo: "É preciso buscar as origens da ideia de sintoma não em Hipócrates, mas em Marx, na conexão que ele foi o primeiro a estabelecer entre capitalismo e... o quê? — os velhos tempos, aquilo a que chamamos tempos feudais."[13] Para apreender a lógica dessa passagem do feudalismo para o capitalismo, primeiro temos que elucidar seu pano de fundo teórico, o conceito marxista de fetichismo da mercadoria.

Numa primeira abordagem, o fetichismo da mercadoria é "uma relação social definida entre os homens, que assume a seus olhos a forma fantasiosa de uma relação entre coisas".[14] O *valor* de determinada mercadoria, que de fato é a insígnia de uma rede de relações sociais entre produtores de diversas mercadorias, assume a forma de uma propriedade quase "natural" de outra coisa-mercadoria, o dinheiro: dizemos que o valor de certa mercadoria é tal ou qual soma de dinheiro. Consequentemente, o traço essencial do fetichismo da mercadoria não consiste na famosa substituição de homens por coisas ("uma relação entre os homens que assume a forma de uma relação entre coisas"), mas, antes, em certo desconhecimento da relação entre uma rede estruturada e um de seus elementos: aquilo que, na verdade, é um efeito estrutural, um efeito da rede de relações entre elementos, aparece como uma propriedade imediata de um dos elementos, como se essa propriedade também lhe pertencesse fora de sua relação com outros elementos.

Tal desconhecimento tanto pode ocorrer numa "relação entre coisas" quanto numa "relação entre homens" — Marx afirma isso, explicitamente, a propósito da simples forma da expressão do valor. A mercadoria A só pode expressar seu valor em referência a outra mercadoria, B, que assim se torna sua equivalente: na relação de valor, a forma natural da mercadoria B (seu valor de uso, suas propriedades empíricas positivas) funciona como uma forma de valor da mercadoria A; em outras palavras, o corpo de B torna-se, para A, o espelho de seu valor. A essas reflexões, Marx acrescentou a seguinte nota:

> De certo modo, ocorre com o homem o mesmo que com a mercadoria. Como não vem ao mundo com um espelho nem como filósofo fichtiano — Eu sou Eu —, o homem espelha-se primeiramente num outro homem. É somente mediante a relação com Paulo como seu igual que Pedro se relaciona consigo mesmo como ser humano. Com isso, porém, também Paulo vale para ele, em carne e osso, em sua corporeidade paulina, como forma de manifestação do gênero humano.[15]

Essa breve nota antecipa, de certo modo, a teoria lacaniana do estádio do espelho: somente ao se refletir em outro ser humano — ou seja, na medida em que esse outro ser humano lhe oferece uma imagem de sua unidade — é que o eu [*moi*] pode chegar a sua identidade; por isso, identidade e alienação são estritamente correlatas. Marx segue essa homologia: a outra mercadoria (B) só é um equivalente na medida em que A se relaciona com ela como sendo a forma-de-aparência de seu próprio valor, somente dentro dessa relação. Mas a aparência — e nisso reside o efeito de inversão que é característico do fetichismo —, a aparência é exatamente o oposto: A parece relacionar-se com B como se, para B, ser equivalente a A não fosse ser uma "determinação reflexiva" (Marx) de A — ou seja, como se B *já fosse, em si mesmo,* equivalente a A; a propriedade de "ser equivalente" parece fazer parte dele, até fora de sua relação com A, no mesmo nível de suas outras propriedades efetivas "naturais" que constituem seu valor de uso. A essas reflexões Marx acrescentou, mais uma vez, uma nota muito interessante:

> Tais determinações reflexivas estão por toda parte. Por exemplo, um homem só é rei porque outros homens se relacionam com ele como súditos. Inversamente, estes creem ser súditos porque ele é rei.[16]

"Ser rei" é um efeito da rede de relações sociais entre um "rei" e seus "súditos"; mas — e aí está o desconhecimento fetichista —, para os participantes desse vínculo social, a relação aparece, necessariamente, de forma inversa: eles se acham súditos que conferem ao rei um tratamento real porque o rei já é rei em si mesmo, fora da relação com os súditos, como se a determinação "ser rei" fosse uma propriedade "natural" da pessoa de um rei. Como não relembrar aqui a famosa afirmação lacaniana de que um louco que se acredita rei não é mais louco do que um rei que se acredita rei — ou seja, que se identifica de imediato com o título "rei"?

O que temos aí, portanto, é um paralelo entre duas modalidades de fetichismo, e a pergunta crucial concerne à relação exata entre esses dois níveis. Em outras palavras, essa relação não é, em absoluto, uma simples homologia: não podemos dizer que, nas sociedades em que predomina a produção para o mercado — isto é, em última análise, nas sociedades capitalistas — "ocorre com o homem o mesmo que com a mercadoria". A verdade é justamente o oposto: o fetichismo da mercadoria ocorre nas sociedades capitalistas, mas, no capitalismo, as relações entre os homens, decididamente, *não são* "fetichizadas"; o que temos nelas são relações entre pessoas "livres", cada qual seguindo seus próprios interesses egoístas. A forma predominante e determinante de suas inter-relações não é a de dominação e escravidão, mas um contrato entre pessoas livres que são iguais aos olhos da lei. Seu modelo é a troca mercantil: no mercado, dois sujeitos se encontram, numa relação livre de todo o fardo da veneração ao Senhor e da proteção e cuidado do Senhor para com seus súditos; eles se encontram como duas pessoas cuja atividade é inteiramente determinada por seus interesses egoístas, e cada qual age como um bom utilitarista; o outro, para cada um, é totalmente livre de qualquer aura mística; tudo que a pessoa vê em seu parceiro é outro sujeito que segue seus interesses e que só lhe interessa na medida em que possui algo — uma mercadoria — capaz de satisfazer alguma de suas necessidades.

As duas formas de fetichismo são *incompatíveis*, portanto: nas sociedades em que impera o fetichismo da mercadoria, as "relações entre os homens" são totalmente desfetichizadas, ao passo que, nas sociedades em que existe fetichismo nas "relações entre os homens" — as sociedades pré-capitalistas —, o fetichismo da mercadoria ainda não se desenvolveu, pois o que predomina é a produção "natural", não a produção voltada para o mercado. Esse fetichismo nas relações entre os homens tem que ser chamado por seu nome correto: o que temos aí, como assinala Marx, são "relações de dominação e servidão" — ou seja, precisamente a relação entre senhor e escravo no sentido hegeliano;[17] e é como se o recuo do Senhor no capitalismo fosse apenas um *deslocamento*: como se a desfetichização da "relação entre os homens" fosse paga com o surgimento do fetichismo na "relação entre as coisas" — com o fetichismo da mercadoria. O lugar do fetichismo apenas se desloca das relações intersubjetivas para as relações "entre coisas": as relações sociais cruciais, as de produção, já não são imediatamente

O SUBLIME OBJETO DA IDEOLOGIA

transparentes na forma das relações interpessoais de dominação e escravidão (do Senhor e seus escravos etc.); elas se disfarçam — para usar a formulação precisa de Marx — "sob a forma de relações sociais entre coisas, entre os produtos do trabalho".

É por isso que devemos buscar a descoberta do sintoma na maneira pela qual Marx concebeu a passagem do feudalismo para o capitalismo. Com o estabelecimento da sociedade burguesa, as relações de dominação e escravidão são *recalcadas*: formalmente, parecemos estar lidando com sujeitos cujas relações interpessoais são isentas de qualquer fetichismo; a verdade recalcada — a da persistência da dominação e da servidão — emerge num sintoma que subverte a aparência ideológica de igualdade, liberdade e assim por diante. Esse sintoma, o ponto de emergência da verdade sobre as relações sociais, são exatamente as "relações sociais entre coisas" — em contraste com a sociedade feudal:

> Julguem-se como se queiram as máscaras atrás das quais os homens aqui se confrontam, o fato é que as relações sociais das pessoas em seus trabalhos aparecem como suas próprias relações pessoais e não se encontram travestidas em relações sociais entre coisas, entre produtos de trabalho.[18]

"Em vez de parecerem sempre suas relações pessoais recíprocas, as relações sociais entre indivíduos se disfarçam sob a forma de relações sociais entre coisas" — eis aí uma definição precisa do sintoma histérico, da "histeria de conversão" que é própria do capitalismo.

## O riso totalitário

Nesse ponto, Marx é mais subversivo do que a maioria de seus críticos contemporâneos, que descartam a dialética do fetichismo da mercadoria como ultrapassada: essa dialética ainda pode ajudar-nos a apreender o fenômeno do chamado "totalitarismo". Tomemos como ponto de partida *O nome da rosa*, de Umberto Eco, justamente por haver algo errado nesse livro. Essa crítica não se aplica apenas a sua ideologia, que poderia ser chamada — segundo o modelo dos *Westerns spaghetti* — de estruturalismo *spaghetti*: uma espécie de versão simplificada, estilo cultura de massa, das ideias estruturalistas e pós-estruturalistas (não há realidade última, todos vivemos num mundo de sinais que se referem a outros sinais etc.). O que nos deve incomodar nesse livro é sua tese subjacente fundamental: a fonte do totalitarismo é o apego dogmático à palavra oficial: a ausência do riso, do desapego irônico. Em si mesmo, o compromisso excessivo com o Bem pode tornar-se o pior dos males: o Mal real é qualquer tipo de dogmatismo fanático, especialmente o exercido em nome do Bem supremo.

Essa tese já faz parte da versão esclarecida da própria crença religiosa: se ficarmos obcecados demais com o Bem e com um ódio correspondente ao secular, nossa própria obsessão com o Bem pode transformar-se numa força do Mal, numa forma de ódio destrutivo por tudo que não corresponder a nossa ideia do Bem. O verdadeiro Mal é o olhar supostamente inocente que não percebe senão maldade no mundo, como em *A volta do parafuso*, de Henry James, onde o Mal real, é claro, é o olhar da própria narradora (a jovem governanta).

Primeiro, essa ideia de uma obsessão com o Bem (uma devoção fanática a ele) que se transforma em Mal mascara a experiência inversa, que é muito mais inquietante: de que modo o apego fanático e obsessivo ao Mal pode adquirir, ele próprio, o status de uma postura ética, uma postura não norteada por nossos interesses egoístas. Basta considerarmos o *Don Giovanni* de Mozart, no final da ópera, quando ele se confronta com esta escolha: se confessar seus pecados, ainda poderá alcançar a salvação; se persistir neles, será amaldiçoado para sempre. Do ponto de vista do princípio do prazer, o apropriado seria renunciar ao passado, mas ele não o faz; persiste no Mal, mesmo sabendo que, ao persistir, estará eternamente amaldiçoado. Paradoxalmente, com sua opção final pelo Mal, ele adquire o status de um herói ético, isto é, de alguém guiado por princípios fundamentais que estão "além do princípio do prazer", e não apenas pela busca do prazer ou do lucro material.

O que há de realmente perturbador em *O nome da rosa*, porém, é a crença subjacente na força libertadora e antitotalitária do riso, do distanciamento irônico. Nossa tese aqui é quase o oposto diametral dessa premissa subjacente do romance de Eco: nas sociedades contemporâneas, democráticas ou totalitárias, esse distanciamento cínico, o riso, a ironia etc. fazem parte do jogo, por assim dizer. Não se pretende que a ideologia dominante seja levada a sério ou entendida em termos literais. Talvez o maior perigo para o totalitarismo sejam as pessoas que tomam sua ideologia ao pé da letra — até no romance de Eco, o pobre Jorge, encarnação da fé dogmática que não ri, é uma figura bastante trágica: ultrapassado, uma espécie de morto-vivo, um remanescente do passado que por certo não é uma pessoa que represente os poderes sociais e políticos existentes.

Que conclusão devemos extrair disso? Devemos dizer que vivemos numa sociedade pós-ideológica? Talvez fosse melhor, primeiro, tentarmos especificar o que queremos dizer com ideologia.

## O cinismo como forma de ideologia

A definição mais elementar de ideologia, provavelmente, é a famosa frase de *O capital*, de Marx: "*Sie wissen das nicht, aber sie tun es*" — "*Disso eles não sabem, mas o fazem.*" O próprio conceito de ideologia implica uma espécie de ingenuidade básica, constitutiva: o desconhecimento de seus próprios pressupostos, de suas condições efetivas, uma distância, uma divergência entre a chamada realidade social e nossa representação distorcida, nossa falsa consciência dela. É por isso que tal "consciência ingênua" pode ser submetida a um processo ideológico-crítico. O objetivo desse processo é levar a consciência ideológica ingênua a um ponto em que ela possa reconhecer suas próprias condições efetivas, a realidade social que ela distorce, e, por meio desse mesmo ato, dissolver-se. Nas versões mais sofisticadas da crítica da ideologia — a desenvolvida pela Escola de Frankfurt, por exemplo —, não se trata apenas de ver as coisas (isto é, a realidade social) como "realmente são", de jogar fora os óculos da ideologia que causam distorções; o principal é ver como a própria realidade não pode se reproduzir sem essa chamada mistificação ideológica. A máscara não esconde simplesmente o verdadeiro estado de coisas; a distorção ideológica está inscrita em sua própria essência.

Deparamos então com o paradoxo de um ser que só pode reproduzir-se na medida em que seja desconhecido e desconsiderado: no momento em que o vemos "tal como realmente é", esse ser se dissolve no nada, ou, em termos mais exatos, transforma-se em outro tipo de realidade. É por isso que devemos evitar as metáforas simples de desmascaramento, de descarte dos véus que supostamente escondem a realidade nua e crua. Podemos ver por que Lacan, em seu seminário *A ética da psicanálise*, distancia-se do gesto libertário de dizer, finalmente, que "o imperador está nu". A questão, como diz Lacan, é que o imperador só está nu embaixo de sua roupa, de modo que, se há um gesto desmascarador na psicanálise, ele está mais próximo da célebre piada de Alphonse Allais, citada por Lacan, em que alguém aponta para uma mulher e solta um grito horrorizado: "Que escândalo! Olhem essa mulher! Debaixo do vestido, ela está nua!"[19]

Mas tudo isto já é bem conhecido: trata-se do conceito clássico da ideologia como "falsa consciência", como um desconhecimento da realidade social que faz parte dessa mesma realidade. Nossa pergunta é: esse conceito de ideologia como consciência ingênua ainda se aplica ao mundo de hoje? Ainda funciona, hoje em dia? Na *Crítica da razão cínica*, um grande bestseller na Alemanha, Peter Sloterdijk formula a tese de que o modo de funcionamento dominante da ideologia é cínico, o que torna impossível — ou, mais precisamente, inútil — o clássico método crítico-ideológico. O sujeito cínico tem plena ciência da distância entre a máscara ideológica e a realidade social, mas, apesar disso, insiste na máscara. A formulação proposta por Sloterdijk seria, então: "eles sabem muito bem o que estão fazendo, mas ainda assim o fazem." A razão cínica já não é ingênua, mas é um paradoxo de uma falsa consciência esclarecida: sabe-se muito bem da falsidade, tem-se plena ciência de determinado interesse oculto por trás de uma universalidade ideológica, mas, ainda assim, não se renuncia a ela.

Devemos distinguir estritamente essa postura cética do que Sloterdijk chama de *kynicism* [cinismo]. O *kynicism* representa a rejeição popular da cultura oficial, a rejeição pela plebe, por meio da ironia e do sarcasmo: o clássico procedimento cínico [*kynical*] consiste em confrontar as expressões patéticas da ideologia oficial dominante — seu tom grave e solene — com a banalidade corriqueira e expô-las ao ridículo, assim evidenciando, por trás do refinamento sublime das expressões ideológicas, os interesses egoístas, a violência, as reivindicações brutais de poder. Esse método, portanto, é mais pragmático do que argumentativo: subverte a proposição oficial, confrontando-a com a situação de sua enunciação; procede *ad hominem* (por exemplo, quando um político prega o dever do sacrifício patriótico, o cinismo expõe o lucro pessoal que ele extrai do sacrifício alheio).

O cinismo [*cynicism*] é a resposta da cultura dominante a essa subversão cínica [*kynical*]: reconhece, leva em conta o interesse particular por trás da universalidade ideológica, a distância entre a máscara ideológica e a realidade, mas ainda encontra razões para conservar a máscara. Esse cinismo não é uma postura direta de imoralidade, mais parece a própria moral posta a serviço da imoralidade — o modelo do saber cínico é conceber a probidade e a integridade como uma forma suprema de desonestidade, a moral como uma forma suprema de devassidão e a verdade como a forma mais eficaz da mentira. Esse cinismo, portanto, é uma espécie de forma perversa de "negação da negação" da ideologia oficial: confrontada com o enriquecimento ilícito, a ladroagem, a reação cínica consiste em dizer que o enriquecimento lícito é muito mais eficaz e, além disso, protegido por lei. Nas palavras de Bertolt Brecht em sua *Ópera dos três vinténs*, "o que é o roubo de um banco, comparado à fundação de um novo banco?"

## COMO MARX INVENTOU O SINTOMA?

Assim, fica claro que, confrontada com essa razão cínica, a crítica tradicional da ideologia deixa de funcionar. Já não podemos submeter o texto ideológico a uma "leitura sintomal", confrontando-o com suas lacunas, com o que ele tem de recalcar para se organizar, para preservar sua coerência — a razão cínica leva em conta essa distância, antecipadamente. Será, então, que a única saída que nos resta é afirmar que, com o império da razão cínica, estamos no chamado mundo pós-ideológico? Até Adorno chegou a essa conclusão, a partir da premissa de que, estritamente falando, a ideologia é apenas um sistema que reivindica a verdade — ou seja, que não é uma simples mentira, e sim uma mentira vivenciada como verdade, uma mentira com a pretensão de ser levada a sério. A ideologia totalitária já não tem essa pretensão. Já não pretende ser levada a sério, nem mesmo por seus autores — seu status é apenas o de um meio de manipulação, puramente externo e instrumental; seu domínio é assegurado não por seu valor de verdade, mas pela simples violência extraideológica e pela promessa de lucro.

É aqui, neste ponto, que se deve introduzir a distinção entre *sintoma* e *fantasia*, para mostrar que a ideia de que vivemos numa sociedade pós-ideológica é meio precipitada: a razão cínica, com todo o seu desapego irônico, deixa intacto o nível fundamental de fantasia ideológica, o nível em que a ideologia estrutura a própria realidade social.

## A *fantasia ideológica*

Se quisermos captar essa dimensão de fantasia, teremos que voltar à fórmula marxista "disso eles não sabem, mas o fazem", e formular a nós mesmos uma pergunta muito simples — qual é o lugar da ilusão ideológica: no *"saber"* ou no *"fazer"* na própria realidade? À primeira vista, a resposta parece óbvia: a ilusão ideológica está no "saber". Trata-se da discordância entre o que as pessoas efetivamente fazem e o que pensam estar fazendo — a ideologia consiste no próprio fato de as pessoas "não saberem o que realmente fazem", terem uma representação falsa da realidade social a que pertencem (distorção produzida, é

O SUBLIME OBJETO DA IDEOLOGIA

claro, pela mesma realidade). Retomemos o clássico exemplo marxista do chamado fetichismo da mercadoria: o dinheiro, na realidade, é apenas a encarnação, a condensação, a materialização de uma rede de relações sociais — o fato de funcionar como um equivalente universal de todas as mercadorias é condicionado por sua posição na trama das relações sociais. Para os indivíduos, no entanto, essa função do dinheiro — ser a encarnação da riqueza — afigura-se uma propriedade natural imediata de uma coisa chamada "dinheiro", como se o dinheiro em si, em sua realidade material imediata, já fosse a encarnação da riqueza. Tocamos aqui no clássico tema marxista da "reificação": por trás das coisas, da relação entre as coisas, devemos detectar as relações sociais, as relações entre sujeitos humanos.

Mas esta leitura da formulação de Marx deixa de fora uma ilusão, um erro, uma distorção que já está em funcionamento na própria realidade social, no nível do que os indivíduos *fazem*, e não apenas do que *pensam* ou *sabem* estar fazendo. Quando os indivíduos usam o dinheiro, sabem muito bem que nele não há nada de mágico — esse dinheiro, em sua materialidade, é uma simples expressão de relações sociais. A ideologia espontânea do cotidiano reduz o dinheiro a um simples sinal, que dá ao indivíduo que o possui o direito a certa parte do produto social. Assim, no nível do dia a dia, os indivíduos sabem muito bem que há relações entre pessoas por trás das relações entre coisas. O problema é que, em sua atividade social, naquilo que *fazem*, eles *agem* como se o dinheiro, em sua realidade material, fosse a encarnação imediata da riqueza como tal. Eles são fetichistas na prática, não na teoria. O que "não sabem", o que desconhecem, é o fato de que, em sua própria realidade social, em sua atividade social — no ato da troca da mercadoria —, eles são guiados pela ilusão fetichista.

Para esclarecer isto, tomemos mais uma vez o clássico tema marxista da inversão especulativa da relação entre o Universal e o Particular. O Universal é apenas uma propriedade de objetos particulares que realmente existem, mas, quando somos vítimas do fetichismo da mercadoria, é como se o conteúdo concreto de uma mercadoria (seu valor de uso) fosse uma expressão de sua universalidade abstrata (o valor de troca) — o Universal abstrato, o Valor, afigura-se uma Substância real que se encarna, sucessivamente, numa série de objetos concretos. Esta é a tese marxista básica: o mundo efetivo das mercadorias já se comporta como um sujeito-substância hegeliano, como um Universal que passa por uma série de encarnações particulares. Marx fala em "metafísica da mercadoria", em "religião da vida cotidiana". As raízes do idealismo especulativo filosófico encontram-se na realidade social do mundo das mercadorias; é esse mundo que se comporta "idealisticamente" — ou, como diz Marx no primeiro capítulo da primeira edição de O *capital*:

> Essa *inversão*, mediante a qual o sensível e o concreto contam apenas como uma forma fenomênica do que é abstrato e universal, ao contrário do verdadeiro estado de coisas, em que o abstrato e o universal contam apenas como uma propriedade do concreto — essa inversão é característica da expressão do valor, e é essa inversão que, ao mesmo tempo, dificulta tanto a compreensão dessa expressão. Se digo que o direito romano e o direito alemão são leis, isto é algo evidente. Mas se, ao contrário, digo que A Lei, essa coisa abstrata, realiza-se no direito romano e no direito alemão, ou seja, nessas leis concretas, a interconexão torna-se mística.[20]

A pergunta a fazer, mais uma vez, é: onde está a ilusão? Não devemos esquecer que o indivíduo burguês, em sua ideologia cotidiana, decididamente não é um hegeliano especulativo: não concebe o conteúdo particular como resultante de um movimento autônomo da Ideia universal. Ao contrário, ele é um bom nominalista anglo-saxão que acha que o Universal é uma propriedade do Particular, quer dizer, de coisas que realmente existem. O valor em si não existe, há apenas coisas individuais que, entre outras propriedades, têm valor. O problema é que, em sua prática, em sua atividade real, ele age como se as coisas particulares (as mercadorias) fossem apenas um punhado de encarnações do Valor universal. Reformulando a frase de Marx: *Ele sabe muito bem que o direito romano e o direito alemão são apenas dois tipos de direito, mas, na prática, age como se a Lei em si, essa entidade abstrata, se realizasse no direito romano e no direito alemão.*

Agora, portanto, demos um passo à frente decisivo; estabelecemos uma nova maneira de ler a fórmula marxista "disso eles não sabem, mas o fazem": a ilusão não está do lado do saber, mas já está do lado da própria realidade, daquilo que as pessoas fazem. O que elas não sabem é que sua própria realidade social, sua atividade, é guiada por uma ilusão, por uma inversão fetichista. O que elas desconsideram, o que desconhecem, não é a realidade, mas a ilusão que estrutura sua realidade, sua atividade social real. Elas sabem muito bem como as coisas realmente são, mas continuam a agir como se não soubessem. A ilusão é dupla, portanto: consiste em deixarmos passar despercebida a ilusão que estrutura nossa relação efetiva real com a realidade. E essa ilusão despercebida e inconsciente é o que podemos chamar de *fantasia ideológica.*

Se nosso conceito de ideologia continua a ser o clássico, no qual a ilusão é situada no saber, a sociedade de hoje deverá afigurar-se pós-ideológica: a ideologia vigente é a do cinismo; as pessoas já não acreditam na verdade ideológica: não levam a sério as proposições ideológicas. O nível fundamental de ideologia, entretanto, não é o de uma ilusão que mascare o verdadeiro estado de coisas, mas o de uma fantasia (inconsciente) que estrutura nossa própria realidade social. E, nesse nível, estamos longe, é claro, de ser uma sociedade pós-ideológica. A distância cínica é apenas um modo — um dentre muitos — de nos cegarmos para o poder estruturante da fantasia ideológica: mesmo que não levemos as coisas a sério, mesmo que nos mantenhamos a uma distância irônica, *continuamos a fazê-las.*

É por esse ponto de vista que podemos explicar a fórmula da razão cínica proposta por Sloterdijk: "eles sabem muito bem o que estão fazendo, mas mesmo assim o fazem." Se a ilusão estivesse do lado do saber, a postura cínica realmente seria pós-ideológica, simplesmente uma postura sem ilusões: "eles sabem o que estão fazendo e o fazem."

Mas, se o lugar da ilusão está na própria realidade do fazer, essa formulação pode ser lida de maneira muito diferente: "eles sabem que, em sua atividade, estão seguindo uma ilusão, mas ainda assim o fazem." Por exemplo, eles sabem que sua ideia de Liberdade mascara uma forma particular de exploração, mas continuam a seguir essa ideia de Liberdade.

## A *objetividade da crença*

Por este ponto de vista, também valeria a pena reler a formulação marxista elementar do chamado fetichismo da mercadoria: numa sociedade em que os produtos do trabalho humano adquirem a forma de mercadorias, as relações cruciais entre as pessoas assumem a forma de relações entre coisas, entre mercadorias — em vez de relações imediatas entre pessoas, temos relações sociais entre coisas. Nas décadas de 1960 e 1970, todo esse problema foi desacreditado pelo anti-humanismo althusseriano. A principal censura dos althusserianos era que a teoria marxista do fetichismo da mercadoria baseava-se numa oposição ingênua, ideológica e sem fundamento epistemológico entre pessoas (sujeitos humanos) e coisas. Mas uma leitura lacaniana pode dar a essa formulação um sentido novo e inesperado: o poder subversivo da abordagem de Marx está, precisamente, em como ele usa a oposição entre as pessoas e as coisas.

No feudalismo, como vimos, as relações entre as pessoas são mistificadas, mediadas por uma rede de crenças e superstições ideológicas. Trata-se das relações entre o senhor e seu servo, nas quais o senhor exerce seu poder carismático de fascínio, e assim por diante. Embora, no capitalismo, os sujeitos sejam emancipados, percebendo-se como livres das superstições religiosas medievais, eles lidam uns com os outros como utilitaristas racionais, guiados unicamente por seus interesses egoístas. O importante na análise de Marx, no entanto, é que *as próprias coisas (mercadorias) acreditam no lugar deles*, em vez dos sujeitos: é como se todas as crenças, superstições e mistificações metafóricas destes últimos, supostamente superadas pela personalidade utilitarista racional, estivessem encarnadas nas "relações sociais entre coisas". Os sujeitos já não acreditam, mas *as próprias coisas acreditam por eles*.

Essa também parece ser uma proposição lacaniana básica, ao contrário da tese habitual de que a crença é algo interno e o saber, algo externo (no sentido de que pode ser verificado por um processo externo). Antes, a crença é que é radicalmente externa, incorporada no procedimento prático efetivo das pessoas. É semelhante às rodas tibetanas de oração: você escreve uma prece num pedaço de papel, coloca o papel enrolado numa roda e a gira automaticamente, sem pensar (ou, se quiser agir de acordo com a "astúcia da razão" hegeliana, pode ligá-la a um moinho, para que ela seja girada pelo vento). Desse modo, a própria roda reza por mim, em vez de eu fazê-lo — ou, mais exatamente, eu mesmo rezo por meio da roda. A beleza da coisa está em que, em minha interioridade psicológica, posso pensar no que eu quiser, posso me entregar às fantasias mais sujas e obscenas, e não tem importância, porque — para usar uma boa e velha expressão stalinista —, não importa o que eu pense, *objetivamente*, estarei rezando.

É assim que devemos apreender a proposição lacaniana fundamental de que a psicanálise não é uma psicologia: as crenças mais íntimas, inclusive as emoções mais íntimas, como compaixão, tristeza, mágoa, riso, podem ser transferidas, delegadas a outrem, sem perder sua sinceridade. Em seu seminário sobre *A ética da psicanálise*, Lacan fala do papel do coro na tragédia clássica: nós, os espectadores, chegamos ao teatro preocupados, cheios de problemas cotidianos, incapazes de nos ajustarmos irrestritamente aos problemas da peça, isto é, de sentirmos os medos e compaixões exigidos, mas não há problema: lá está o coro, que sente a tristeza e a compaixão por nós — ou, mais precisamente, sentimos as emoções necessárias através do coro: "Vocês estão, portanto, libertos de toda preocupação — mesmo que não sintam nada, o Coro terá sentido por vocês."[21]

Mesmo que nós, os espectadores, estejamos apenas assistindo ao espetáculo em clima sonolento, "objetivamente" — para usar de novo a velha expressão stalinista — estamos cumprindo nosso dever de compaixão pelos heróis. Nas chamadas sociedades primitivas, encontramos o mesmo fenômeno sob a forma das "carpideiras", mulheres contratadas para chorar por nós: assim, através do outro, cumprimos nosso dever de prantear o luto, enquanto gastamos nosso tempo em esforços mais lucrativos — disputar a divisão da herança do morto, por exemplo.

Mas, para evitar a impressão de que essa exteriorização, essa transferência de nossos sentimentos íntimos, é simplesmente uma característica dos chamados estágios primitivos do desenvolvimento, lembremos um fenômeno bastante comum em programas ou seriados populares de televisão: o "riso enlatado". Depois de alguma fala supostamente engraçada ou satírica, podemos ouvir as risadas e os aplausos, incluídos na própria trilha sonora do programa — e aí temos a contrapartida exata do Coro na tragédia clássica; é aí que temos de buscar a "Antiguidade viva". Em outras palavras, por que esse riso? A primeira resposta possível — dizer que ele serve para nos lembrar quando rir — é bem interessante, pois implica o paradoxo de que o riso é uma questão de dever, e não de um sentimento espontâneo; mas essa resposta não é suficiente, porque *não* costumamos rir. A única resposta correta seria que o Outro — encarnado no televisor — nos libera até de nosso dever de rir: ele ri em nosso lugar. Assim, mesmo que, depois de um dia cansativo de trabalho maçante, não tenhamos feito nada, a noite inteira, senão olhar para a tela da televisão, sonolentos, mais tarde poderemos dizer que, objetivamente, por intermédio do outro, divertimo-nos muito.

Se não levarmos em conta esse status objetivo da crença, talvez acabemos como o tolo de uma piada famosa, que pensava ser um grão de milho. Após algum tempo num hospital psiquiátrico, ele finalmente se curou: passou a saber que não era um grão de milho, mas um homem. Assim, recebeu alta e saiu, mas, logo em seguida, voltou correndo e disse:

— Encontrei uma galinha e tive medo de que ela me comesse.
Os médicos tentaram acalmá-lo:
— Mas, medo de quê? Agora você sabe que não é um grão, e sim um homem.

E o tolo respondeu:

— Sim, *eu* sei disso, mas a *galinha* sabe que não sou mais um grão?

## *"Lei é lei"*

A lição a extrair disso no tocante ao campo social é, acima de tudo, que a crença, longe de ser um estado "íntimo", puramente mental, sempre se *materializa* em nossa atividade social efetiva: a crença respalda a fantasia que regula a realidade social. Tomemos o caso de Kafka: costuma-se dizer que, no universo "irracional" de seus romances, Kafka forneceu uma imagem "exagerada", "fantasiosa" e "subjetivamente distorcida" da burocracia moderna e do destino do indivíduo dentro dela. Ao dizer isso, desconsidera-se o fato crucial de que é exatamente esse "exagero" que articula a fantasia reguladora do funcionamento libidinal da própria burocracia "efetiva", "real".

O chamado "universo de Kafka" não é uma "imagem fantasiosa da realidade social", mas, ao contrário, é *a encenação da fantasia que atua em meio à própria realidade social*: todos sabemos muito bem que a burocracia não é todo-poderosa, mas nossa conduta "efetiva" na presença da máquina burocrática já é regulada por uma crença em sua onipotência... Em contraste com a costumeira "crítica da ideologia", que tenta deduzir a forma ideológica de determinada sociedade da conjunção de suas relações sociais efetivas, a abordagem analítica visa, acima de tudo, a fantasia ideológica eficiente na própria realidade social.

O que chamamos "realidade social" é, em última instância, um constructo ético; sustenta-se num certo *como se* (agimos *como se* acreditássemos na onipotência da burocracia, *como se* o presidente encarnasse a Vontade do Povo, *como se* o Partido expressasse o interesse objetivo da classe trabalhadora etc.). Tão logo se perde a crença (que, convém relembrarmos, decididamente não deve ser concebida num nível "psicológico": ela está incorporada, materializada no funcionamento efetivo do campo social), o próprio tecido do campo social se desintegra. Isso já fora articulado por Pascal, um dos principais pontos de referência de Althusser em sua tentativa de desenvolver o conceito de "Aparelhos Ideológicos de Estado". Segundo Pascal, a interioridade de nosso raciocínio é determinada pela absurda "máquina" externa — o automatismo do significante, da rede simbólica em que os sujeitos estão presos.

> Pois não devemos nos enganar sobre nós mesmos: somos tanto autômato quanto mente. (...) As provas convencem apenas a mente; o hábito fornece as provas mais sólidas e aquelas em que mais se acredita. Ele dobra o autômato, que inconscientemente leva a mente consigo.[22]

Pascal produz aí a própria definição lacaniana do inconsciente: "o autômato (isto é, a letra morta, sem sentido) que inconscientemente [*sans le savoir*] conduz a mente consigo." Desse caráter constitutivamente sem sentido da Lei decorre que devemos obedecer a ela, não porque seja justa, boa ou sequer benéfica, mas, simplesmente, *porque ela é a lei* — tautologia que articula o círculo vicioso de sua autoridade, o fato de que o fundamento último da autoridade da Lei reside em seu processo de enunciação.

> O costume é a equidade inteira, pela simples razão de que é aceito. É essa a base mística de sua autoridade. Qualquer um que tente levá-lo de volta a seu princípio original o destruirá.[23]

A única verdadeira obediência, portanto, é "externa": a obediência por convicção não é uma verdadeira obediência, porque já é "mediada" por nossa subjetividade — isto é, não estamos realmente obedecendo à autoridade, mas apenas seguindo nosso julgamento, que nos diz que a autoridade merece ser obedecida, na medida em que é boa, sábia e benevolente. (...) Mais ainda do que à nossa relação com a autoridade social "externa", essa inversão se aplica a nossa obediência à autoridade interna da crença: foi Kierkegaard que escreveu que acreditar em Cristo por considerá-lo sábio e bom é uma terrível blasfêmia— ao contrário, é somente o próprio ato de crer que pode permitir-nos discernir sua bondade e sabedoria. Decerto devemos buscar razões racionais capazes de consubstanciar nossa crença, nossa obediência aos mandamentos religiosos, mas a experiência religiosa crucial é que essas razões só se revelam àqueles que já acreditam — encontramos razões que confirmam nossa crença porque já cremos; não cremos por haver encontrado um número suficiente de boas razões para crer.

A obediência "externa" à Lei, portanto, não é uma submissão à pressão externa, à chamada "força bruta" não ideológica, mas sim a obediência ao Mandamento, na medida em que ele é "incompreensível", não compreendido, na medida em que conserva um caráter "traumático", "irracional": longe de esconder sua autoridade plena, esse caráter traumático e não integrado da Lei é *uma condição positiva dela*. Esse é o traço fundamental do conceito psicanalítico de *supereu*: uma injunção vivenciada como traumática e "absurda" — isto é, que não pode ser integrada no universo simbólico do sujeito. Mas, para que a Lei funcione "normalmente", esse fato traumático de que "o costume é a equidade inteira, pela simples razão de que é aceito" — a dependência da Lei em relação a seu processo de enunciação, ou, para usar um conceito de Laclau e Mouffe, seu caráter radicalmente *contingente* — deve ser recalcado no inconsciente, através da experiência ideológica imaginária do "sentido" da Lei, de sua fundamentação na Justiça, na Verdade (ou, num estilo mais moderno, na funcionalidade):

> Portanto, ser-nos-ia bom obedecer às leis e aos costumes por eles serem leis. (...) Mas as pessoas não são receptivas a essa doutrina e, desse modo, acreditando que a verdade pode ser encontrada e reside nas leis e nos costumes, acreditam nestes e tomam sua antiguidade como prova de sua veracidade (e não apenas de sua autoridade, sem verdade).[24]

É altamente significativo que encontremos exatamente a mesma formulação no *Processo* de Kafka, no final da conversa entre K e o sacerdote:

> — Não concordo com essa opinião — disse K., balançando a cabeça. — Pois se se adere a ela, é preciso considerar como verdade tudo o que o porteiro diz. Que isso, porém, não é possível, você mesmo fundamentou pormenorizadamente.
> — Não — disse o sacerdote. — Não é preciso considerar tudo como verdade, é preciso apenas considerá-lo como necessário.
> — Opinião desoladora — disse K. — A mentira se converte em ordem universal.[25]

O que se "recalca", portanto, não é alguma origem obscura da Lei, mas o próprio fato de que a Lei não tem que ser aceita como verdadeira, mas apenas como necessária — o fato de que *sua autoridade é desprovida de verdade*. A ilusão estrutural necessária que leva as pessoas a acreditarem que se pode encontrar a verdade nas leis descreve, precisamente, o mecanismo da *transferência*: a transferência é a suposição de uma Verdade, de um Sentido por trás da realidade estúpida, traumática e inconsistente da Lei. Em outras palavras, "transferência" é o nome do círculo vicioso da crença: as razões por que devemos acreditar só são convincentes para os que já acreditam. O texto crucial de Pascal, nesse aspecto, é o famoso Fragmento 233 sobre a necessidade da aposta; sua primeira parte, a mais longa, demonstra extensamente por que é racionalmente sensato "apostar em Deus", mas esse argumento é invalidado pelo seguinte comentário do interlocutor imaginário de Pascal no diálogo:

> — ... minhas mãos estão atadas e meus lábios, cerrados; sou forçado a apostar, e não estou livre; estou aprisionado, e sou feito de tal maneira que não consigo acreditar. Que quer você que eu faça, então?

— Isso é verdade, mas ao menos meta em sua cabeça que, se você é incapaz de crer, é por causa de suas paixões, já que a razão o impele a crer, mas você não consegue. Concentre-se, pois, não em se convencer, multiplicando as provas da existência de Deus, mas em diminuir suas paixões. Você quer descobrir a fé e não sabe o caminho. Quer curar-se da descrença e roga pelo remédio: aprenda com aqueles que um dia estiveram atados como você e que agora apostam tudo o que têm. Eles são pessoas que conhecem o caminho que você deseja seguir, que foram curadas das aflições de que você deseja curar-se: siga o caminho por onde elas começaram. Elas se portaram exatamente como se acreditassem, recebendo água benta, mandando rezar missas e assim por diante. Isso o fará acreditar com muita naturalidade, e irá torná-lo mais dócil.

Ora, que prejuízo lhe advirá da escolha desse rumo? Você será leal, franco, humilde, grato, repleto de boas obras, um amigo sincero e verdadeiro. (...) É verdade que não gozará de prazeres nocivos, da glória e da boa vida, mas, porventura não terá outros?

Afirmo-lhe que você terá a ganhar nesta vida mesmo e que, a cada passo que der nessa estrada, verá que seu ganho é tão certeiro e seu risco, tão desprezível, que, no final, você se dará conta de que apostou em algo certeiro e infinito, pelo qual nada teve de pagar.[26]

A resposta final de Pascal, portanto, é: abandone a argumentação racional e simplesmente submeta-se ao ritual ideológico, entorpeça-se repetindo os gestos sem sentido, aja *como se* já tivesse fé, e a crença virá por si só.

Longe de se limitar ao catolicismo, esse método para obter a conversão ideológica tem aplicação universal, razão por que, em certa época, foi muito popular entre os comunistas franceses. A versão marxista do tema da "aposta" diz assim: o intelectual burguês tem as mãos atadas, os lábios cerrados. Parece ser livre, preso apenas ao argumento de sua

## COMO MARX INVENTOU O SINTOMA?

razão, mas, na realidade, é permeado por preconceitos burgueses. Esses preconceitos não o largam, donde ele não pode crer no sentido da história, na missão histórica da classe trabalhadora. Então, o que pode fazer?

Resposta: primeiro, deve ao menos reconhecer sua impotência, sua incapacidade de acreditar no sentido da história; mesmo que sua razão se incline para a verdade, as paixões e preconceitos produzidos por sua posição de classe o impedem de aceitá-la. Logo, ele não deve esforçar-se por provar a missão histórica da classe trabalhadora; antes, deve aprender a conter suas paixões e preconceitos pequeno-burgueses. Deve extrair lições daqueles que um dia foram tão impotentes quanto ele, mas que se dispõem a arriscar tudo pela Causa revolucionária. Deve imitar o modo pelo qual eles começaram: portaram-se como se de fato acreditassem na missão da classe trabalhadora, tornaram-se atuantes no Partido, recolheram dinheiro para ajudar os grevistas, propagaram o movimento dos trabalhadores, e assim por diante. Isso os entorpeceu e os fez acreditar com muita naturalidade. E, de fato, que mal lhes fez optarem por esse curso? Eles se tornaram fiéis, cheios de boas obras, sinceros e nobres... É verdade que tiveram de renunciar a alguns prazeres pequeno-burgueses nocivos: suas frivolidades intelectualistas egocêntricas, sua falsa ideia de liberdade individual; mas, por outro lado — e a despeito da verdade factual de sua crença —, saíram ganhando muito: levam uma vida significativa, livre de dúvidas e incertezas; toda a sua atividade cotidiana é acompanhada pela consciência de que eles estão dando sua pequena contribuição à grandiosa e nobre Causa.

O que distingue esse "costume" pascaliano do insípido saber behaviorista ("o conteúdo de sua crença é condicionado por seu comportamento factual") é o status paradoxal de uma *crença antes da crença*: ao seguir um costume, o sujeito acredita sem saber, de modo que a conversão final é um mero ato formal por cujo meio reconhecemos aquilo em que já acreditamos. Em outras palavras, o que a leitura behaviorista do "costume" pascaliano perde de vista é o fato crucial de que o costume externo é sempre um esteio material para o inconsciente do sujeito. O principal feito do filme *Memórias de um espião* [*Another Country*], de Marek Kanievska, é apontar, de maneira sensível e delicada, essa situação precária do "acreditar sem saber que acredita" — precisamente a propósito da conversão ao comunismo.

*Memórias de um espião* é um filme *à clef* sobre a relação entre dois alunos de Cambridge, o comunista Judd (modelo real: John Cornford, ídolo da esquerda estudantil de Oxford, morto em 1936 na Espanha) e o homossexual rico Guy Bennett, que depois se torna espião russo e, em retrospectiva, conta a história a um jornalista inglês que o visita em seu exílio em Moscou (modelo real: Guy Burgess, é claro). Não há relação sexual entre os dois; Judd é o único que se mostra insensível aos encantos de Guy ("a exceção à regra de Bennett", nas palavras de Guy): exatamente por isso, ele é o centro da identificação transferencial de Guy.

A ação ocorre no ambiente de "escola pública" dos anos 1930: o discurso patriótico vazio, o pavor do poder dos representantes estudantis ("deuses") sobre os alunos comuns; em todo esse horror, porém, há algo de descompromisso, não muito sério; há algo com jeito de paródia divertida que esconde um universo em que o gozo realmente impera, em toda a sua obscenidade, principalmente sob a forma de uma rede ramificada de relações homossexuais — o verdadeiro terror é, antes, a insuportável pressão do gozo. Era *por isso* que Oxford e Cambridge, na década de 1930, ofereciam um campo tão rico à KGB: não só por causa do "complexo de culpa" dos alunos ricos, muito bem de vida em meio à crise econômica e social, mas sobretudo por causa dessa atmosfera abafada de gozo, cuja própria inércia criava uma tensão insuportável, uma tensão que só podia ser dissolvida por um apelo "totalitário" à *renúncia* ao gozo — na Alemanha, foi Hitler quem soube ocupar o lugar desse apelo; na Inglaterra, pelo menos entre os estudantes da elite, os caçadores da KGB foram os mais versados no assunto.

O filme é digno de nota por sua maneira de retratar a conversão de Guy: sua delicadeza é atestada pelo próprio fato de que ele *não* a retrata, apenas dispõe todos os elementos para ela. Ou seja, o *flashback* para os anos 1930, que ocupa a parte principal do filme, detém-se no ponto exato em que Guy já se converteu, embora ainda não o saiba — o filme é delicado o bastante para não incluir o ato formal de conversão; suspende o *flashback* numa situação homóloga àquela em que alguém já está apaixonado, mas ainda não tem ciência disso, e por essa razão expressa seu amor sob a forma de uma atitude excessivamente cínica e de uma agressividade defensiva para com a pessoa por quem está apaixonado.

Então, olhando mais de perto, qual é o desfecho do filme? Duas reações à tal situação de um gozo abafado se opõem: de um lado, a renúncia de Judd, seu comunismo abertamente declarado (era por isso que ele *não podia* ser agente da KGB), e de outro, Guy como um representante do hedonismo extremo e putrefeito, mas cuja estratégia começa a desmoronar (os "deuses" o haviam humilhado com uma surra ritualizada, porque seu inimigo pessoal, um carreirista patriótico, havia desmascarado seu relacionamento homossexual com um aluno mais jovem; com isso, Guy tinha perdido a prometida oportunidade de se tornar um "deus", ele próprio, no ano seguinte). A essa altura, ele se conscientiza de que a chave da dissolução de sua situação insustentável está na relação transferencial com Judd, o que é bem indicado por dois detalhes.

Primeiro, ele censura Judd por não se libertar dos preconceitos burgueses — apesar de todo o seu discurso sobre igualdade e fraternidade, ele ainda acha que "algumas pessoas são melhores do que outras, por sua maneira de fazer amor"; em suma, Guy flagra em sua incoerência, em sua falta, o sujeito para quem faz sua transferência. Segundo, ele revela ao ingênuo Judd o próprio mecanismo da transferência: Judd acha que sua crença na verdade do comunismo resulta de seu estudo minucioso da história e dos textos de Marx, ao que Guy responde: "Você não é comunista por entender Marx; você entende Marx porque é comunista!" Ou seja, Judd entende Marx por pressupor de antemão que Marx é o portador do conhecimento que faculta o acesso à verdade

O SUBLIME OBJETO DA IDEOLOGIA

da história, assim como o fiel cristão não acredita em Cristo por ter sido convencido por argumentos teológicos, mas, ao contrário, é receptivo aos argumentos teológicos por já ser iluminado pela graça da crença.

Numa abordagem inicial e ingênua, talvez parecesse que, por essas duas características, Guy está prestes a se libertar de sua transferência para Judd (ele pega Judd em sua incoerência e, de quebra, até desmascara o próprio mecanismo da transferência), mas, apesar disso, a verdade é o contrário: essas duas características apenas confirmam que "os não tolos erram" [*les non-dupes errent*], como diria Lacan.* Justamente como um "não tolo", Guy é apanhado na transferência — as duas censuras a Judd só ganham sentido contra o pano de fundo de que seu relacionamento com Judd já é transferencial (como ocorre com o analisando que extrai enorme prazer da descoberta de pequenas fraquezas e erros do analista, justamente porque a transferência já está em ação). O estado em que Guy se encontra, imediatamente antes de sua conversão, esse estado de tensão extrema traduz-se melhor em sua resposta à crítica de Judd de que é ele mesmo o culpado da enrascada em que se encontra (se tivesse agido com um pouco de discrição e escondido sua homossexualidade, em vez de exibi-la de modo provocante e desafiador, não teria havido uma revelação desagradável para arruiná-lo): "Que disfarce seria melhor para alguém como eu do que a indiscrição total?" Esta, é claro, é a própria definição lacaniana do engodo, em sua dimensão especificamente humana, na qual enganamos o Outro por meio da própria verdade: num universo em que todos procuram a verdadeira face atrás da máscara, a melhor maneira de desorientá-los é usar a máscara da própria verdade. Mas é impossível manter a coincidência entre a máscara e a verdade: longe de nos proporcionar uma espécie de "contato imediato com nosso semelhante", essa coincidência torna a situação insuportável; toda comunicação é impossível porque ficamos totalmente isolados pela própria revelação — o *sine qua non*

---

\* A frase de Lacan também se traduziria por "os Nomes-do-Pai", ou "os não tapeados são errantes". (*N. T.*)

da comunicação bem-sucedida é um mínimo de distância entre a aparência e seu fundo oculto.

A única porta aberta, portanto, é a fuga para a crença no "outro país" transcendental (o comunismo) e para a conspiração (tornar-se agente da KGB), o que introduz uma brecha radical entre a máscara e a face verdadeira. Por isso, na última cena do *flashback*, quando Judd e Guy atravessam o pátio do colégio, Guy já é um crente: seu destino está selado, mesmo que ele ainda não o saiba. Suas palavras introdutórias, "Não seria maravilhoso se o comunismo fosse realmente verdade?", revelam sua crença, que, nesse momento, ainda é delegada, transferida para um outro — e por isso podemos passar imediatamente para o exílio em Moscou, décadas depois, quando o único resto de gozo que liga o velho e claudicante Guy a seu país é a lembrança do críquete.

## Kafka, crítico de Althusser

A externalidade da máquina simbólica ("autômato"), portanto, não é apenas externa: é, ao mesmo tempo, o lugar em que o destino de nossas crenças internas mais "sinceras" e "íntimas" é encenado e decidido de antemão. Quando nos submetemos à máquina de um ritual religioso, já acreditamos sem saber; nossa crença já se materializou no ritual externo; em outras palavras, já acreditamos, *inconscientemente*, porque é a partir desse caráter externo da máquina simbólica que podemos explicar o status do inconsciente como radicalmente externo — o de uma letra morta. A crença é uma questão de obediência à letra morta, não compreendida. É esse curto-circuito entre a crença íntima e a "máquina" externa que constitui o núcleo mais subversivo da teologia pascaliana.

Claro, em sua teoria dos Aparelhos Ideológicos de Estado, Althusser forneceu uma elaborada versão contemporânea dessa "máquina" pascaliana;[27] mas o ponto fraco de sua teoria é que ele ou sua escola nunca lograram discernir o vínculo entre os Aparelhos Ideológicos de Estado e a interpelação ideológica: como é que o Aparelho Ideológico

## O SUBLIME OBJETO DA IDEOLOGIA

de Estado (a "máquina" pascaliana, o automatismo significante) se "internaliza", como produz o efeito da crença ideológica numa Causa e o efeito interconector da subjetivação, do reconhecimento da posição ideológica que cada um ocupa? A resposta a isso, como vimos, é que essa "máquina" externa dos Aparelhos de Estado só exerce sua força na medida em que é vivenciada, na economia inconsciente do sujeito, como uma injunção traumática e sem sentido. Althusser fala apenas do processo de interpelação ideológica através do qual a máquina simbólica da ideologia é "internalizada" na experiência ideológica do Sentido e da Verdade: mas podemos aprender com Pascal que essa "internalização", por necessidade estrutural, nunca tem pleno sucesso, que há sempre um resíduo, um resto, uma mancha de irracionalidade e absurdo traumáticos aderida a ela, e que *esse resto, longe de impedir a completa submissão do sujeito à ordem ideológica, é a própria condição dela*: é precisamente esse excedente não integrado de trauma sem sentido que confere à Lei sua autoridade incondicional: é ele que, em outras palavras — na medida em que escapa ao sentido ideológico —, sustenta o que poderíamos chamar de *jouis-sens* ideológico, o gozo--no-sentido [*enjoy-meant*] que é próprio da ideologia.*

Além disso, não foi por acaso que mencionamos o nome de Kafka: no que concerne a esse *jouis-sens* ideológico, podemos dizer que Kafka desenvolve uma espécie de crítica antecipada a Althusser, ao nos deixar ver o que é constitutivo da lacuna entre a "máquina" e sua "internalização". Acaso a burocracia "irracional" de Kafka, esse aparelho cego, gigantesco e absurdo, não é exatamente o Aparelho Ideológico de Estado com que o sujeito depara *antes* que ocorra qualquer identificação, qualquer reconhecimento — qualquer *subjetivação*? Então, o que podemos aprender com Kafka?

---

* O original não usa meramente o francês *jouissance* (gozo), e sim o termo composto homófono *jouis-sens*, introduzido por Lacan, que não preserva a homofonia em português e tem a acepção de *goza-o-sentido*. Žižek acrescenta ainda duas versões possíveis em inglês, "*enjoyment-in--sense*" ("gozo-no-sentido) e "*enjoy-meant*" ("destinado ao gozo"). (*N. T.*)

COMO MARX INVENTOU O SINTOMA?

Numa primeira aproximação, o ponto de partida dos romances de Kafka é uma interpelação: o sujeito kafkiano é interpelado por uma misteriosa entidade burocrática (a Lei, o Castelo). Mas essa interpelação tem um aspecto meio estranho: é, digamos, uma *interpelação sem identificação/subjetivação*; não nos oferece uma Causa com que nos identificarmos — o sujeito kafkiano é o sujeito numa busca desesperada de um traço com que se identificar, não compreende o sentido do chamamento do Outro.

Essa é a dimensão desconsiderada na descrição althusseriana da interpelação: antes de ser captado na identificação, no reconhecimento/desconhecimento simbólico, o sujeito ($) é aprisionado pelo Outro por meio de um paradoxal objeto-causa do desejo em meio a ela (*a*), através do segredo supostamente oculto no Outro: $◊a$ — a fórmula lacaniana da fantasia. O que significa, mais precisamente, dizer que a fantasia ideológica estrutura a própria realidade? Expliquemos, partindo da tese lacaniana fundamental de que, na oposição entre sonho e realidade, a fantasia está do lado da realidade: ela é, como certa vez disse Lacan, o esteio que dá coerência ao que chamamos "realidade".

Em seu seminário sobre *Os quatro conceitos fundamentais da psicanálise*, Lacan desenvolve essa ideia por meio de uma interpretação do conhecido sonho sobre o "filho queimando":

> Um pai estivera de vigília à cabeceira do leito do filho enfermo por dias e noites a fio. Após a morte do menino, foi descansar no quarto ao lado, mas deixou a porta aberta, a fim de poder enxergar de seu quarto o aposento em que jazia o corpo do filho, cercado por velas altas. Um velho fora encarregado de velá-lo e se sentara ao lado do corpo, murmurando preces. Após algumas horas de sono, o pai sonhou que *o filho estava de pé junto a sua cama, puxava-o pelo braço e lhe sussurrava, em tom de censura: "Pai, não vês que estou queimando?"* Ele acordou, notou um clarão intenso vindo do quarto ao lado, correu até lá e constatou

que o velho vigia pegara no sono e que a mortalha e um dos braços do cadáver de seu amado filho tinham sido queimados por uma vela acesa, que havia caído sobre eles.[28]

A interpretação habitual desse sonho baseia-se na tese de que uma das funções do sonho é permitir que o sonhador prolongue seu sono. Adormecido, ele é subitamente exposto a uma irritação externa, um estímulo proveniente da realidade (o som de um despertador, uma batida na porta ou, no caso em questão, o cheiro de fumaça), e, para prolongar o sono, constrói prontamente um sonho: uma pequena cena, uma historieta que inclua esse elemento irritante. Mas a irritação externa logo se torna intensa demais e o sujeito acorda.

A leitura lacaniana opõe-se diretamente a isso. O sujeito não acorda quando a irritação externa se intensifica demais; a lógica de seu despertar é bem diferente. Primeiro, ele constrói um sonho, uma história que lhe permita prolongar o sono, a fim de evitar despertar para a realidade. Mas a coisa com que ele se depara no sonho, a realidade de seu desejo, o Real lacaniano — no nosso caso, a realidade da censura do filho, "Não vês que estou queimando?", que implica a culpa fundamental do pai — é mais aterrorizante do que a própria chamada realidade externa, e é por isso que ele acorda: para fugir do Real de seu desejo, que se anuncia no sonho apavorante. Ele foge para a chamada realidade para poder continuar a dormir, para manter sua cegueira, para escapar ao despertar para o Real de seu desejo. Podemos reformular aqui o velho lema "hippy" da década de 1960: a realidade é para os que não suportam o sonho. A "realidade" é uma construção fantasiosa que nos permite mascarar o Real de nosso desejo.[29]

Com a ideologia se dá exatamente o mesmo. A ideologia não é uma ilusão onírica que construímos para escapar da realidade insuportável; em sua dimensão básica, ela é uma construção de fantasia que serve de esteio para nossa própria "realidade": uma "ilusão" que estrutura nossas relações sociais reais, efetivas, e com isso mascara um insuportável núcleo real impossível (conceituado por Ernesto Laclau e Chantal

Mouffe como "antagonismo": uma divisão social traumática que não pode ser simbolizada). A função da ideologia não é oferecer-nos uma via de escape de nossa realidade, mas nos oferecer a própria realidade social como fuga de algum núcleo real traumático. Para explicar essa lógica, refiramo-nos mais uma vez a *Os quatro conceitos fundamentais da psicanálise*.[30] Lacan menciona ali o famoso paradoxo de Chuang-Tsé, que sonhou que era uma borboleta e, ao acordar, perguntou-se: como sabia que *agora* ele não era uma borboleta, sonhando ser Chuang-Tsé? O comentário de Lacan é que essa pergunta se justifica, por duas razões.

Primeiro, ela prova que Chuang-Tsé não era louco. A definição lacaniana diz que louco é quem acredita em sua identidade imediata consigo mesmo, quem é incapaz de um distanciamento dialeticamente mediado de si mesmo, como um rei que acha que é rei, que toma seu ser-rei por uma propriedade imediata, e não por um mandato simbólico que lhe é imposto por uma rede de relações intersubjetivas da qual ele faz parte (um exemplo de rei que foi louco por pensar que era rei é Luís II da Baviera, o mecenas de Wagner).

Mas isso não é tudo; se fosse, o sujeito poderia ser reduzido a um vácuo, a um espaço vazio cujo conteúdo seria todo preenchido por outros, pela rede simbólica de relações intersubjetivas: "em mim mesmo", sou um nada; o conteúdo positivo de mim é o que sou para os outros. Em outras palavras, se fosse só isso, a palavra final de Lacan seria uma alienação radical do sujeito. Seu conteúdo, "o que ele é", seria determinado por uma rede significante externa, que lhe ofereceria os pontos de identificação simbólica, conferindo-lhe alguns mandatos simbólicos. Mas a tese fundamental de Lacan, pelo menos em seus últimos trabalhos, é que existe uma possibilidade de o sujeito obter alguns conteúdos, algum tipo de consistência positiva, também fora do grande Outro, da rede simbólica alienante. Essa outra possibilidade é a oferecida pela fantasia, equacionando o sujeito com um objeto da fantasia. Quando achou que era uma borboleta sonhando ser Chuang-Tsé, Chuang-Tsé teve razão, de certo modo. A borboleta era o objeto que constituía o alicerce, a espinha dorsal de sua identidade de fantasia (a relação *Chuang-Tsé-borboleta* pode ser grafada como $0a). Na realidade simbólica, ele era Chuang-Tsé, mas, no Real de seu desejo, era uma borboleta. Ser uma borboleta era toda a consistência de seu ser positivo, fora da rede simbólica. Talvez não seja por acaso que encontramos uma espécie de eco disso no filme *Brazil*, de Terry Gilliam, que retrata, de modo repulsivamente engraçado, uma sociedade totalitária: o herói encontra uma ambígua via de escape da realidade cotidiana em seu sonho de ser um homem-borboleta.

À primeira vista, o que temos aí é uma simples inversão simétrica da chamada perspectiva normal comum. Em nossa compreensão cotidiana, Chuang-Tsé é a pessoa "real" que sonha ser uma borboleta, e temos aqui algo que é "realmente" uma borboleta sonhando ser Chuang- -Tsé. Mas, como assinalou Lacan, essa relação simétrica é uma ilusão: quando está acordado, Chuang-Tsé pode pensar consigo mesmo que é o Chuang-Tsé que sonhou ser uma borboleta, mas, em seu sonho, ao ser uma borboleta, não pode se perguntar se, quando acordado, quando pensava ser Chuang-Tsé, ele não era essa borboleta que agora sonha ser Chuang-Tsé. A pergunta, a clivagem dialética, só é possível quando estamos acordados. Em outras palavras, a ilusão não pode ser simétrica, não pode ter os dois sentidos, pois, se assim fosse, nós nos veríamos na absurda situação descrita — mais uma vez — por Alphonse Allais: Raul e Margarida, dois amantes, combinam encontrar-se num baile de máscaras; ali, escapolem para um canto escuro, onde se abraçam e se acariciam. Por fim, ambos tiram as máscaras e — surpresa! — Raul descobre que está abraçando a mulher errada, que ela não é Margarida, e Margarida também descobre que a outra pessoa não é Raul, mas um estranho, um desconhecido.

## A *fantasia como esteio da realidade*

Este problema deve ser abordado pela tese lacaniana de que somente no sonho nos aproximamos do verdadeiro despertar — isto é, do Real de nosso desejo. Quando Lacan diz que o esteio último do que chamamos "realidade" é uma fantasia, isto decididamente não deve ser entendido no sentido de que "a vida é apenas um sonho", ou "o que chamamos de realidade é só uma ilusão", e assim por diante. Encontramos esse tema em muitas histórias de ficção científica: a realidade como um sonho ou ilusão generalizados. A história costuma ser contada pela perspectiva de um herói que, pouco a pouco, faz a descoberta assustadora de que todas as pessoas a seu redor não são realmente seres humanos, porém uma espécie de autômatos, robôs que têm apenas a aparência e o comportamento de seres humanos reais; o ponto final dessas histórias, é claro, é a descoberta do herói de que ele mesmo também é um dos autômatos, e não um verdadeiro ser humano. Essa ilusão generalizada é impossível: encontramos o mesmo paradoxo numa famosa gravura de Escher em que duas mãos se desenham mutuamente.

A tese lacaniana, ao contrário, é que sempre existe um núcleo duro, um resto que persiste e não pode ser reduzido a um jogo universal de espelhamento ilusório. A diferença entre Lacan e o "realismo ingênuo" é que, para Lacan, *o único ponto em que nos aproximamos desse núcleo sólido do Real é, de fato, o sonho*. Quando acordamos para a realidade depois de um sonho, costumamos dizer a nós mesmos que "foi apenas um sonho", e com isso nos cegamos para o fato de que, em nossa realidade cotidiana de vigília, *nada mais somos que uma consciência desse sonho*. Foi somente no sonho que nos aproximamos da estrutura de fantasia que determina nossa atividade, nosso modo de agir na realidade.

Dá-se o mesmo com o sonho ideológico, com a determinação da ideologia como uma construção de tipo onírico que nos impede de ver a verdadeira situação, a realidade como tal. Em vão tentamos sair do sonho ideológico, "abrindo os olhos e tentando ver a realidade tal como realmente é", jogando fora os óculos ideológicos: como sujeitos desse sóbrio olhar objetivo pós-ideológico, livres dos chamados preconceitos ideológicos, como sujeitos de um olhar que vê os fatos tais como são, permanecemos sempre como a "consciência de nosso sonho ideológico". A única maneira de romper com o poder de nosso sonho ideológico é confrontar o Real de nosso desejo que se anuncia nesse sonho.

Examinemos o antissemitismo. Não basta dizer que devemos livrar-nos dos chamados "preconceitos antissemitas" e aprender a ver os judeus como eles realmente são — desse modo, por certo continuaremos a ser vítimas desses chamados preconceitos. Devemos confrontar-nos com o modo pelo qual a figura ideológica do "judeu" é investida de nosso desejo inconsciente, o modo como construímos essa figura para escapar de certo impasse de nosso desejo.

Suponhamos, por exemplo, que um olhar objetivo confirmasse — por que não? — que os judeus de fato exploram financeiramente o resto da população, que às vezes seduzem nossas filhas moças, que alguns não tomam banho com regularidade. Não estará claro que isso não tem nada a ver com as verdadeiras raízes de nosso antissemitismo? Neste ponto, basta lembrarmos a proposição lacaniana sobre o marido que sente um ciúme patológico: mesmo que todos os fatos que ele cita para corroborar seu ciúme sejam verdadeiros, mesmo que sua mulher realmente durma com outros homens, isso não altera em nada o fato de que o ciúme dele é uma construção paranoide patológica.

Façamos a nós mesmos uma pergunta simples: na Alemanha do fim dos anos 1930, qual seria o resultado de uma abordagem objetiva não ideológica? Provavelmente, algo como: "Os nazistas estão condenando os judeus com demasiada pressa, sem uma argumentação apropriada, de modo que vamos dar uma olhada fria e sóbria para ver se eles realmente são culpados, ou não; vamos ver se há alguma veracidade nas acusações contra eles." Será mesmo necessário acrescentarmos que tal abordagem meramente confirmaria nossos chamados "preconceitos inconscientes" com racionalizações adicionais? A resposta adequada ao antissemitismo, portanto, não é "os judeus não são realmente assim", mas "a ideia antissemita do judeu nada tem a ver com os judeus; a imagem ideológica do judeu é um modo de costurar a incoerência de nosso sistema ideológico".

É por isso que também somos incapazes de nos livrar dos chamados preconceitos ideológicos, levando em conta o nível pré-ideológico da experiência cotidiana. A base desse argumento é que o constructo ideológico sempre esbarra em seus limites no campo da experiência cotidiana — que ele é incapaz de reduzir, abranger, absorver e aniquilar esse nível. Tornemos a considerar um indivíduo típico na Alemanha do fim dos anos 1930. Ele é bombardeado pela propaganda antissemita, que retrata o judeu como uma encarnação monstruosa do Mal, o grande manipulador por baixo do pano etc. Mas, ao voltar para casa, ele cruza com o sr. Stern, seu vizinho, um bom homem com quem se pode conversar à noite e cujos filhos brincam com os seus. Será que essa experiência cotidiana não oferece uma resistência irredutível ao constructo ideológico?

A resposta, evidentemente, é não. Quando a experiência cotidiana oferece esse tipo de resistência, é porque a ideologia antissemita ainda não nos pegou de jeito. Uma ideologia só nos "pega" para valer quando não sentimos nenhuma oposição entre ela e a realidade — isto é, quando a ideologia consegue determinar o modo de nossa experiência cotidiana da própria realidade. Então, como haveria nosso pobre alemão, se fosse um bom antissemita, de reagir a essa distância entre a imagem ideológica do judeu (calculista, maquinador de tramas secretas, explorador de nossos homens decentes etc.) e a experiência diária comum com seu bom vizinho, o sr. Stern? A reação dele seria transformar essa distância, essa própria discrepância, num argumento a favor do antissemitismo: "Está vendo como eles são mesmo perigosos? É difícil reconhecer sua verdadeira natureza. Eles a escondem atrás da máscara da aparência cotidiana — e é exatamente essa ocultação da verdadeira natureza, essa dissimulação, que constitui um traço fundamental da natureza judaica." Uma ideologia logra pleno êxito quando até os fatos que a contradizem, à primeira vista, começam a funcionar como argumentos a seu favor.

## Mais-valia e mais-gozar

Eis aí a diferença do marxismo: na perspectiva marxista predominante, o olhar ideológico é um olhar *parcial*, que desconsidera a *totalidade* das relações sociais, ao passo que, na perspectiva lacaniana, a ideologia designa, antes, *uma totalidade empenhada em apagar os vestígios de sua própria impossibilidade*. Essa diferença corresponde à que distingue os conceitos de fetichismo em Freud e em Marx: no marxismo, o fetiche esconde a rede positiva de relações sociais, ao passo que, em Freud, o fetiche esconde a falta ("castração") em torno da qual se articula a rede simbólica.

Na medida em que concebamos o Real como aquilo que "sempre volta ao mesmo lugar", podemos deduzir outra diferença não menos crucial. Do ponto de vista marxista, o método ideológico por excelência é o da *"falsa" eternização e/ou universalização*: um estado que depende de uma conjunção histórica concreta afigura-se uma característica universal eterna da condição humana; o interesse de uma classe particular se disfarça de interesse humano universal... e a meta da "crítica da ideologia" é denunciar essa falsa universalidade, detectar por trás do homem em geral o indivíduo burguês; por trás dos direitos universais do homem, a forma que possibilita a exploração capitalista; por trás da "família nuclear", como constante trans-histórica, uma forma historicamente especificada e limitada das relações de parentesco, e assim por diante.

Na perspectiva lacaniana, devemos modificar os termos e apontar como método ideológico mais "astuto" o oposto diametral da eternização?: a *historicização ultrarrápida*. Tomemos um dos lugares-comuns da crítica marxista-feminista à psicanálise: a ideia de que a insistência desta no papel crucial do complexo de Édipo e do triângulo da família nuclear transforma uma forma historicamente condicionada de família patriarcal numa característica da condição humana universal: não será esse esforço de historicizar o triângulo familiar, precisamente, uma tentativa de *eludir* o "núcleo duro" que se anuncia através da "família patriarcal" — o Real da Lei, a rocha da castração? Em outras palavras, se a universalização ultrarrápida produz uma imagem quase universal, cuja função é cegar-nos para sua determinação sociossimbólica histórica, a historicização ultrarrápida nos cega para o verdadeiro núcleo que retorna como o mesmo através das diversas historicizações/simbolizações.

COMO MARX INVENTOU O SINTOMA?

O mesmo se dá com um fenômeno que aponta com extrema exatidão o avesso "perverso" da civilização do século XX: os campos de concentração. Todas as diferentes tentativas de ligar esse fenômeno a uma imagem concreta ("Holocausto", "Gulag" etc.), de reduzi-lo a um produto de uma ordem social concreta (fascismo, stalinismo etc.), o que são elas senão um punhado de tentativas de eludir o fato de que estarmos lidando, nesse fenômeno, com o "real" de nossa civilização, que retorna como o mesmo núcleo traumático em todos os sistemas sociais? (Não devemos esquecer que os campos de concentração foram uma invenção da Inglaterra "liberal", datada da Guerra dos Bôeres; que também foram usados nos Estados Unidos para isolar a população japonesa, e por aí vai.)

O marxismo, portanto, não conseguiu levar em conta, chegar a um acordo com o objeto-a-mais, com o resto do Real que escapa à simbolização — fato que é ainda mais surpreendente ao lembrarmos que Lacan baseou sua ideia do mais-gozar na concepção marxista de mais-valia. A prova de que, efetivamente, a mais-valia marxista anuncia a lógica do *objeto a* lacaniano como a encarnação do mais-gozar já é fornecida pela fórmula decisiva usada por Marx, no terceiro volume de O *capital*, para designar o limite lógico-histórico do capitalismo: "o limite do capital é o próprio capital, isto é, o modo de produção capitalista."

Essa fórmula pode ser lida de duas maneiras. A primeira, a leitura historicista-evolucionista habitual, concebe-a, de acordo com o lamentável paradigma da dialética das forças produtivas e das relações de produção, como o modelo do "conteúdo" e da "forma". Esse paradigma segue mais ou menos a metáfora da serpente que troca periodicamente de pele, quando esta fica apertada demais: postula-se como o impulso último do desenvolvimento social — como sua constante (supostamente) "natural", "espontânea" — o crescimento incessante das forças produtivas (em geral, reduzido ao desenvolvimento técnico); esse crescimento "espontâneo" é então seguido, com maior ou menor grau de atraso, pelo momento inerte e dependente, a relação de produção. Assim, temos épocas em que as relações de produção estão de acordo com as forças produtivas; depois, essas forças se desenvolvem e ficam grandes demais para sua "roupagem social", o contexto das relações; esse contexto torna-se um obstáculo a seu desenvolvimento ulterior, até que a revolução social torna a coordenar as forças e as relações, substituindo as antigas relações por novas, que correspondem ao novo estado das forças.

Se concebermos por esse ponto de vista a fórmula do capital como sendo o limite dele mesmo, ela significará, simplesmente, que a relação de produção capitalista, que a princípio possibilita o rápido desenvolvimento das forças produtivas, torna-se, a certa altura, um obstáculo para seu desenvolvimento ulterior: que essas forças tornam-se maiores que seu arcabouço e exigem uma nova forma de relações sociais.

O próprio Marx, é claro, está longe dessa ideia evolucionista simplista. Para nos convencermos disto, basta olharmos as passagens de *O capital* em que ele aborda a relação entre a subordinação formal e a subordinação real do processo de produção ao capital: a subordinação formal *precede* a real; primeiro o capital subordina o processo de produção tal como este é encontrado (artesãos etc.) e só depois modifica passo a passo as forças produtivas, moldando-as de maneira a criar uma correspondência. Ao contrário da ideia simplista mencionada anteriormente, portanto, é a *forma* da relação de produção que impulsiona o desenvolvimento das forças produtivas — isto é, de seu "conteúdo".

Tudo de que precisamos para impossibilitar a leitura evolucionista simplista da fórmula "o limite do capital é o próprio capital" é fazer uma pergunta muito simples e óbvia: como definimos, exatamente, o momento — ainda que apenas ideal — em que a relação de produção capitalista torna-se um obstáculo ao desenvolvimento adicional das forças produtivas? Ou então, o avesso da mesma pergunta: quando podemos falar de concordância entre as forças produtivas e a relação de produção no modo de produção capitalista? A análise rigorosa leva a uma única resposta possível: *nunca*.

É exatamente nisso que o capitalismo difere de outros modos de produção anteriores: nestes, podemos falar em períodos de "concordância" em que o processo da produção e reprodução sociais avança como

COMO MARX INVENTOU O SINTOMA?

um sereno movimento circular, e em períodos de convulsão em que a contradição entre as forças e as relações se agrava; já no capitalismo, essa contradição, a discordância forças/relações, *está contida em seu próprio conceito* (na forma da contradição entre o modo de produção social e o modo individual privado de apropriação). É essa contradição interna que obriga o capitalismo a uma permanente reprodução ampliada — ao desenvolvimento incessante de suas próprias condições de produção, em contraste com os modos de produção anteriores, nos quais, pelo menos em seu estado "normal", a (re)produção se dá como um movimento circular.

Se é assim, a leitura evolucionista da fórmula do capital como seu próprio limite é inadequada: não se trata de que, num certo momento de seu desenvolvimento, a estrutura da relação de produção comece a cercear o desenvolvimento adicional das forças produtivas; a questão é que *é esse próprio limite imanente, essa "contradição interna", que impele o capitalismo a um desenvolvimento permanente*. O estado "normal" do capitalismo é o revolucionamento permanente de suas condições de existência: desde o começo, o capitalismo "apodrece", é marcado por uma contradição mutilante, pela discórdia, por um desequilíbrio imanente: é exatamente por isso que ele se modifica e se desenvolve sem parar — o desenvolvimento incessante é sua única maneira de resolver reiteradamente, de entrar em acordo com seu desequilíbrio constitutivo fundamental, a "contradição". Longe de ser restritivo, portanto, seu limite é o próprio impulso de seu desenvolvimento. Nisso reside o paradoxo próprio do capitalismo, seu último recurso: o capitalismo é capaz de transformar seu limite, sua própria impotência, na fonte de seu poder — quanto mais ele "apodrece", quanto mais se agrava sua contradição imanente, mais ele tem que se revolucionar para sobreviver.

É esse paradoxo que define o mais-gozar: ele não é um excedente que apenas se ligue a um gozo "normal" fundamental, pois *o gozo como tal só emerge nesse excedente*, é constitutivamente um *"excesso"*. Se retirarmos o excedente, perderemos o próprio gozo, assim como o capitalismo, que só pode sobreviver revolucionando incessantemente suas condições materiais, deixa de existir quando "permanece o mesmo", quando alcança um equilíbrio interno. É essa, pois, a homologia entre a mais-valia — a "causa" que põe em movimento o processo de produção capitalista — e o mais-gozar, o objeto-causa do desejo. Será que a topologia paradoxal da movimentação do capital, do bloqueio fundamental que se resolve e se reproduz através da atividade frenética, do poder *excessivo* como a própria forma de aparecimento de uma *impotência* fundamental — será que essa passagem imediata, essa coincidência entre o limite e o excesso, a falta e o excedente — não é, precisamente, a do *objeto a* lacaniano, do resto que encarna a falta constitutiva fundamental?

De tudo isto, é claro, Marx "sabe muito bem, mas, ainda assim...": ainda assim, na formulação crucial do prefácio à *Crítica da economia política*, ele age *como se não soubesse*, descrevendo a própria passagem do capitalismo para o socialismo nos termos da já mencionada dialética evolucionista vulgar das forças produtivas e das relações de produção: quando as forças ultrapassam certo grau, as relações capitalistas tornam-se um obstáculo a seu desenvolvimento ulterior: essa discordância acarreta a necessidade da revolução socialista, cuja função é tornar a coordenar as forças com as relações, ou seja, estabelecer relações de produção que possibilitem o desenvolvimento intensificado das forças produtivas como o fim em si do processo histórico.

Como é possível não detectarmos nessa formulação o fato de que Marx não lidou com os paradoxos do mais-gozar? E a irônica vingança da história por essa falha é que, hoje em dia, existe uma sociedade que parece corresponder perfeitamente à dialética evolucionista vulgar das forças e das relações: o "socialismo real", uma sociedade que se legitima através da referência a Marx. Acaso já não é lugar-comum afirmar-se que o "socialismo real" possibilitou a industrialização rápida, mas que, tão logo as forças produtivas atingiram certo nível de desenvolvimento (geralmente designado pela vaga expressão "sociedade pós-industrial"), as relações sociais "socialistas reais" começaram a restringir seu desenvolvimento adicional?

## NOTAS

1. Hans Jürgen Eysenck, *Sense and Nonsense in Psychology*, Harmondsworth: Penguin, 1966 [ed. bras.: *Senso e contra-senso na psicologia*, s/ indicação de tradutor(a), São Paulo: Ibrasa, 1974].
2. Sigmund Freud, *The Interpretation of Dreams*, Harmondsworth: Penguin, 1977 [ed. bras.: *A interpretação dos sonhos*, *Edição Standard Brasileira das Obras Psicológicas Completas de Sigmund Freud* [*ESB*], vol. V, Rio de Janeiro: Imago, 1974-1985].
3. Ibid., p. 446.
4. Ibid., p. 650.
5. Karl Marx, *Capital*, vol. 1, Harmondsworth: Penguin, 1976, p. 168 [ed. bras.: *O capital*, vol. 1, tomos 1 e 2, vol. 2, trad. Reginaldo Sant'Anna, Rio de Janeiro: Civilização Brasileira, 9ª ed., 2003].
6. Ibid., p. 76.
7. Alfred Sohn-Rethel, *Intellectual and Manual Labour*, Londres: Macmillan, 1978, p. 31.
8. Ibid., p. 33.
9. Ibid., p. 59.
10. Ibid., p. 59.
11. Ibid., p. 42.
12. Ibid., pp. 26-27.
13. Jacques Lacan, "RSI", *Ornicar?* 4, p. 106.
14. Marx, *Capital*, vol. 1, p. 77 [ed. bras.: *O capital*, livro 1, *Crítica da economia política: o processo de produção do capital*, trad. Rubens Enderle, São Paulo: Boitempo Editorial, 2023].
15. Ibid., p. 59.
16. Ibid., p. 63.
17. "Senhoria" e "servidão" [*"lordship"* e *"bondage"*] são os termos usados na tradução a que nos referimos (Hegel, *Phenomenology of Spirit*); seguindo Kojève, Lacan usa *"maître"* e *"esclave"*, que são então traduzidos por "senhor" e "escravo".
18. Marx, *Capital*, vol. 1, p. 82 [*O capital*, op. cit.].
19. Jacques Lacan, *Le Séminaire VII – L'éthique de la psychanalyse*, Paris: Seuil, 1986, p. 231 [ed. bras.: *O seminário*, livro 7, *A ética da psicanálise*, versão bras. Antonio Quinet, Rio de Janeiro: Zahar, 1988, p. 25].
20. Karl Marx, *Les "sentiers escarpés" de Karl Marx*, vol. 1, Paris: CERF, 1977, p. 132.
21. Lacan, *Le Séminaire VII*, p. 295 [*O seminário*, livro 7, op. cit., p. 299].
22. Blaise Pascal, *Pensées*, Harmondsworth: Penguin, 1966, p. 274 [ed. bras.: *Pensamentos*, ed., apres. e notas Louis Lafuna, trad. Mario Laranjeira, intr. ed. bras. Franklin Leopoldo e Silva, São Paulo: Martins Fontes, 2001].

# O SUBLIME OBJETO DA IDEOLOGIA

23. Ibid., p. 46.
24. Ibid., p. 216.
25. Franz Kafka, *The Trial*, Harmondsworth: Penguin, 1985, p. 243. [ed. bras.: *O processo*, trad. Modesto Carone, São Paulo: Companhia das Letras, 1997].
26. Pascal, *Pensées*, p. 152-153 [*Pensamentos*, op. cit.].
27. Louis Althusser, *Essays in Ideology*, Londres: Verso, 1984.
28. Freud, *The Interpretation of Dreams*, p. 652 [*A interpretação dos sonhos*, op. cit.].
29. Jacques Lacan, *The Four Fundamental Concepts of Psycho-Analysis*, Harmondsworth: Penguin, 1979, capítulos 5 e 6 [ed. bras.: *O seminário*, livro 11, *Os quatro conceitos fundamentais da psicanálise*, versão bras. M. D. Magno, Rio de Janeiro: Zahar, 1979].
30. Ibid., capítulo 6.

# 2. Do sintoma ao *sinthoma*

## A DIALÉTICA DO SINTOMA

### De volta ao futuro

A única referência ao campo da ficção científica na obra de Lacan diz respeito ao paradoxo do tempo: em seu primeiro seminário, ele usa a metáfora da direção invertida do tempo, de Norbert Wiener, para explicar o sintoma como um "retorno do recalcado":

> Wiener supõe duas personagens cuja dimensão temporal iria no sentido inverso uma da outra. Claro, isso não quer dizer nada, e é assim que as coisas que não querem dizer nada significam subitamente algo, mas num domínio inteiramente diverso. Se um envia uma mensagem ao outro, por exemplo, um quadrado, a personagem que caminha em sentido contrário verá, inicialmente, o quadrado se apagando, antes de ver o quadrado. É o que nós também vemos. O sintoma se nos apresenta inicialmente como um traço, que nunca será mais do que um traço, e que ficará sempre incompreendido até que a análise tenha ido suficientemente longe, e que tenhamos compreendido o seu sentido.[1]

A análise, portanto, é concebida como uma simbolização, uma integração simbólica de traços imaginários sem sentido; essa concepção implica um caráter fundamentalmente imaginário do inconsciente: ele é feito de "fixações imaginárias que foram inassimiláveis ao desenvolvimento simbólico" da história do sujeito; por conseguinte, é "algo que será realizado no simbólico, ou, mais exatamente, que, graças ao progresso simbólico na análise, *terá sido*".[2]

A resposta lacaniana à pergunta "De onde volta o recalcado?" é, pois, paradoxalmente, "Do futuro". Os sintomas são traços sem sentido; seu significado não é descoberto, escavado das profundezas ocultas do passado, mas construído retroativamente — a análise produz a verdade, ou seja, a estrutura significativa que dá aos sintomas seu lugar e sentido simbólicos. Assim que entramos na ordem simbólica, o passado está sempre presente sob a forma da tradição histórica, e o significado desses traços não é dado; muda continuamente com as transformações da rede de significantes. Toda ruptura histórica, todo advento de um novo significante mestre, modifica retroativamente o significado de toda tradição, reestrutura a narração do passado, torna-o legível de uma outra e nova maneira.

Por isso, "coisas que não querem dizer nada significam subitamente algo, mas num domínio inteiramente diverso". O que é uma "jornada para o futuro" se não a "ultrapassagem" por cujo meio presumimos de antemão a presença, no outro, de um certo saber — saber sobre o significado de nossos sintomas —, o que é ela, pois, se não a própria *transferência*? Esse saber é uma ilusão, não existe realmente no outro, o outro não o possui de fato, ele é constituído posteriormente, através da elaboração do nosso significante — o significante do sujeito; mas é, ao mesmo tempo, uma ilusão necessária, porque, paradoxalmente, só podemos elaborar esse saber por meio da ilusão de que o outro já o possui e de que o estamos apenas descobrindo.

Se no sintoma, como Lacan assinalou, o conteúdo recalcado retorna do futuro e não do passado, a transferência — a atualização da realidade do inconsciente — deve nos transportar para o futuro, não para o passado. E o que é a "viagem para o passado" se não essa elaboração retroativa do próprio significante — uma espécie de encenação alucinatória do fato de que, no campo do significante, e apenas nesse campo, podemos mudar, produzir o passado?

DO SINTOMA AO *SINTHOMA*

O passado existe tal como é incluído, tal como entra na rede sincrônica do significante — ou seja, tal como é simbolizado na textura da memória histórica —, e é por isso que estamos sempre "reescrevendo a história", dando retroativamente aos elementos o seu peso simbólico, ao incluí-los em novas texturas; é essa elaboração que decide, retroativamente, o que eles "terão sido". O filósofo oxfordiano Michael Dummett escreveu dois artigos muito interessantes, incluídos em sua coleção de ensaios *Truth and Other Enigmas* [A verdade e outros enigmas]: "Can an Effect Precede its Cause?" ["Pode um efeito preceder sua causa?"] e "Bringing About the Past" ["Fazendo o passado acontecer"]: a resposta lacaniana a esses dois enigmas seria: sim, porque o sintoma, como "retorno do recalcado", é exatamente um efeito assim, que antecede sua causa (seu núcleo oculto, seu sentido), e, na elaboração do sintoma, estamos justamente "fazendo o passado acontecer" — produzimos a realidade simbólica de eventos traumáticos do passado, há muito esquecidos.

Assim, ficamos tentados a ver no "paradoxo temporal" dos romances de ficção científica uma espécie de "aparição no Real", uma aparição alucinatória, da estrutura elementar do processo simbólico, o chamado oito interior, internamente invertido: um movimento circular, uma espécie de laço em que só podemos avançar de modo a nos "ultrapassarmos" na transferência, para depois nos encontrarmos num ponto em que já estivemos. O paradoxo consiste no fato de que esse desvio supérfluo, essa armadilha suplementar de nos ultrapassarmos ("viagem para o futuro") e depois invertermos a direção do tempo ("viagem para o passado"), não é apenas uma ilusão/percepção subjetiva de um processo objetivo que ocorre na chamada realidade, independentemente dessas ilusões. Essa armadilha suplementar é, antes, um estado interno, um componente interno do próprio processo dito "objetivo": só através desse desvio adicional é que o passado em si, a situação "objetiva", torna-se, retroativamente, o que sempre foi.

A transferência é, pois, uma ilusão, mas o importante é que não podemos contorná-la e buscar diretamente a Verdade: a Verdade em si é constituída *através* da ilusão que é própria da transferência — "a verdade surge da equivocação" (Lacan). Se essa estrutura paradoxal ainda não está clara, tomemos outro exemplo da ficção científica, o célebre conto de William Tenn intitulado "A descoberta de Morniel Mathaway". Um ilustre historiador da arte viaja numa máquina do tempo do século XXV para nossos dias, a fim de visitar e estudar ao vivo o imortal Morniel Mathaway, um pintor não apreciado na atualidade, mas que depois se descobriu ter sido o maior de sua época. Ao encontrá-lo, o historiador da arte não vê nenhuma característica de um gênio, apenas um impostor, um megalomaníaco ou até mesmo um vigarista que lhe rouba a máquina do tempo e foge para o futuro, de modo que o pobre historiador da arte fica preso a nossa época. A única saída que lhe resta é assumir a identidade do fugitivo Mathaway e, usando o nome dele, pintar todas as obras-primas que se recorda de ter conhecido no futuro — é ele mesmo, na verdade, o gênio equivocadamente reconhecido por quem estivera procurando!

É esse, portanto, o paradoxo fundamental que temos em vista: o sujeito confronta-se com uma cena do passado que ele quer modificar, na qual quer se meter, interferir; faz uma viagem ao passado, interfere na cena, e não é que "não possa mudar nada" — muito pelo contrário, somente por sua interferência é que a cena do passado *torna-se o que sempre foi*: desde o começo, a interferência dele esteve abarcada, incluída. A "ilusão" inicial do sujeito consiste, simplesmente, em esquecer-se de incluir na cena o seu próprio ato — isto é, em não considerar que "isso conta, é contado, e no contado já está o contador".[3] Isso introduz entre a verdade e a equivocação/desconhecimento uma relação pela qual a verdade emerge, literalmente, da equivocação, como na famosa história do "encontro em Samarra" (da peça *Sheppey*, de Somerset Maugham):

> Morte — Havia em Bagdá um mercador que mandou seu criado comprar mantimentos no mercado e, pouco depois, o criado voltou, branco e trêmulo, e disse: Senhor, agora há pouco, quando eu estava no mercado, fui empurrado por uma mulher na multidão e, quando me virei, vi que era a morte que me havia empurrado.

## DO SINTOMA AO *SINTHOMA*

Ela me olhou e fez um gesto ameaçador; agora, empreste-me o seu cavalo, para eu fugir da cidade e evitar minha sina. Irei para Samarra e, lá, a morte não me encontrará. O mercador lhe emprestou o cavalo e o criado o montou, cravando as esporas em seus flancos, e lá se foi o cavalo, tão veloz quanto podia galopar. Depois, o mercador foi ao mercado e me viu parada em meio ao povo, aproximou-se de mim e perguntou: Por que você fez um gesto ameaçador para meu criado, ao vê-lo esta manhã? Não foi um gesto ameaçador, retruquei, foi só um susto pela surpresa. Fiquei pasma ao vê-lo em Bagdá, porque tinha um encontro com ele logo à noite, em Samarra.

Encontramos a mesma estrutura no mito de Édipo: o pai de Édipo ouve a *predição* de que seu filho o matará e se casará com a mãe, e a profecia se realiza, "torna-se verdade", através da tentativa paterna de fugir dela (ele abandona o filho pequeno na floresta e, assim, não o reconhecendo ao encontrá-lo, vinte anos depois, e é morto por Édipo...). Em outras palavras, a profecia torna-se verdade por ser comunicada às pessoas a quem afeta e pela tentativa que estas fazem de se esquivar dela: alguém sabe de seu destino de antemão, tenta fugir dele, e é por essa própria tentativa que o destino prenunciado se realiza. Sem a profecia, o menino Édipo viveria feliz com seus pais e não haveria "complexo de Édipo"...

## A *repetição na história*

A estrutura temporal que nos interessa aqui é tal que é mediada pela subjetividade: o "engano", "falha", "erro" ou equívoco subjetivo surge, paradoxalmente, *antes* da verdade em relação à qual o designamos como "erro", porque essa própria "verdade" só se torna verdadeira através — ou, para usar um termo hegeliano, pela mediação — do erro. Essa é a lógica da "astúcia" inconsciente, a maneira de o inconsciente nos enganar: o inconsciente não é uma espécie de coisa transcendental, inatingível, da qual somos incapazes de tomar conhecimento; ele é, antes — para seguirmos o trocadilho com que Lacan traduz *Unbewusste* — *une bévue*, uma equivocação inadvertida: deixamos escapar que nosso ato já faz parte do estado de coisas para o qual olhamos, que nosso erro faz parte da própria verdade. Essa estrutura paradoxal em que a verdade surge da equivocação também nos fornece a resposta a uma pergunta: por que a transferência é necessária, por que a análise tem que passar por ela? A transferência é uma ilusão essencial por cujo meio a verdade final (o significado de um sintoma) é produzida.

Encontramos a mesma lógica do erro como condição da verdade em Rosa Luxemburgo, com sua descrição da dialética do processo revolucionário. Aludimos aqui ao argumento dela contra Eduard Bernstein, contra o medo revisionista que ele tinha de tomar o poder "cedo demais", "prematuramente", antes de haverem amadurecido as "condições objetivas" — era essa, como se sabe, a principal censura de Bernstein à ala revolucionária da democracia social: eles são impacientes demais, querem apressar, ultrapassar a lógica objetiva do desenvolvimento histórico. A resposta de Rosa Luxemburgo é que as tomadas iniciais do poder *são necessariamente "prematuras"*: a única maneira de a classe trabalhadora atingir sua "maturidade", esperar a chegada do "momento apropriado" para a tomada do poder, é formar-se, educar-se para esse ato de captura, e a única maneira possível de alcançar essa educação são, precisamente, as tentativas "prematuras"... Se meramente esperarmos o "momento apropriado", nunca viveremos para vê-lo, porque esse "momento apropriado" não pode chegar sem que as condições subjetivas da maturidade da força revolucionária (do sujeito) sejam atendidas — ou seja, só pode chegar depois de uma série de tentativas "prematuras" falhas. A oposição à tomada "prematura" do poder revela-se, assim, uma oposição à tomada do poder *em si, em geral*: repetindo a famosa expressão de Robespierre, os revisionistas querem uma "revolução sem revolução".

Se examinarmos isso de perto, perceberemos que o que está em jogo na argumentação de Rosa Luxemburgo é, precisamente, a impossibi-

## DO SINTOMA AO *SINTHOMA*

lidade de metalinguagem no processo revolucionário: o sujeito revolucionário não "conduz" nem "dirige" esse processo de uma distância objetiva; ele é constituído através desse processo, e é por isso — pelo fato de a temporalidade da revolução passar pela subjetividade — que não podemos "fazer a revolução na hora certa", sem as tentativas "prematuras" e fracassadas de antes. Temos aqui, na oposição entre Bernstein e Luxemburgo, a oposição entre o (homem) obsessivo e a (mulher) histérica: o obsessivo retarda, adia o ato, à espera do momento certo, enquanto a histérica (por assim dizer,) ultrapassa a si mesma em seu ato e, desse modo, desmascara a falsidade da posição do obsessivo. Também é isso que está em jogo na teoria hegeliana do papel da repetição na história: "em geral, uma revolução política só é sancionada pela opinião pública ao se repetir" — ou seja, só pode ter sucesso como repetição de uma primeira tentativa frustrada. Por que essa necessidade de repetição?

Hegel desenvolveu sua teoria da repetição a propósito do caso da morte de Júlio César: quando César consolidou seu poder pessoal e o fortaleceu em proporções imperiais, agiu "objetivamente" (em si) de acordo com a verdade histórica, a necessidade histórica — a forma republicana estava perdendo a validade, e a única forma de governo que poderia salvar a unidade do Estado romano era a monarquia, um Estado baseado na vontade de um único indivíduo; mas ainda era a república que prevalecia formalmente (para si, na opinião popular) — a república "ainda estava viva, somente por haver esquecido que já estava morta", parafraseando o famoso sonho freudiano do pai que não sabia já estar morto: *"O pai estava vivo de novo e conversava com ele do seu modo habitual, mas (isso é que foi notável) ele realmente havia morrido, só que não sabia."*[4]

Para a "opinião pública" que ainda acreditava na República, o acúmulo de poder pessoal de César — que contrariava, é claro, o espírito republicano — afigurava-se um ato arbitrário, uma expressão do voluntarismo individual contingente: a conclusão foi que, se esse indivíduo (César) fosse afastado, a República recuperaria seu pleno esplendor. Mas

O SUBLIME OBJETO DA IDEOLOGIA

foram precisamente os que conspiraram contra César (Brutus, Cassius e os outros) que — seguindo a lógica da "astúcia da razão" — confirmaram a Verdade (ou seja, a necessidade histórica) de César: o resultado final, o desfecho do assassinato de César, foi o reinado de Augusto, o primeiro *césar*. A Verdade, portanto, brotou do próprio fracasso: ao fracassar, ao não atingir seu objetivo expresso, o assassinato de César cumpriu a tarefa que, de modo maquiavélico, lhe fora atribuída pela história: exibir a necessidade histórica mediante a denúncia de sua própria inverdade — de seu caráter arbitrário, contingente.[5]

O problema todo da repetição está aí, nessa passagem de César (o nome do indivíduo) para césar (o título do imperador romano). O assassinato de César — personalidade histórica — provocou, como resultado final, a instalação do *cesarismo: César-pessoa repete-se como césar-título*. Qual é a razão, a força propulsora dessa repetição? À primeira vista, a resposta parece estar clara: a demora da conscientização da necessidade histórica "objetiva". Um certo ato mediante o qual a necessidade histórica irrompe é percebido pela consciência (a "opinião popular") como arbitrário, como algo que também poderia não ter acontecido; em decorrência dessa percepção, as pessoas tentam eliminar as consequências dele, restabelecer a antiga situação, mas, ao se repetir, esse ato é finalmente percebido como uma expressão da necessidade histórica subjacente. Em outras palavras, a repetição é o modo de a necessidade histórica se afirmar aos olhos da "opinião pública".

Mas essa ideia de repetição baseia-se no pressuposto epistemologicamente ingênuo de uma necessidade histórica objetiva, que persiste independentemente da consciência (da "opinião popular") e finalmente se afirma através da repetição. O que se perde nessa concepção é o modo pelo qual a própria chamada necessidade histórica *se constitui através da equivocação*, através da incapacidade inicial de a "opinião pública" reconhecer seu verdadeiro caráter — isto é, o modo pelo qual a própria verdade surge da equivocação. O ponto crucial aqui é a modificação do status simbólico de um acontecimento: quando ele irrompe pela primeira vez, é vivenciado como um trauma contingente, como uma intromissão de certo Real não simbolizado; somente através da repetição esse acontecimento é reconhecido em sua necessidade simbólica — encontra seu lugar na rede simbólica, realiza-se na ordem simbólica. Mas, tal como acontece com Moisés na análise de Freud, esse reconhecimento--através-da-repetição pressupõe, necessariamente, o crime, o ato do assassinato: para se realizar em sua necessidade simbólica — como um título de poder —, César tem que morrer como personalidade empírica de carne e osso, exatamente porque a "necessidade" em questão é uma necessidade *simbólica*.

Não se trata apenas de que, em sua primeira forma de surgimento, o acontecimento (por exemplo, a acumulação de poder individual por César) tenha sido traumático demais para que o povo captasse sua verdadeira significação; o reconhecimento equivocado de seu primeiro advento é imediatamente "interno" em sua necessidade simbólica, é um componente imediato de seu reconhecimento final. O primeiro assassinato (o parricídio de César) inaugurou a culpa, e foi essa culpa, essa dívida, que constituiu a verdadeira força motriz da repetição. O acontecimento não se repetiu em razão de uma necessidade objetiva, independentemente de nossa inclinação subjetiva e, portanto, irresistível, mas porque sua repetição foi um pagamento de nossa dívida simbólica.

Em outras palavras, a repetição anuncia o advento da Lei, do Nome--do-Pai em lugar do pai morto, assassinado: o acontecimento que se repete recebe sua lei retroativamente, mediante a repetição. É por isso que podemos apreender a repetição hegeliana como a passagem de uma série sem lei para uma série legal, como a inclusão de uma série sem lei — como *um gesto de interpretação por excelência*, como uma apropriação simbólica de um evento traumático não simbolizado (segundo Lacan, a interpretação sempre atua sob o signo do Nome-do-Pai). Hegel deve ter sido, portanto, o primeiro a articular a *demora* constitutiva do ato de interpretação: a interpretação sempre chega muito tarde, com certo atraso, quando o acontecimento a ser interpretado se repete; o evento não pode já ser semelhante à lei em seu primeiro advento. Esse mesmo atraso também é formulado no prefácio dos *Princípios da filosofia do direito*, de Hegel, na famosa passagem sobre a coruja de Minerva (isto é, a compreensão filosófica de uma dada época), que só alça voo ao entardecer, depois de essa época ter chegado ao fim.

O fato de a "opinião popular" ter visto na ação de César uma contingência individual e não uma expressão da necessidade histórica, portanto, não é um simples caso de "demora na conscientização da relação com a efetividade": a questão é que essa própria necessidade — que foi equivocadamente reconhecida pela opinião pública em sua primeira manifestação, ou seja, foi confundida com um voluntarismo contingente — se constitui, se realiza *através* desse desconhecimento. E não devemos surpreender-nos ao encontrar a mesma lógica da repetição na história do movimento psicanalítico: foi necessário Lacan *repetir* sua cisão com a Associação Psicanalítica Internacional. A primeira cisão (em 1953) ainda foi vivenciada como uma contingência traumática — os lacanianos continuaram a tentar apaziguar as coisas com a IPA, recuperar sua admissão —, mas, em 1964, também ficou claro, para sua "opinião pública", que havia uma necessidade dessa cisão, e assim, eles cortaram os laços com a IPA e Lacan constituiu sua própria Escola.

## Hegel com Austen

Austen, não Austin: trata-se de Jane Austen, que talvez tenha sido a única contrapartida de Hegel na literatura: *Orgulho e preconceito* é a versão literária da *Fenomenologia do espírito*; *Mansfield Park*, da *Ciência da lógica*, e *Emma*, da *Enciclopédia*... Não admira, portanto, que encontremos em *Orgulho e preconceito* o exemplo perfeito dessa dialética da verdade que surge da equivocação. Embora pertençam a classes sociais diferentes — ele vem de uma família aristocrática extremamente rica, ela, da classe média empobrecida —, Elizabeth e Darcy sentem uma intensa atração mútua. Por causa de seu orgulho, o amor de Darcy lhe parece algo indigno; ao pedir a mão de Elizabeth, ele confessa abertamente seu desdém pelo mundo a que ela pertence e espera que ela aceite sua proposta como uma honra sem precedentes.

## DO SINTOMA AO *SINTHOMA*

Mas, por causa de seu preconceito, Elizabeth vê Darcy como um ostentador arrogante e vaidoso: sua proposta condescendente a humilha e ela recusa o pedido.

Essa dupla falha, essa equivocação recíproca, possui um movimento duplo de comunicação em que cada sujeito recebe do outro sua própria mensagem, em forma invertida: Elizabeth quer apresentar-se a Darcy como uma jovem culta e cheia de vida, e recebe dele a mensagem "você não passa de uma pobre criatura de cabeça oca, cheia de falso refinamento"; Darcy quer apresentar-se a ela como um cavalheiro orgulhoso, e recebe a mensagem "seu orgulho nada mais é que uma arrogância desprezível". Após o rompimento da relação, cada um descobre, através de uma série de acidentes, a verdadeira natureza do outro — ela, a natureza sensível e meiga de Darcy, ele, a verdadeira dignidade e inteligência de Elizabeth — e o romance termina como deveria, com o casamento dos dois.

O interesse teórico dessa história reside no fato de que o fracasso do primeiro encontro, a dupla equivocação a respeito da verdadeira natureza um do outro, funciona como uma condição positiva do efeito final: não podemos ir direto à verdade, não podemos dizer "Se, desde o início, eles houvessem reconhecido a verdadeira natureza um do outro, sua história poderia ter terminado logo no casamento". Tomemos a hipótese cômica de que o primeiro encontro dos futuros enamorados fosse um sucesso — de que Elizabeth aceitasse a proposta inicial de Darcy. O que aconteceria? Em vez de se unirem num amor verdadeiro, eles se tornariam um casal corriqueiro e vulgar, a ligação entre um homem rico e arrogante e uma moça pretensiosa e vazia. Se quisermos poupar-nos o caminho sinuoso que passa pela equivocação, perderemos de vista a verdade em si: só a "elaboração" da equivocação nos permite aceder à verdadeira natureza do outro e, ao mesmo tempo, superar nossa própria deficiência — para Darcy, libertar-se do falso orgulho; para Elizabeth, livrar-se de seus preconceitos.

Esses dois movimentos se interligam porque Elizabeth encontra no orgulho de Darcy a imagem inversa de seus próprios preconceitos; e

O SUBLIME OBJETO DA IDEOLOGIA

Darcy encontra na vaidade de Elizabeth a imagem inversa de seu falso orgulho. Em outras palavras, o orgulho de Darcy não é um simples estado de coisas positivo que exista independentemente de sua relação com Elizabeth, uma propriedade imediata de sua natureza; *só ocorre, ao que parece, pela perspectiva dos preconceitos dela*; inversamente, Elizabeth é uma jovem oca e pretensiosa *apenas na visão arrogante de Darcy*. Para articular as coisas em termos hegelianos, na deficiência percebida do outro, *cada um percebe* — sem o saber — *a falsidade de sua própria posição subjetiva*; a deficiência do outro é, simplesmente, uma objetificação da distorção de nosso ponto de vista pessoal.

## Duas anedotas hegelianas

Há uma conhecida anedota, muito hegeliana, que ilustra perfeitamente o modo pelo qual a verdade brota do desconhecimento — o modo como nosso caminho para a verdade coincide com a verdade em si. No começo deste século, um polonês e um judeu estão sentados num trem, um de frente para o outro. O polonês se remexe, nervoso, o tempo todo observando o judeu; algo o estava irritando; por fim, já incapaz de se conter, ele estoura: "Diga-me, como é que vocês, judeus, conseguem arrancar até o último centavo das pessoas e, com isso, acumular toda a sua riqueza?" O judeu responde: "Está bem, eu lhe digo, mas não de graça; primeiro, você tem que me dar cinco zlotys [moeda polonesa]." Depois de receber o valor pedido, o judeu começa: "Primeiro, você pega um peixe morto, corta-lhe a cabeça e põe as entranhas num copo d'água. Depois, mais ou menos à meia-noite, quando a lua estiver cheia, você tem que enterrar esse copo num cemitério..." "E aí", o polonês o interrompe, cheio de ganância, "se eu fizer isso tudo, também vou ficar rico?" "Não tão depressa", retruca o judeu. "Não é só isso que você tem que fazer; mas, se quiser ouvir o resto, terá que me pagar mais cinco zlotys!" Novamente recebido o dinheiro, ele dá seguimento a sua história; pouco depois, torna a pedir mais dinheiro, e assim sucessivamente, até que, por fim, o polonês explode, enfurecido: "Seu

104

DO SINTOMA AO *SINTHOMA*

cafajeste, acha mesmo que não notei o que você está pretendendo? Não há segredo nenhum, você quer simplesmente me arrancar até a última moeda!" O judeu retruca, com calma e resignação: "Bem, agora você sabe como nós, judeus..."

Tudo nessa historieta é passível de interpretação, a começar pela forma curiosa e inquisitiva de o polonês olhar para o judeu — o que significa que, desde o começo, o polonês foi capturado numa relação transferencial: para ele, o judeu encarna o "sujeito suposto saber" — aquele que conhece o segredo para extrair dinheiro das pessoas. O xis da história, é claro, é que o judeu *não engana* o polonês: cumpre sua promessa e lhe ensina a arrancar dinheiro das pessoas. O crucial aqui é o duplo movimento do desfecho — a distância entre o momento em que o polonês explode, furioso, e a resposta final do judeu. Quando o polonês berra "Não há segredo nenhum, você quer simplesmente me arrancar até a última moeda!", já está dizendo a verdade, sem saber — isto é, ele vê na manipulação do judeu um engodo simples. O que lhe escapa é que, justamente por meio desse engodo, o judeu cumpre sua palavra, fornece aquilo pelo qual foi pago (o segredo de como os judeus...). O erro do polonês é apenas sua perspectiva: ele anseia pelo "segredo" que será revelado em algum momento, no final; situa a narrativa do judeu como um caminho para a revelação do "segredo"; mas o verdadeiro "segredo" já está na própria narração, capta o desejo do polonês, está no modo como o polonês fica absorto com a narração e se dispõe a pagar por ela.

O "segredo" do judeu, portanto, está no nosso próprio desejo (o do polonês), no fato de que o judeu sabe levar em conta nosso desejo. É por isso que podemos dizer que o final da história, com seu movimento duplo, corresponde ao momento final da psicanálise, à dissolução da transferência e à "travessia da fantasia": quando o polonês explode, furioso, já saiu da transferência, mas ainda tem que atravessar sua fantasia — o que só é alcançado mediante o reconhecimento de que, através de seu engodo, o judeu cumpriu sua palavra. O "segredo" fascinante que nos leva a seguir atentamente a narração do judeu é, justa-

O SUBLIME OBJETO DA IDEOLOGIA

mente, o *objeto a* lacaniano, o quimérico objeto da fantasia, o objeto que causa nosso desejo e que, ao mesmo tempo — este é seu paradoxo —, é retroativamente postulado por esse desejo; ao "atravessarmos a fantasia", vivenciamos como esse objeto da fantasia (o "segredo") só faz materializar o vazio de nosso desejo.

Outra anedota famosa possui exatamente a mesma estrutura, mas isso costuma passar despercebido — referimo-nos, é claro, à piada sobre a Porta da Lei, do nono capítulo de *O processo*, de Kafka, a sua reviravolta final, quando o camponês moribundo pergunta ao porteiro:

> "Todos aspiram à Lei", diz o homem. "Como se explica que, em tantos anos, ninguém além de mim pediu para entrar?" O porteiro percebe que o homem já está no fim e, para ainda alcançar sua audição em declínio, ele berra: "Aqui ninguém mais podia ser admitido, pois esta entrada estava destinada só a você. Agora eu vou embora e fecho-a."[6]

Essa mudança de rumo no final é perfeitamente homóloga à do término da história sobre o polonês e o judeu: o sujeito vivencia que ele (seu desejo) fazia parte do jogo desde o começo, que a entrada se destinava apenas a ele, que o objetivo da narrativa era apenas capturar seu desejo. Poderíamos até inventar outro fim para a história de Kafka, para aproximá-la mais da piada do polonês e do judeu: depois da longa espera, o camponês tem uma explosão de raiva e começa a gritar com o porteiro: "Seu patife, por que você finge guardar a entrada de algum segredo enorme, quando sabe muito bem que não há segredo além da porta, que a porta se destina apenas a mim, a capturar meu desejo?" E o porteiro (se fosse analista) lhe responderia, calmamente: "Viu? Agora você descobriu o verdadeiro segredo: por trás da porta só existe o que o seu desejo introduz ali..."

Em ambos os casos, a natureza da virada final segue a lógica hegeliana da superação, da abolição do "mal infinito". Ou seja, em ambos os casos, o ponto de partida é o mesmo: o sujeito se confronta com

DO SINTOMA AO *SINTHOMA*

uma verdade substancial, um segredo do qual está excluído, que lhe escapa *ad infinitum* — o cerne inacessível da Lei para além da série infinita de portas; a inatingível resposta final, o segredo último de como os judeus tiram dinheiro de nós, segredo que nos espera ao final da narrativa do judeu (que poderia continuar *ad infinitum*). E a solução é a mesma nos dois casos: o sujeito tem de captar que, desde o começo do jogo, a porta que esconde o segredo destinava-se apenas a ele, o verdadeiro segredo no fim da narrativa do judeu é seu próprio desejo — em suma, que sua posição externa diante do Outro (o fato de ele se vivenciar como excluído do segredo do Outro) é interna no próprio Outro. Encontramos aí uma espécie de "reflexividade" que não pode ser reduzida à reflexão filosófica: o próprio traço que parece excluir o sujeito do Outro (seu desejo de desvendar o segredo do Outro — o segredo da Lei, o segredo de como os judeus etc.) já é uma "determinação reflexiva" do Outro; precisamente na condição de excluídos do Outro, já fazemos parte de seu jogo.

## Uma armadilha temporal

A positividade própria da equivocação/desconhecimento — o fato de que a equivocação funciona como uma instância "produtiva" — deve ser concebida de maneira ainda mais radical: não só a equivocação é uma condição imanente do advento final da verdade, como já possui em si, por assim dizer, uma dimensão ontológica positiva: ela funda, possibilita certa entidade positiva. Para exemplificá-lo, voltemos a fazer referência à ficção científica, a um dos romances clássicos de ficção científica, *The Door into Summer*, de Robert A. Heinlein.[*]

A hipótese desse romance (escrito em 1957) é que, em 1970, a hibernação se haveria transformado num método comum, praticado por numerosos órgãos. O herói, um jovem engenheiro chamado Daniel

---

[*] Não há tradução do livro no Brasil, mas o romance foi adaptado para o cinema em *Passagem para o futuro* [*The Door into Summer*] (2021), com direção de Takahiro Miki. (*N. T.*)

Boone Davis, hiberna por trinta anos, após ser vítima de uma fraude nos negócios. Ao acordar, em dezembro de 2000, encontra — entre outras aventuras — o velho dr. Twitchell, uma espécie de "gênio louco" que construiu uma máquina do tempo. Davis convence o dr. Twitchell a usar essa máquina com ele e a transportá-lo de volta para o ano de 1970. Lá chegando, nosso herói resolve seus negócios (investindo seu dinheiro numa empresa que, por sua viagem a 2000, sabe que será um grande sucesso dali a trinta anos, e até providencia seu casamento para 2000; também cuida da hibernação de sua futura mulher) e torna a se fazer hibernar por trinta anos; a data de seu segundo despertar é 27 de abril de 2001.

Assim, tudo acaba bem — exceto por um pequeno detalhe que incomoda o herói: no ano 2000, os jornais publicam, ao lado de "Nascimentos", "Falecimentos" e "Matrimônios", a coluna "Despertares", que lista os nomes de todas as pessoas que saíram da hibernação. Sua *primeira* temporada nos anos de 2000 e 2001 havia durado de dezembro de 2000 a junho de 2001; isto quer dizer que o dr. Twitchell o havia transportado de volta ao passado depois da data de seu segundo despertar, em abril de 2001. No *Times* de sábado, 28 de abril de 2001, lá estava seu nome, é claro, na lista dos que acordaram na sexta-feira, 27 de abril: "D. B. Davis". Então, por que, em sua *primeira* estada em 2001, ele não vira seu nome no rol dos "Despertares", apesar de ser sempre um leitor muito atento dessa coluna? Teria sido um descuido acidental?

Mas, o que eu teria feito, se *tivesse* visto o anúncio? Teria ido lá, encontrado comigo mesmo — e ficado doido varrido? Não, porque, se *tivesse* visto, eu não teria feito as coisas que fiz depois — "depois" para mim — e que levaram àquele momento. Logo, não pode ter acontecido assim. O controle é um tipo de *feedback* negativo, com um mecanismo de segurança embutido, porque a própria existência dessa linha impressa dependia de que eu não a visse; a aparente possibilidade de que eu a visse é um dos "impossíveis" excluídos do projeto básico do circuito.

## DO SINTOMA AO *SINTHOMA*

"Há um deus que molda nossos destinos, por mais toscos que os moldemos." Livre-arbítrio e predestinação na mesma frase, e ambos verdadeiros.[7]

Temos aí a definição literal da "agência da letra no inconsciente": a linha impressa "[cuja] própria existência dependia de que eu não a visse". Se, durante sua primeira estada em 2001, o sujeito houvesse percebido seu nome no jornal — se tivesse percebido durante a primeira estada o vestígio de sua segunda estada em 2001 —, teria agido de outra maneira (não teria viajado de volta ao passado, e assim por diante), ou seja, *teria agido de um modo que impedisse o aparecimento de seu nome no jornal.* O descuido em si, portanto, tem uma dimensão ontológica negativa: a "condição de possibilidade" da letra é que ela tem que passar despercebida, não devemos reparar nela — sua própria existência depende de ela não ser vista pelo sujeito. Temos aí uma espécie de inversão do *esse-percipi* tradicional: é o *non-percipi* que é condição do *esse*. Esta talvez seja a maneira correta de conceber o status "pré-ontológico" do inconsciente (evocado por Lacan em seu *O seminário*, livro 11): o inconsciente é uma letra paradoxal que só *insiste* na medida em que não *existe* ontologicamente.

De modo homólogo, também poderíamos determinar o status do saber na psicanálise. O saber em ação aqui é o saber que concerne ao ser mais íntimo e traumático do sujeito, um saber sobre a lógica particular de seu gozo. Em sua postura cotidiana, o sujeito se refere aos objetos de seu *Umwelt*, do mundo que o cerca, como a uma positividade dada; a psicanálise causa uma experiência confusa de como essa positividade dada só existe e conserva sua coerência na medida em que, em algum outro lugar (numa outra cena, *an einem anderen Schauplatz*), um não-saber fundamental insiste — traz a experiência apavorante de que, se viermos a saber demais, poderemos perder nosso próprio ser.

Tomemos, por exemplo, a concepção lacaniana do eu imaginário: esse eu só existe com base no desconhecimento de suas condições; ele é efeito desse desconhecimento. Por isso, a ênfase de Lacan não recai sobre a suposta incapacidade do eu de refletir, de apreender suas condições — de ser um joguete de forças inconscientes inacessíveis: o que ele frisa é que o sujeito pode pagar por essa reflexão com a perda de sua própria consistência ontológica. É nesse sentido que o saber do qual nos aproximamos através da psicanálise é impossível-real: estamos num terreno perigoso; ao chegarmos muito perto dele, de repente observamos como nossa consistência, nossa positividade se dissolve.

Na psicanálise, o saber é marcado por uma dimensão letal: o sujeito tem que pagar pela abordagem dele com seu próprio ser. Em outras palavras, abolir o desconhecimento significa, ao mesmo tempo, abolir, dissolver a "substância" que supostamente se escondia atrás da ilusão de forma do desconhecimento. Essa "substância" — a única reconhecida na psicanálise — é, de acordo com Lacan, o gozo [*jouissance*]: o acesso ao saber se paga, portanto, com a perda do gozo; o gozo, em sua estupidez, só é possível com base em certo não saber, na ignorância. Não admira, pois, que a reação do analisando ao analista seja amiúde paranoica: ao levá-lo em direção ao saber de seu desejo, o analista quer, com efeito, roubar-lhe seu tesouro mais íntimo, o núcleo de seu gozo.

## O SINTOMA COMO REAL

### O Titanic *como sintoma*

Essa dialética da superação de nós mesmos em direção ao futuro e da modificação retroativa simultânea do passado — dialética pela qual o erro é interior à verdade, pela qual o desconhecimento possui uma dimensão ontológica positiva — tem seus limites, no entanto; tropeça numa pedra na qual fica suspensa. Essa pedra, é claro, é o Real, aquilo que resiste à simbolização: o ponto traumático que é sempre despercebido, mas que, ainda assim, sempre volta, apesar de tentarmos — por um conjunto de estratégias diferentes — neutralizá-lo, integrá-lo à ordem simbólica. Na perspectiva da última fase do ensino de Lacan, é precisamente o sintoma que é concebido como esse núcleo real do gozo,

## DO SINTOMA AO *SINTHOMA*

que persiste como um excesso e retorna através de todas as tentativas de domesticá-lo, de revitalizá-lo (se me permitem usar esse termo, adaptado para designar as estratégias destinadas a domesticar as favelas como "sintomas" de nossas cidades), de dissolvê-lo por meio da explicação, da colocação de seu sentido em palavras.

Para exemplificar essa mudança de ênfase no conceito de sintoma no ensino de Lacan, tomemos um caso que hoje volta a atrair a atenção do público: o naufrágio do *Titanic*. Já é lugar-comum, é claro, ler o *Titanic* como um sintoma, no sentido de "nó de significações": o naufrágio do *Titanic* teve um efeito traumático, foi um choque, "o impossível aconteceu", o navio insubmergível afundou; mas o importante é que, exatamente como choque, esse naufrágio chegou na hora certa — "estava na hora de acontecer": antes que ocorresse, de fato, já havia um lugar aberto, reservado para ele, no espaço da fantasia. O naufrágio teve tamanho e terrível impacto no "imaginário social" por já ser esperado. Fora prenunciado com espantoso detalhe:

> Em 1898, um escritor em apuros, chamado Morgan Robertson, concebeu um romance sobre um transatlântico fabuloso, muito maior do que qualquer outro já construído. Robertson carregou seu navio de pessoas ricas e pretensiosas e, numa noite fria de abril, o fez naufragar, abalroando um iceberg. De algum modo, isso mostrou a futilidade de tudo e, com efeito, o livro chamou-se *Futility*, ao ser lançado naquele ano pela editora de M. F. Mansfield.
>
> Quatorze anos depois, uma companhia de navegação inglesa, chamada White Star Line, construiu um vapor notavelmente parecido com o do romance de Robertson. O novo transatlântico tinha um deslocamento de 66 mil toneladas; o de Robertson, de 70 mil. O navio real tinha 269 metros de comprimento; o ficcional, 244. Ambos possuíam três hélices e podiam navegar a 24-25 nós. Ambos podiam transportar 3 mil pessoas e tinham botes salva-vidas para apenas uma fração desse número. Mas, afinal, isso não parecia importante, porque os dois eram "insubmergíveis".

O SUBLIME OBJETO DA IDEOLOGIA

Em 10 de abril de 1912, o navio real zarpou de Southampton em sua viagem inaugural para Nova York. Sua carga incluía um exemplar do *Rubaiyat de Omar Khayyam*, de valor inestimável, e uma lista de passageiros cuja fortuna somava 250 milhões de dólares. No trajeto, ele também se chocou com um iceberg e naufragou numa noite fria de abril.

Robertson chamou seu navio de *Titan*; a White Star Line deu ao dela o nome de *Titanic*.[8]

As razões, o pano de fundo dessa coincidência incrível, não são difíceis de adivinhar: na virada do século, já fazia parte do *Zeitgeist* a ideia de que certa era estava chegando ao fim — a era do progresso pacífico, das distinções bem definidas e estáveis das classes, e assim por diante: em outras palavras, o longo período de 1850 até a Primeira Guerra Mundial. Novos perigos pairavam no ar (movimentos trabalhistas, irrupções de nacionalismo, antissemitismo, o perigo da guerra) e logo maculariam a imagem idílica da civilização ocidental, liberando os potenciais "bárbaros". E, se havia um fenômeno que, na virada do século, encarnava o fim dessa era, tratava-se dos grandes transatlânticos: palácios flutuantes, maravilhas do progresso técnico, máquinas incrivelmente complexas e de perfeito funcionamento e, ao mesmo tempo, pontos de encontro da nata da sociedade; uma espécie de microcosmo da estrutura social, uma imagem da sociedade não como realmente era, mas como queria ser vista, a fim de parecer digna de apreciação, como um todo estável, com distinções de classe bem definidas etc. — em suma, o ideal do eu da sociedade.

Em outras palavras, o naufrágio do *Titanic* causou aquele impacto tremendo não pelas dimensões materiais imediatas da catástrofe, mas por sua sobredeterminação simbólica, pelo significado ideológico investido nele: o naufrágio foi interpretado como um "símbolo", uma representação metafórica condensada da catástrofe iminente da própria civilização europeia. O afundamento do *Titanic* foi uma forma na qual a sociedade viveu a experiência de sua própria morte, e é interessante

## DO SINTOMA AO *SINTHOMA*

notar como as leituras direitista e esquerdista tradicionais conservam a mesma perspectiva, apenas com mudanças de ênfase. Pela perspectiva tradicional, o *Titanic* é um monumento nostálgico a uma era ultrapassada de refinamento, perdida no atual mundo de vulgaridade; do ponto de vista da esquerda, ele foi uma história da impotência de uma sociedade de classes obsoleta.

Mas tudo isto são lugares-comuns que poderiam ser encontrados em qualquer reportagem sobre o *Titanic* — é fácil explicarmos desse modo a sobredeterminação metafórica que confere ao navio seu peso simbólico. O problema é que isso não é tudo. É fácil nos convencermos desta afirmação ao olharmos as fotos dos destroços do *Titanic* recentemente tiradas com câmeras submarinas — onde está o assustador poder de fascinação exercido por essas imagens? É intuitivamente claro, digamos, que esse poder fascinante não pode ser explicado pela sobredeterminação simbólica, pelo significado metafórico do *Titanic*: seu último recurso não é o da representação, mas o de certa presença inerte. O *Titanic* é uma Coisa, no sentido lacaniano: o resto material, a materialização do gozo apavorante, impossível. Ao olhar para os destroços, temos uma percepção do domínio proibido, num espaço que deveria ficar não visto: os fragmentos visíveis são uma espécie de remanescente coagulado do fluxo líquido do gozo, uma espécie de floresta de gozo petrificada.

Esse impacto aterrorizante nada tem a ver com o significado — ou, mais precisamente, é um significado permeado pelo gozo, um goza-o--sentido lacaniano. Os destroços do *Titanic* funcionam, portanto, como um objeto sublime: um objeto material positivo, elevado ao status da Coisa impossível. E talvez todo o esforço de articular o sentido metafórico do *Titanic* nada mais seja do que uma tentativa de escapar desse impacto apavorante da Coisa, uma tentativa de domesticar a Coisa, reduzindo-a a seu status simbólico, dotando-a de sentido. Costumamos dizer que a presença fascinante de uma Coisa obscurece seu sentido; aqui, verifica-se o oposto: o sentido obscurece o impacto aterrorizante de sua presença.

## Do *sintoma ao* sinthoma

É esse, portanto, o sintoma — e é com base nessa ideia do sintoma que devemos situar o fato de que, nos últimos anos do ensino de Lacan, encontramos uma espécie de universalização do sintoma: quase tudo que existe transforma-se em sintoma, de certo modo, de tal sorte que, no fim, até a mulher é determinada como sintoma do homem. Podemos mesmo dizer que "sintoma" é a resposta final de Lacan à eterna pergunta filosófica "Por que há algo em vez de nada?" — esse "algo" que "há" em vez de nada é, com efeito, o sintoma.

A referência geral da discussão filosófica costuma ser o mundo triangular — o sujeito da linguagem, a relação do sujeito com o mundo dos objetos, mediada pela linguagem; é comum criticar-se Lacan por seu "absolutismo do significante" — a crítica é que ele não leva em conta o mundo objetivo, limita sua teoria à interação do sujeito com a linguagem, como se o mundo objetivo não existisse, como se ele fosse apenas o efeito de ilusão imaginário da ação do significante. Mas a resposta de Lacan a essa crítica é que não só o mundo — como um todo dado de objetos — não existe, como tampouco existem a linguagem e o sujeito: já é clássica a tese lacaniana de que "o Outro [ou seja, a ordem simbólica como totalidade fechada e consistente] não existe", e o sintoma é denotado pelo \$, o S barrado, riscado, um vazio, um lugar vazio na estrutura do significante.

Neste ponto, é claro que temos de nos formular a pergunta ingênua, mas necessária: se o mundo, a linguagem e o sujeito não existem, o que existe? Mais precisamente, o que confere aos fenômenos existentes sua consistência? A resposta de Lacan, como já indicamos, é: o sintoma. A esta resposta devemos dar toda a sua ênfase anti-pós-estruturalista: o gesto fundamental do pós-estruturalismo é desconstruir qualquer identidade substancial, denunciar, por trás de sua consistência sólida, uma interação de sobredeterminações simbólicas — em suma, dissolver a identidade substancial numa rede de relações diferenciais não substanciais; o conceito de sintoma é o contraponto necessário a isso,

## DO SINTOMA AO *SINTHOMA*

a substância do gozo, o núcleo real em torno do qual se estrutura essa interação significante.

Para captar a lógica dessa universalização do sintoma, devemos ligá-la a uma outra universalização, a da foraclusão (*Verwerfung*). Em seu Seminário inédito, J.-A. Miller falou com ironia da passagem da teoria especial para a teoria geral da foraclusão (aludindo, é claro, à passagem de Einstein da teoria especial para a teoria geral da relatividade). Quando Lacan introduziu a ideia de foraclusão, na década de 1950, ela designava um fenômeno específico de exclusão de certo significante mestre (*point de capiton*, Nome-do-Pai) da ordem simbólica, desencadeando o processo psicótico; aqui, a foraclusão não é própria da linguagem como tal, mas uma característica distintiva dos fenômenos psicóticos. E, tal como Lacan reformulou Freud, o que foi foracluído do Simbólico retorna no Real — sob a forma de fenômenos alucinatórios, por exemplo.

Entretanto, nos últimos anos de seu ensino, Lacan deu alcance universal a essa função de foraclusão: há uma certa foraclusão que é própria da ordem do significante como tal; sempre que temos uma estrutura simbólica, ela é estruturada em torno de certo vazio, implica a foraclusão de certo significante mestre. A estruturação simbólica da sexualidade implica a falta de um significante da relação sexual, implica que "não há relação sexual", que a relação sexual não pode ser simbolizada — que é uma relação impossível, "antagônica". E, para apreender a interligação entre as duas universalizações, devemos, simplesmente, tornar a aplicar a proposição "o que foi foracluído do Simbólico retorna no Real do sintoma": a mulher não existe, seu significante é originalmente foracluído, e é por isso que ela retorna como um sintoma do homem.

O sintoma como real — isto parece opor-se diretamente à clássica tese lacaniana de que o inconsciente é estruturado como uma linguagem: acaso não é o sintoma uma formação simbólica por excelência, uma mensagem cifrada, codificada, que pode ser dissolvida pela interpretação, por já ser um significante em si ᵐesmo? Acaso toda a ideia

115

## O SUBLIME OBJETO DA IDEOLOGIA

de Lacan não é que devemos detectar, por trás da máscara corporal imaginária (por exemplo, de um sintoma histórico), sua sobredeterminação simbólica? Para explicar essa aparente contradição, temos de considerar as diferentes etapas do desenvolvimento de Lacan.

Podemos usar o conceito de sintoma como uma espécie de pista ou indicador, o que nos permite diferenciar as principais fases do desenvolvimento teórico lacaniano. No início, no começo dos anos 1950, o sintoma era concebido como uma formação significante simbólica, uma espécie de cifra, uma mensagem codificada, dirigida ao Outro, que depois deveria conferir-lhe seu verdadeiro sentido. O sintoma surge onde o mundo falhou, onde o circuito da comunicação simbólica foi rompido: é uma espécie de "prolongamento da comunicação por outros meios"; a palavra recalcada, que faltou, articula-se numa forma codificada, cifrada. A implicação disso é que o sintoma não só pode ser interpretado como, por assim dizer, já é formado com vistas a sua interpretação: dirige-se ao Outro que supostamente contém seu sentido. Em outras palavras, não há sintoma sem destinatário: no tratamento psicanalítico, o sintoma é sempre endereçado ao analista, é um apelo para que ele forneça seu sentido oculto. Também podemos dizer que não há sintoma sem transferência, sem a colocação de um sujeito tido como sabedor de seu sentido. Exatamente como um enigma, o sintoma, digamos, anuncia sua dissolução pela interpretação: a meta da psicanálise é restabelecer a rede de comunicação rompida, permitindo ao paciente verbalizar o sentido de seu sintoma; através dessa verbalização, o sintoma é automaticamente dissolvido. É este, portanto, o ponto fundamental: em sua própria constituição, o sintoma implica o campo do Outro como consistente, completo, porque sua própria formação é um apelo ao Outro que contém seu significado.

Mas aí começaram os problemas: por que, apesar de sua interpretação, o sintoma não se dissolve, por que persiste? A resposta lacaniana, obviamente, é o *gozo*. O sintoma não é apenas uma mensagem cifrada, mas é, ao mesmo tempo, um modo de o sujeito organizar seu gozo — é por isso que, mesmo depois da interpretação completa, o sujeito não

## DO SINTOMA AO *SINTHOMA*

se dispõe a renunciar a seu sintoma; é por isso que ele "ama o sintoma mais do que a si mesmo". Ao localizar essa dimensão de gozo no sintoma, Lacan procedeu em duas etapas.

Primeiro, tentou isolar essa dimensão de gozo como a da *fantasia* e opor o sintoma à fantasia através de um conjunto de traços distintivos: o sintoma é uma formação significante que, por assim dizer, "ultrapassa a si mesmo" rumo a sua interpretação — ou seja, que pode ser analisado; a fantasia é uma construção inerte que não pode ser analisada, que resiste à interpretação. O sintoma implica e se dirige a um Outro consistente, não barrado, que lhe confere seu sentido retroativamente; a fantasia implica um Outro riscado, bloqueado, barrado, não todo, inconsistente — ou seja, preenche um vazio no Outro. O sintoma (por exemplo, um lapso de linguagem) causa incômodo e desprazer quando ocorre, mas abraçamos sua interpretação com prazer; ficamos contentes em explicar aos outros o sentido de nossos lapsos; seu "reconhecimento intersubjetivo" costuma ser fonte de satisfação intelectual. Quando nos entregamos à fantasia (por exemplo, no devaneio), sentimos um prazer imenso, mas, ao contrário, causa-nos enorme incômodo e vergonha confessar nossas fantasias aos outros.

Desse modo, também podemos articular duas fases do processo psicanalítico: a *interpretação dos sintomas* e a *travessia da fantasia*. Ao nos confrontarmos com os sintomas do paciente, primeiro devemos interpretá-los e, através deles, penetrar na fantasia fundamental como o núcleo de gozo que bloqueia o movimento adicional da interpretação; então devemos dar o passo crucial de atravessar a fantasia, de ganhar distância dela, de vivenciar como a formação de fantasia apenas mascara, preenche certa lacuna, falta, lugar vazio no Outro.

Aqui, porém, surgiu mais um problema: como explicar pacientes que, sem a menor dúvida, atravessaram a fantasia, distanciaram-se da estrutura fantasiosa de sua realidade, mas cujos sintomas ainda persistem? Como explicar esse fato? O que fazer com um sintoma, com essa formação patológica que persiste não apenas além da interpretação, mas até além da fantasia? Lacan tentou responder a esse desafio com o conceito de *sinthome*, um neologismo que contém um conjunto de associações (homem sintético-artificial, síntese entre sintoma e fantasia, santo Tomás, o santo etc.).[9] O sintoma como *sinthoma* é certa formação significante penetrada pelo gozo: é um significante como portador de *jouis-sense*, gozo no sentido.

O que devemos ter em mente aqui é o status ontológico radical do sintoma: concebido como *sinthoma*, ele é, literalmente, nossa única substância, o único esteio positivo de nosso ser, o único ponto que dá consistência ao sujeito. Em outras palavras, o sintoma é o modo pelo qual nós — os sujeitos — "evitamos a loucura", o modo pelo qual "escolhemos uma coisa (a formação do sintoma) em vez de nada (o autismo psicótico radical, a destruição do universo simbólico)", através da ligação de nosso gozo a certa formação simbólica significante, que garante um mínimo de consistência a nosso ser-no-mundo.

Se o sintoma nessa dimensão radical é desvinculado, isso quer dizer, literalmente, "o fim do mundo" — a única alternativa ao sintoma é o nada: puro autismo, um suicídio psíquico, a rendição à pulsão de morte, até a destruição total do universo simbólico. É por isso que a última definição lacaniana do fim do processo psicanalítico é a *identificação com o sintoma*. A análise chega ao fim quando o paciente é capaz de reconhecer, no Real de seu sintoma, o único esteio de seu ser. É assim que devemos ler o *wo Es war, soll Ich werden* de Freud: você, o sujeito, tem que se identificar com o lugar em que seu sintoma já estava; na particularidade "patológica" de seu sintoma, você deve reconhecer o elemento que dá consistência a seu ser.

É isto, portanto, um sintoma: uma formação significante "patológica" particular, uma vinculação do gozo, uma mancha inerte que resiste à comunicação e à interpretação, uma mancha que não pode ser incluída no circuito do discurso, da rede de vínculos sociais, mas que é, ao mesmo tempo, uma condição positiva dele. Agora talvez esteja claro por que a mulher, segundo Lacan, é um sintoma do homem — para explicá-lo, basta lembrarmos a conhecida sabedoria chauvinista masculina, muitas vezes mencionada por Freud: as mulheres são insuportáveis, são uma eterna fonte de aborrecimentos, mas, ainda assim, são a melhor coisa que temos de sua espécie; sem elas, seria ainda pior. Portanto, se a mulher não existe, talvez o homem seja, simplesmente, uma mulher que acha que realmente existe.

## *"Em ti mais do que tu"*

Na medida em que o *sinthoma* é certo significante não encadeado numa rede, mas imediatamente preenchido, penetrado pelo gozo, seu status é, por definição, "psicossomático" — o de uma assustadora marca corporal que é apenas uma atestação muda, testemunho de um gozo repulsivo, sem representar nada nem ninguém. Então, será que o conto "Um médico rural", de Kafka, não é a história de um *sinthoma* em sua forma pura — destilada, por assim dizer? A ferida aberta que cresce, luxuriante, no corpo da criança, essa nauseante abertura verminosa, o que é ela se não a encarnação da vitalidade como tal, da substância vital em sua mais radical dimensão de gozo sem sentido?

> No seu lado direito, na região dos quadris, abriu-se uma ferida grande como a palma da mão. Cor-de-rosa, em vários matizes, escura no fundo, tornando-se clara nas bordas, delicadamente granulada, com o sangue coagulado de forma irregular, aberta como a boca de uma mina à luz do dia. Assim parece a distância. De perto mostra mais uma complicação. Quem pode olhar para isso sem dar um leve assobio? Vermes da grossura e comprimento do meu dedo mínimo, rosados por natureza e além disso salpicados de sangue, reviram-se para a luz. Presos no interior da ferida, com cabecinhas brancas e muitas perninhas. Pobre rapaz, não é possível ajudá-lo. Descobri sua grande ferida; essa flor no seu flanco vai arruiná-lo.[10]

"No seu lado direito, na região dos quadris..." — exatamente como a chaga de Cristo, embora seu precursor mais próximo seja o sofrimento de Amfortas no *Parsifal* de Wagner. O problema de Amfortas é que, enquanto sua ferida continua a sangrar, ele *não pode morrer*, não pode encontrar paz na morte; seus cavaleiros insistem em que ele cumpra seu dever e faça o ritual do Graal, seja qual for seu sofrimento, enquanto ele lhes pede, em desespero, que tenham misericórdia e ponham fim a seu sofrimento, simplesmente matando-o — tal como o menino de "Um médico rural", que se dirige ao médico narrador com um pedido desesperado: "Doutor, deixe-me morrer."

À primeira vista, Wagner e Kafka não poderiam estar mais distantes: de um lado, temos a reedição de uma lenda medieval no romantismo tardio; de outro, a descrição do destino do indivíduo numa burocracia totalitária contemporânea... Mas, se examinarmos de perto, perceberemos que o problema fundamental de Parsifal é eminentemente *burocrático*: a incapacidade, a incompetência de Amfortas para cumprir seu dever ritualístico burocrático. No primeiro ato, a voz apavorante do pai de Amfortas, Titurel, essa injunção supereuoica do morto-vivo, dirige-se ao filho impotente com as palavras *"Mein Sohn Amfortas, bist du am Amt?"*, às quais temos que dar todo o seu peso burocrático: Estás em tua função? Estás pronto para exercer teu ofício? De um modo sociológico meio superficial, poderíamos dizer que o *Parsifal* de Wagner encena o fato histórico de que o Senhor clássico (Amfortas) já não é capaz de reinar nas condições da burocracia totalitária e deve ser substituído por uma nova figura de Líder (Parsifal).

Em sua versão de *Parsifal* para o cinema, Hans-Jürgen Syberberg demonstrou — por uma série de mudanças no original de Wagner — estar bem cônscio desse fato. Primeiro, há sua manipulação da diferença sexual: no momento crucial da inversão, no segundo ato — depois do beijo de Kundry —, Parsifal muda de sexo: o ator é substituído por uma mulher jovem e fria; o que está em jogo ali não é a ideologia do hermafroditismo, mas um discernimento arguto da natureza "feminina" do poder totalitário; a Lei totalitária é uma Lei obscena, perpassada pelo gozo, uma Lei que perdeu sua neutralidade formal. O que é crucial para nós aqui, porém, é outro aspecto da versão de Syberberg: o fato

## DO SINTOMA AO *SINTHOMA*

de ele haver *externalizado* a ferida de Amfortas — que é posta num travesseiro a seu lado, como um objeto parcial asqueroso, do qual, por uma abertura que lembra os lábios vaginais, o sangue escorre. Temos aí a contiguidade com Kafka: é como se a ferida do menino de "Um médico rural" se houvesse externalizado, tornando-se um objeto separado que adquire existência independente, ou — para usar o estilo de Lacan — ex-sistência. É por isso que, de um modo que difere radicalmente da montagem habitual, Syberberg monta a cena no ponto em que, pouco antes do desenlace, Amfortas implora desesperadamente a seus companheiros de irmandade que atravessem seu corpo com as espadas e o aliviem de seus tormentos insuportáveis:

> Já a sombra da morte sinto cobrir-me,
> e devo ainda voltar à vida?
> Loucos! Quem me há de forçar a viver?
> Quisera me concedêsseis a morte!
> (*Rasga com ímpeto a roupa.*)
> Eis-me aqui — aqui está a ferida aberta!
> Aqui corre meu sangue, que me envenena.
> Sacai vossas armas! Cravai fundo vossas espadas
> — fundo, até o fim!

A ferida é o sintoma de Amfortas — encarna seu gozo imundo, enojante, é sua substância vital espessa, condensada, que não o deixa morrer. Suas palavras "Eis-me aqui — aqui está a ferida aberta!" devem ser interpretadas literalmente, portanto: todo o seu ser está nessa ferida; se a aniquilarmos, ele mesmo perderá sua consistência ontológica positiva e deixará de existir. Essa cena costuma ser montada de acordo com as instruções de Wagner: Amfortas rasga a túnica e aponta para a ferida ensanguentada em seu corpo; com Syberberg, que externalizou a ferida, Amfortas aponta para o objeto parcial repulsivo fora de seu corpo — ou seja, não aponta para si mesmo, mas para o objeto parcial nauseante do lado de fora, no sentido de "estou ali; nesse pedaço repulsivo do real consiste toda a minha substância!" Como devemos interpretar essa externalidade?

A primeira e mais óbvia solução é conceber essa ferida como *simbólica*: a ferida é externalizada para mostrar que não concerne ao corpo como tal, mas à rede simbólica em que o corpo está preso. Dito em termos simples: a verdadeira razão da impotência de Amfortas e, por conseguinte, da decadência de seu reino, é certo bloqueio, certo obstáculo na rede de relações simbólicas. "Há algo de podre" nesse país em que o governante violou uma proibição fundamental (deixou-se seduzir por Kundry); a ferida é, pois, apenas uma materialização de uma decadência moral simbólica.

Mas vejamos outra leitura, talvez mais radical: na medida em que se projeta para fora da realidade (simbólica e simbolizada) do corpo, a ferida é "um pedacinho de real", uma protuberância repulsiva que não pode ser integrada à totalidade de "nosso corpo", uma materialização daquilo que é "em Amfortas mais do que Amfortas", e por isso — de acordo com a clássica formulação lacaniana — o destrói.[11] Ela o destrói, mas, ao mesmo tempo, é a única coisa que lhe dá consistência. É esse o paradoxo do conceito psicanalítico do sintoma: o sintoma é um elemento que gruda como uma espécie de parasita e "estraga a brincadeira", mas, caso o aniquilemos, as coisas ficam ainda piores: perdemos tudo o que tínhamos — até o resto que era ameaçado, mas ainda não destruído pelo sintoma. Confrontados com o sintoma, estamos sempre numa situação de escolha impossível, ilustrada por uma famosa piada sobre o editor-chefe de um dos jornais de Hearst: apesar da persuasão do chefe, ele não queria tirar merecidas férias. Quando Hearst lhe perguntou por que não queria tirar férias, a resposta do editor foi: "Tenho medo de que, se me ausentar por duas semanas, as vendas do jornal caiam; mas tenho ainda mais medo de que, apesar da minha ausência, as vendas *não caiam*!" Assim é o sintoma: um elemento que causa um problemão, mas cuja ausência significaria um problema ainda maior, uma catástrofe total.

DO SINTOMA AO *SINTHOMA*

Como exemplo final, tomemos o filme *Alien, o oitavo passageiro* [*Alien*], de Ridley Scott: acaso o parasita nauseante que salta do corpo do pobre John Hurt não é, precisamente, um sintoma assim, não é seu status exatamente o mesmo da ferida externalizada de Amfortas? No planeta desértico, a caverna em que os viajantes espaciais entram, quando o computador registra sinais de vida nela, e na qual o parasita parecido com um pólipo gruda no rosto de Hurt, tem o status da Coisa pré-simbólica, isto é, do corpo materno, da substância vital do gozo. As associações útero-vaginais despertadas por essa caverna são quase intrusivas demais. O parasita que adere ao rosto de Hurt é, portanto, uma espécie de "brotamento de gozo", um resto da Coisa materna que então funciona como um sintoma — o Real do gozo — do grupo isolado numa espaçonave errante: ele os ameaça e, ao mesmo tempo, os constitui como um grupo fechado. O fato de esse objeto parasítico mudar incessantemente de forma apenas confirma seu status *anamórfico*: ele é um puro ser de parecença. O *"alien"*, o oitavo passageiro suplementar, é um objeto que, não sendo nada em si, ainda assim deve ser acrescentado, anexado como um excesso anamórfico. É o Real no que ele tem de mais puro: um simulacro, algo que não existe, num nível estritamente simbólico, mas que ao mesmo tempo é a única coisa que efetivamente existe no filme inteiro, a coisa contra a qual toda a realidade é completamente indefesa. Basta lembrar a cena arrepiante em que o líquido que escoa do parasita poliposo, depois que o médico faz uma incisão com o bisturi, dissolve o piso de metal da espaçonave...

Por essa perspectiva do *sinthoma*, a verdade e o gozo são radicalmente incompatíveis: a dimensão da verdade se abre através de nosso desconhecimento da Coisa traumática, que encarna o gozo impossível.

## O gozo ideológico

Com a designação, no Outro sociossimbólico, de uma inconsistência cujo lado positivo é o gozo obsceno, não teremos consentido também no costumeiro ressentimento "pós-modernista" anti-Iluminismo? O texto da capa da edição francesa dos *Escritos* de Lacan já desmente esse entendimento: ali, Lacan concebe explicitamente o seu esforço teórico como um prolongamento da velha luta do Iluminismo. A crítica lacaniana do sujeito autônomo e de seu poder de reflexão, de apropriação reflexiva de sua condição objetiva, está longe, portanto, de qualquer afirmação de uma base irracional que escape ao alcance da razão. Parafraseando a célebre fórmula marxista do próprio capital como o limite do capitalismo, diríamos que, segundo Lacan, o limite do Iluminismo é o próprio Iluminismo, seu anverso habitualmente esquecido e já articulado em Descartes e Kant.

O tema principal do Iluminismo, é claro, é alguma variação da ordem "Raciocina com autonomia!": "Usa tua própria cabeça, livra-te de todos os preconceitos, não aceites nada sem questionar seus fundamentos racionais, preserva sempre uma distância crítica etc." Mas Kant, em seu famoso artigo "O que é Esclarecimento?", já havia acrescentado a isso um complemento desagradável e inquietante, que introduz certa fissura bem no coração do projeto iluminista: "Raciocina sobre o que quiseres e o quanto quiseres, mas *obedece*!" Ou seja: como sujeito autônomo da reflexão teórica, dirigindo-se ao público esclarecido, você pode pensar livremente, pode questionar qualquer autoridade, mas, como parte da "máquina" social, como sujeito no outro sentido da palavra, deve obedecer incondicionalmente às ordens de seus superiores. Essa fissura é própria do projeto iluminista como tal: já a encontramos em Descartes, em seu *Discurso do método*. O avesso do *cogito* que duvida de tudo, que questiona a própria existência do mundo, é a "moral provisória" cartesiana, um conjunto de regras estabelecidas por Descartes para lhe permitir sobreviver na existência cotidiana de sua jornada filosófica: a primeiríssima regra enfatiza a necessidade de que se aceite e se obedeça aos costumes e leis do país em que se nasceu, sem questionar sua autoridade.

O ponto principal é perceber como essa aceitação de costumes e regras empíricos dados, "patológicos" (Kant), não é uma espécie de remanescente pré-Iluminismo — um remanescente na atitude autoritária

DO SINTOMA AO *SINTHOMA*

tradicional —, mas, ao contrário, *o avesso necessário do próprio Iluminismo*: mediante essa aceitação dos costumes e regras da vida social, em seu caráter dado que não tem sentido, mediante a aceitação do fato de que "Lei é lei", ficamos internamente livres de suas restrições — abre-se o caminho para a reflexão teórica. Em outras palavras, damos a César o que é de Cesar, de modo que podemos refletir calmamente sobre tudo. Essa experiência do caráter dado e não fundamentado dos costumes e regras sociais implica em si uma espécie de distância deles. No universo tradicional pré-esclarecido, a autoridade da Lei nunca é vivenciada como absurda e sem fundamento; ao contrário, a Lei é sempre iluminada pela força carismática do fascínio. Somente para a visão já esclarecida é que o universo dos costumes e regras sociais afigura-se uma "máquina" absurda que deve ser aceita como tal.

Poderíamos, é claro, dizer que a principal ilusão do Iluminismo consiste na ideia de que podemos conservar uma distância simples da "máquina" externa dos costumes sociais e, desse modo, manter imaculado o espaço de nossa reflexão interna, não maculado pela externalidade dos costumes. Mas esta crítica não afeta Kant, na medida em que, em sua afirmação do imperativo categórico, ele levou em conta o caráter traumático, desprovido de verdade e absurdo da própria Lei moral interna. O imperativo categórico kantiano é, precisamente, uma Lei dotada de uma autoridade incondicional necessária, sem ser verdadeira: é — nas palavras do próprio Kant — uma espécie de "fato transcendental", um fato dado cuja verdade não pode ser teoricamente demonstrada; mas, ainda assim, sua validade incondicional deve ser pressuposta, para que nossa atividade moral tenha algum sentido.

Podemos contrastar essa Lei moral com as leis sociais "patológicas", empiricamente dadas, por meio de todo um conjunto de características distintivas: as leis sociais estruturam um campo da *realidade* social, a Lei moral é o *Real* de um imperativo incondicional que não leva em consideração os limites que nos são impostos pela própria realidade — é uma ordem impossível. "Tu podes, porque deves! [*Du kannst, denn du sollst!*]"; as leis sociais aplacam nosso egoísmo e regulam a homeostase social; a Lei moral cria desequilíbrio nessa homeostase, introduzindo um componente de compulsão incondicional. O supremo paradoxo de Kant é essa prioridade da razão prática sobre a razão teórica: podemos libertar-nos das restrições sociais externas e atingir a maturidade própria do sujeito autônomo esclarecido, precisamente ao nos submetermos à compulsão "irracional" do imperativo categórico.

É lugar-comum da teoria lacaniana enfatizar que esse imperativo moral kantiano esconde uma ordem obscena do supereu: "Goza!" — a voz do Outro, impelindo-nos a cumprir nosso dever pelo dever, é uma irrupção traumática de um apelo ao gozo impossível, perturbando a homeostase do princípio do prazer e seu prolongamento, o princípio de realidade. É por isso que Lacan concebe Sade como a verdade de Kant: "Kant com Sade."[12] Mas em que consiste, exatamente, essa obscenidade da Lei moral? Não em alguns remanescentes, sobras dos conteúdos "patológicos" empíricos que se grudam na forma pura da Lei e a maculam, *mas nessa própria forma*. A Lei moral é obscena na medida em que sua própria forma é que funciona como força motivadora que nos impele a obedecer a suas ordens — ou seja, na medida em que obedecemos à Lei moral porque ela é lei, e não por um conjunto de razões positivas: a obscenidade da Lei moral é o avesso de seu caráter formal.

É claro que o traço elementar da ética de Kant é excluir todos os conteúdos empíricos "patológicos" — em outras palavras, todos os objetos que produzem prazer (ou desprazer) — como *locus* de nossa atividade moral, mas o que permanece oculto em Kant é o modo como essa própria renúncia produz certo mais-gozar (o *plus-de-jouir* lacaniano). Tomemos o caso do fascismo — a ideologia fascista baseia-se num imperativo puramente formal: Obedece, porque deves! Dito de outra maneira, renuncia ao gozo, sacrifica-te e não perguntes sobre o sentido disso — o valor do sacrifício está em sua própria falta de sentido; o verdadeiro sacrifício é por seu próprio fim; deves encontrar uma realização positiva no sacrifício em si, não em seu valor instrumental: é essa renúncia, esse abrir mão do gozo em si, que produz certo mais-gozar.

## DO SINTOMA AO *SINTHOMA*

Esse excesso produzido através da renúncia é o *objeto a* lacaniano, a encarnação do mais-gozar; também podemos apreender aqui por que Lacan cunhou a ideia do mais-gozar com base no modelo do conceito marxista de mais-valia — em Marx, a mais-valia também implica certa renúncia ao valor de uso empírico, "patológico". E o fascismo é obsceno por perceber diretamente a forma ideológica como seu próprio fim, como um fim em si — relembremos a famosa resposta de Mussolini à pergunta "Como os fascistas justificam sua reivindicação de governar a Itália? Qual é seu programa?" — "Nosso programa é muito simples: queremos governar a Itália!" O poder ideológico do fascismo está, precisamente, no traço que foi percebido pelos críticos liberais ou esquerdistas como sua maior fraqueza: no caráter formal e profundamente vazio de seu apelo, no fato de que ele exige obediência e sacrifício por eles mesmos. Para a ideologia fascista, a questão não é o valor instrumental do sacrifício, mas a própria forma do sacrifício em si, "o espírito de sacrifício" que é a cura da doença liberal decadente. Também fica claro por que o fascismo teve tanto pavor da psicanálise: a psicanálise nos permite localizar a ação de um gozo obsceno nesse ato de sacrifício formal.

É essa a dimensão oculta, perversa e obscena do formalismo moral kantiano, que finalmente aparece no fascismo: é aí que o formalismo kantiano se junta — ou, mais precisamente, explica — a lógica da segunda máxima cartesiana da moral provisória, a de:

> ... ser o mais firme e decidido possível em minhas ações e seguir com não menos fidelidade opiniões as mais duvidosas, uma vez que me houvesse decidido por elas, do que se estivessem acima de qualquer dúvida. Seguia nisso o exemplo dos viajantes que, estando perdidos numa floresta, sabem que não devem vagar de um lado para outro, menos ainda permanecer num mesmo local, mas entendem que devem caminhar sempre o mais reto possível numa dada direção, sem se desviarem por seja qual for a razão, ainda que, de início, possa ter sido apenas o acaso que definiu

sua escolha. Por esse meio, se não forem exatamente para onde desejam, ao menos chegarão a algum lugar, onde provavelmente estarão melhor do que no meio da floresta.[13]

Nessa passagem, de certo modo, Descartes mostra as cartas ocultas da ideologia como tal: o verdadeiro objetivo da ideologia é a atitude exigida por ela, a consistência da forma ideológica, o fato de "caminhar[mos] sempre o mais reto possível numa dada direção"; as razões positivas dadas pela ideologia para justificar esse pedido — para nos fazer obedecer à forma ideológica — existem apenas para ocultar esse fato, ou seja, para esconder o mais-gozar próprio da forma ideológica como tal.

Poderíamos referir-nos aqui à ideia, introduzida por Jon Elster, de "estados que são essencialmente subprodutos" — isto é, estados que só podem ser produzidos como não intencionais, como um efeito colateral de nossa atividade: tão logo os visamos diretamente, tão logo nossa atividade é diretamente motivada por eles, nosso procedimento torna-se autolesivo. Dentre toda uma série de exemplos ideológicos evocados por Elster, tomemos a justificativa de Tocqueville para o sistema do júri: "Não sei se um júri é útil para os litigantes, mas estou certo de que é ótimo para os que têm que decidir o caso. Eu o considero um dos meios mais eficazes de educação popular à disposição da sociedade." O comentário de Elster a esse respeito é que

> uma condição necessária para que o sistema do júri surta nos jurados o efeito educacional pelo qual Tocqueville o recomendou é a convicção deles de estarem fazendo algo valioso e importante, além de seu próprio desenvolvimento pessoal.[14]

Em outras palavras, assim que os jurados tomam ciência de que os efeitos judiciais de seu trabalho são praticamente nulos, e de que o verdadeiro interesse dele é o efeito surtido em seu próprio espírito cívico — seu valor educacional —, *esse efeito educacional se estraga.*

DO SINTOMA AO *SINTHOMA*

O mesmo se dá com Pascal, com sua tese em defesa da aposta religiosa: mesmo que estejamos errados em nossa aposta, mesmo que não exista Deus, minha fé em Deus e minha ação baseada nela terão muitos efeitos benéficos em minha vida terrena — levarei uma vida digna, serena, moral e satisfatória, livre de perturbações e dúvidas. Mas a questão, mais uma vez, é que só posso obter esse benefício terreno se realmente acreditar em Deus, no além religioso; deve ser esta a lógica oculta e bastante cínica da tese de Pascal: embora a verdadeira aposta da religião seja o benefício terreno alcançado pela atitude religiosa, esse lucro consiste num "estado que é, essencialmente, um subproduto" — só pode ser produzido como resultado não intencional de nossa crença num além religioso.

Não nos deve surpreender que encontremos exatamente a mesma argumentação na descrição do processo revolucionário feita por Rosa Luxemburgo: no começo, as primeiras lutas dos trabalhadores estão fadadas a fracassar, seus objetivos diretos não podem ser atingidos, mas, apesar de elas acabarem necessariamente em fracasso, seu balanço geral é positivo, porque seu principal lucro é educacional — ou seja, elas servem para a formação da classe trabalhadora num sujeito revolucionário. E, mais uma vez, o importante é que, se nós (o Partido) dissermos diretamente aos trabalhadores em combate que "não faz mal se vocês falharem, o importante na sua luta é o efeito educacional dela em vocês", o efeito educacional se perderá.

É como se, na passagem citada, Descartes nos desse, talvez pela primeira vez, a forma pura deste paradoxo ideológico fundamental: o que está realmente em jogo na ideologia é sua forma, é o fato de continuarmos a caminhar o mais reto possível numa mesma direção, de seguirmos até as opiniões mais duvidosas, caso tenhamos optado por elas; mas essa atitude ideológica só pode ser alcançada como um "estado que é, essencialmente, um subproduto": os sujeitos ideológicos, "viajantes perdidos na floresta", têm que esconder de si mesmos o fato de que, "de início, [pode] ter sido apenas o acaso que definiu sua escolha"; devem

## O SUBLIME OBJETO DA IDEOLOGIA

acreditar que sua decisão é bem fundamentada, que levará a seu Objetivo. Tão logo percebem que *o verdadeiro objetivo é a consistência da própria atitude ideológica*, o efeito é contraproducente. Podemos ver que a ideologia funciona de um modo exatamente oposto à ideia popular da moral jesuítica: o fim, aqui, é justificar os meios.

Por que essa inversão da relação entre fim e meios deve permanecer oculta, por que sua revelação é contraproducente? Porque isso revelaria o gozo que está em ação na ideologia, na própria renúncia ideológica. Em outras palavras, revelaria que a ideologia serve apenas a seu próprio fim, que não serve para nada — o que vem a ser, precisamente, a definição lacaniana do gozo.

## NOTAS

1.  Jacques Lacan, *The Seminar of Jacques Lacan, Book I: Freud's Papers on Technique*, Cambridge: Cambridge University Press, 1988, p. 159 [ed. bras.: *O seminário*, livro 1, *Os escritos técnicos de Freud*, versão bras. Betty Milan, Rio de Janeiro: Zahar, 1979, p. 186].
2.  Ibid., p. 158 [*O seminário*, livro 1, op. cit., p. 185].
3.  Jacques Lacan, *The Four Fundamental Concepts of Psycho-Analysis*, p. 26 [*O seminário*, livro 11, op. cit., p. 26].
4.  Freud, *The Interpretation of Dreams*, p. 559 [*A interpretação dos sonhos*, op. cit.].
5.  G. W. F. Hegel, *Vorlesungen über die Philosophie der Geschichte*, Frankfurt: Suhrkamp Verlag, 1969, p. 111-113 [ed. bras.: *Filosofia da história*, trad. Hans Harden e Maria Rodrigues, Brasília: Ed. UnB, 2008].
6.  Kafka, *The Trial*, p. 237 [*O processo*, op. cit.].
7.  Robert A. Heinlein, *The Door into Summer*, Nova York: Del Ray, 1986, p. 287.
8.  Walter Lord, *A Night to Remember*, Nova York: Bantam, 1983, p. xi-xii [ed. bras.: *Uma noite fatídica: o clássico relato das horas finais do* Titanic, trad. Tomás Rosa Bueno, São Paulo: Três Estrelas, 2012].
9.  Jacques Lacan, "Joyce le symptôme", *Joyce avec Lacan*, Paris: Navarin Editeur, 1987 [ed. bras.: "Joyce, o Sintoma", *Outros escritos*, trad. Vera Ribeiro, versão final Angelina Harari e Marcus André Vieira, Rio de Janeiro: Zahar, 2003].
10. Franz Kafka, *Wedding Preparations in the Country and Other Stories*, Harmondsworth: Penguin, 1978, p. 122 [ed. bras.: *Um médico rural: pequenas narrativas*, trad. e posfácio Modesto Carone, São Paulo: Companhia das Letras, 2003].

## DO SINTOMA AO *SINTHOMA*

11. Lacan, *The Four Fundamental Concepts of Psycho-Analysis*, capítulo 10. [*O seminário,* livro 11, op. cit.].
12. Jacques Lacan, *Écrits*, Paris: Seuil, 1966 [ed. bras.: *Escritos*, versão bras. Vera Ribeiro, rev. Antonio Quinet e Angelina Harari, Rio de Janeiro: Zahar, 1998].
13. René Descartes, *Discourse on Method*, Harmondsworth: Penguin, 1976, p. 64 [ed. bras.: *Discurso do método*, trad. Elza Moreira Marcelina, comentários Denis Huisman, pref. Geneviève Rodis-Lewis, Brasília: Ed. UnB, 1998].
14. Jon Elster, *Sour Grapes*, Cambridge: Cambridge University Press, 1982, p. 96.

**PARTE II** A falta no Outro

# 3. *"Che vuoi?"*

## IDENTIDADE

### A *"colcha"* ideológica

O que cria e sustenta a *identidade* de um dado campo ideológico, para além de todas as variações possíveis de seu conteúdo positivo? *Hegemonia e estratégia socialista* delineia o que é, provavelmente, a resposta definitiva a essa questão crucial da teoria da ideologia: a multidão de "significantes flutuantes", de elementos protoideológicos, estrutura-se num campo unificado pela intervenção de certo "ponto nodal" (o *point de capiton* lacaniano) que os "basteia", interrompe seu deslizamento e fixa seu significado.

O espaço ideológico é composto de elementos não atados, não amarrados, "significantes flutuantes" cuja própria identidade é "aberta", sobredeterminada por sua articulação numa cadeia com outros elementos — isto é, sua significação "literal" depende de sua mais-significação metafórica. Tomemos o *ecologismo*, por exemplo: sua conexão com outros elementos ideológicos não é determinada de antemão; o indivíduo pode ser um ecologista orientado para o Estado (se acreditar que somente a intervenção de um Estado forte pode salvar-nos da catástrofe), um ecologista socialista (se localizar no sistema capitalista a fonte da exploração implacável da natureza), um ecologista conservador (se pregar que o ser humano deve voltar a se enraizar profundamente em sua terra natal), e assim por diante; o *feminismo* pode ser socialista, apolítico; até o *racismo* pode ser elitista ou populista etc. O "basteamento" [*quilting*] realiza a totalização por cujo meio esse fluxo livre

O SUBLIME OBJETO DA IDEOLOGIA

de elementos ideológicos é detido, fixado — ou seja, por cujo meio eles se tornam partes da rede estruturada de sentido.[*]

Se "bastearmos" os significantes flutuantes através de "comunismo", por exemplo, "luta de classes" conferirá um significado preciso e fixo a todos os outros elementos: à democracia (a chamada "democracia real", em contraste com a "democracia formal burguesa" como forma legal de exploração); ao feminismo (a exploração das mulheres como resultante da divisão do trabalho condicionada pela classe); ao ecologismo (a destruição dos recursos naturais como consequência lógica da produção capitalista orientada para o lucro); ao movimento pacifista (o principal risco para a paz é o imperialismo aventureiro), e assim por diante.

O que está em jogo na luta ideológica é qual dos "pontos nodais", ou pontos de basta, totalizará, incluirá em sua série de equivalências esses elementos flutuantes. Hoje em dia, por exemplo, o cacife da luta entre o neoconservadorismo e a social-democracia é "liberdade": os neoconservadores tentam demonstrar que a democracia igualitária, encarnada no Estado de bem-estar, leva, necessariamente, a novas formas de servidão, à dependência do indivíduo em relação ao Estado totalitário, enquanto os social-democratas enfatizam que, para que a liberdade individual tenha sentido, ela deve basear-se na vida social democrática, na igualdade de oportunidades econômicas etc.

---

[*] Lacan se vale da metáfora do ponto de capitonê, usada por Saussure no *Curso de linguística geral*, para explicar a lógica de ligação referencial entre significante e significado. Um ponto leva a outro, que leva a outro, como na costura de um estofado, técnica original do século XIX. Em Lacan, a figura do ponto de capitonê (*point de capiton*, cuja tradução estabelecida é "ponto de basta") foi usada em um de seus seminários para se referir ao número mínimo de pontos de ligação entre significante e significado necessários para que um sujeito não seja classificado no diagnóstico de psicose — um diagnóstico associado à incapacidade de costura desses pontos. (Jacques Lacan, *O seminário*, livro 3, *As psicoses*, trad. Aluísio Menezes, Rio de Janeiro: Zahar, 1988). No inglês, a tradução de *point de capiton* é "*quilting point*", justamente porque o termo "*quilting*" se refere a um tipo de costura de ligação entre partes. Žižek usa "*quilting*" no sentido de costura, unir, ligar, porque está tomando como referência o ponto de basta lacaniano. A opção pelo termo basteamento segue o que está estabelecido nas traduções brasileiras de Lacan e mantém a referência ao significante "basta". (*N. E.*)

## "CHE VUOI?"

Assim, cada elemento de um dado campo ideológico faz parte de uma série de equivalências: seu excedente metafórico, através do qual ele se conecta com todos os outros elementos, determina retroativamente sua própria identidade (numa perspectiva comunista, lutar pela paz *significa* lutar contra a ordem capitalista, e assim por diante). Mas esse encadeamento só é possível sob a condição de que certo significante — o "Um" lacaniano — "basteie" todo o campo e, ao encarná-lo, efetive sua identidade.

Consideremos o projeto Laclau/Mouffe de democracia radical: temos aí uma articulação de lutas particulares (pela paz, ecologia, feminismo, direitos humanos etc.), nenhuma das quais tem a pretensão de ser a "Verdade", o Significado supremo, o "verdadeiro sentido" de todas as demais; entretanto, o título "democracia radical" em si indica que a própria possibilidade da articulação delas implica o papel "nodal" e determinante de certa luta, a qual, precisamente como luta particular, delineia o horizonte de todas as demais. Esse papel determinante pertence, é claro, à democracia, à "invenção democrática", de acordo com Laclau e Mouffe; todas as outras lutas (socialista, feminista etc.) poderiam ser concebidas como a radicalização, extensão e aplicação gradativas do projeto democrático a novos campos (das relações econômicas, das relações entre os sexos etc.). O paradoxo dialético está no fato de que a luta particular que exerce um papel hegemônico, longe de impor uma eliminação violenta das diferenças, abre o próprio espaço para a relativa autonomia das lutas particulares: a luta feminista, por exemplo, só é possibilitada pela referência ao discurso político democrático igualitário.

A primeira tarefa da análise, portanto, é isolar num dado campo ideológico a luta particular que, ao mesmo tempo, determina o horizonte de sua totalidade; para dizê-lo em termos hegelianos, a espécie que é sua própria espécie universal. Mas este é o problema teórico crucial: em que esse papel determinante e totalizante de uma dada luta difere da "hegemonia" tradicionalmente concebida, pela qual certa luta (a luta dos trabalhadores, no marxismo) aparece como a Verdade de todas as demais, de tal modo que todas as outras lutas são, em última análise, apenas formas de sua expressão, e a vitória nessa luta nos oferece a chave da vitória em outros campos? Ou, como diz a linha de argumentação marxista costumeira: só a revolução socialista bem-sucedida possibilitará a abolição da repressão das mulheres, o fim da exploração destrutiva da natureza, o desafogo da ameaça de destruição nuclear etc. Em outras palavras, como formular o papel determinante de um dado campo sem cair na armadilha do essencialismo? Minha tese é que o antidescritivismo de Saul Kripke nos oferece ferramentas conceituais para solucionar este problema.

## Descritivismo versus antidescritivismo

Poderíamos chamar a experiência básica em que se fundamenta o antidescritivismo de Kripke de invasão de *vampiros de almas*, segundo o título do famoso filme de ficção científica dos anos 1950:* uma invasão por criaturas alienígenas que assumem a forma humana — têm a aparência exata de seres humanos e todas as propriedades destes, mas, de algum modo, isso as torna ainda mais insolitamente estranhas. Esse problema é o mesmo do antissemitismo (razão por que *Vampiros de almas* pode ser interpretado como uma metáfora do anticomunismo macarthista da década de 1950: os judeus são "iguais a nós"; é difícil reconhecê-los e determinar, no nível da realidade positiva, o excesso, o traço evasivo que os diferencia de todas as outras pessoas.

O que está em jogo na disputa entre descritivismo e antidescritivismo é o que há de mais elementar: como é que os nomes se referem aos objetos por eles denotados? Por que a palavra "mesa" se refere a uma mesa? A resposta descritivista é a óbvia: por causa de seu significado; toda palavra é, em primeiro lugar, portadora de certo significado, isto é, significa um aglomerado de traços descritivos ("mesa" significa um objeto de certo formato, que serve a certos fins) e, posteriormente, refere-se a objetos da realidade, na medida em que eles possuam pro-

---

\* *Vampiros de almas* [*Invasion of the Body Snatchers*], de 1956, direção de Don Siegel, com Kevin McCarthy e Dana Wynter nos papéis centrais. (*N. T.*)

## "CHE VUOI?"

priedades designadas pelo aglomerado de descrições. "Mesa" significa mesa porque uma mesa tem propriedades abrangidas no significado da palavra "mesa". A intenção, portanto, tem prioridade sobre a extensão: a extensão (um conjunto de objetos designados por uma palavra) é determinada pela intenção (pelas propriedades universais abarcadas em seu significado). A resposta antidescritivista, em contraste, é que uma palavra se liga a um objeto ou conjunto de objetos por um ato de "batismo primário", e esse vínculo se mantém, mesmo quando o aglomerado de características descritivas que determinou inicialmente o significado da palavra muda por completo.

Tomemos um exemplo simplificado de Kripke: se pedíssemos ao público em geral para identificar "Kurt Gödel", a resposta seria "o autor da prova da incompletude da aritmética"; mas suponhamos que a prova tivesse sido escrita por outro homem, Schmidt, um amigo de Gödel, e que Gödel o tivesse assassinado e se apropriado da citada descoberta da prova; nesse caso, o nome "Kurt Gödel" ainda se referiria ao mesmo Gödel, embora a descrição identificadora já não se referisse a ele. O importante é que o sobrenome "Gödel" foi ligado a certo objeto (pessoa) por um "batismo primário" e esse vínculo se sustenta, mesmo quando a descrição identificadora original se revela falsa.[1] É esse o cerne da disputa: os descritivistas enfatizam os "conteúdos intencionais" internos, imanentes, de uma palavra, enquanto os antidescritivistas consideram decisivo o vínculo causal externo, o modo pelo qual uma palavra foi transmitida de sujeito para sujeito, numa cadeia de tradição.

Aqui se oferece uma primeira acusação: acaso a resposta óbvia para essa disputa não é que estamos falando de dois tipos de nomes diferentes: de ideias que denotam espécies (universais) e de nomes próprios? Não estaria a solução, simplesmente, em que o descritivismo responde pela maneira como funcionam as noções genéricas, e o antidescritivismo, pelo modo como funcionam os nomes próprios? Quando nos referimos a alguém como "gordo", é claro que ele deve ao menos possuir a propriedade de ser excessivamente corpulento, mas, se nos referirmos a alguém como "Pedro", não poderemos inferir nenhuma de suas propriedades efetivas — o nome "Pedro" refere-se a ele, simplesmente, porque ele foi batizado de "Pedro". Mas essa solução, na tentativa de nos livrarmos de um problema por uma simples distinção classificatória, deixa escapar inteiramente o que está em jogo na disputa: tanto o descritivismo quanto o antidescritivismo visam uma teoria *geral* das funções referenciais. Para o descritivismo, os nomes próprios, eles mesmos, são meras descrições definidas, abreviadas ou disfarçadas, enquanto, para o antidescritivismo, a cadeia causal externa determina a referência, mesmo no caso de noções genéricas, pelo menos as que designam espécies naturais. Tomemos novamente um exemplo meio simplificado de Kripke: em certo ponto da pré-história, certo tipo de objeto foi batizado de "ouro", e esse nome foi ligado, naquele momento, a um aglomerado de traços descritivos (metal amarelo pesado e brilhante, que pode ser lindamente moldado etc.); ao longo dos séculos, esse conjunto de descrições tem-se multiplicado e modificado de acordo com o desenvolvimento dos conhecimentos humanos, de modo que hoje identificamos "ouro" com sua especificação na tabela periódica e com seus prótons, nêutrons, elétrons, espectros e assim por diante; mas suponhamos que hoje um cientista descobrisse que o mundo inteiro estava errado sobre todas as propriedades do objeto chamado "ouro" (a impressão de que ele tem uma cor amarela brilhante foi produzida por uma ilusão de óptica universal etc.) — nesse caso, a palavra "ouro" continuaria a se referir ao mesmo objeto de antes, isto é, diríamos que "o ouro não possui as propriedades que lhe tinham sido atribuídas até agora", e não que "o objeto que tomamos por ouro até hoje não é realmente ouro".

O mesmo se aplica, igualmente, à situação contrafactual oposta: seria possível

> (...) haver uma substância possuidora de todas as marcas identificadoras que comumente atribuíamos ao ouro e que usávamos para identificá-lo, a princípio, mas que não é o mesmo tipo de coisa, não é a mesma substância. Diríamos sobre essa coisa que, apesar de ela ter todas as aparências que inicialmente usávamos para identificar o ouro, não é ouro.[2]

## "CHE VUOI?"

Por quê? Porque essa substância não está ligada ao nome "ouro" por uma cadeia causal que remonte ao "batismo primário" estabelecedor da referência do "ouro". Pela mesma razão, pode-se dizer que,

> mesmo que arqueólogos ou geólogos descobrissem, amanhã, fósseis que mostrassem de forma conclusiva a existência passada de animais que satisfizessem tudo que sabemos sobre os unicórnios, a partir do mito do unicórnio, isso não mostraria que os unicórnios existiram.[3]

Em outras palavras, mesmo que esses quase-unicórnios correspondessem perfeitamente ao aglomerado de traços descritivos abarcados pelo significado da palavra "unicórnio", não poderíamos ter certeza de haverem sido eles a referência original da ideia mítica de "unicórnio" — ou seja, o objeto a que a palavra "unicórnio" foi ligada no "batismo primário"... Como poderíamos desconsiderar os conteúdos libidinais dessas proposições de Kripke? O que está em jogo aqui é, precisamente, o problema da "realização do desejo", do momento em que encontramos na realidade um objeto que tem todas as propriedades de um objeto fantasiado do desejo; ainda assim, ficamos necessariamente desapontados; experimentamos certo "não é isso"; fica evidente que o objeto real finalmente encontrado não é a referência do desejo, muito embora possua todas as propriedades exigidas. Talvez não seja por acaso que Kripke escolhe como exemplos objetos com extrema conotação libidinal, objetos que já encarnam o desejo na mitologia comum: ouro, unicórnios etc.

### Os dois mitos

Tendo em mente que o próprio terreno da disputa entre descritivismo e antidescritivismo é permeado, portanto, por uma corrente subterrânea da economia do desejo, não deve causar surpresa que a teoria lacaniana possa ajudar-nos a esclarecer os termos dessa disputa, não no sentido de uma "síntese" quase dialética entre duas visões opostas, mas, ao contrário, ao apontar que ambos, descritivismo e antidescritivismo, *perdem de vista o mesmo ponto crucial*: a contingência radical do nomear. Prova disso é que, para defender suas soluções, as duas posições têm que recorrer a um mito, inventar um mito: o mito de uma tribo primitiva, em Searle, e o mito do "observador onisciente da história", em Donnellan. Para refutar o antidescritivismo, Searle inventa uma comunidade primitiva de caçadores-coletores com uma língua que contém nomes próprios:

> Imaginemos que todos os membros da tribo conhecem todos os demais membros e que os membros neonatos são batizados em cerimônias frequentadas por toda a tribo. Imaginemos ainda que, à medida que as crianças crescem, vão aprendendo os nomes das pessoas, assim como os nomes locais de montanhas, lagos, ruas, casas etc. por ostensão. Suponhamos, também, que exista um rígido tabu na tribo contra o falar sobre os mortos, de sorte que o nome de um indivíduo jamais é pronunciado após sua morte. Ora, o essencial da fantasia é simplesmente o seguinte: Do modo como a descrevi, essa tribo dispõe de uma instituição de nomes próprios usados para referência, exatamente da mesma forma que os nossos nomes são usados para referência, *mas não existe um único uso de um nome na tribo que satisfaça a cadeia causal da teoria da comunicação*.[4]

Em outras palavras, cada uso de um nome nessa tribo satisfaz a afirmação descritivista: a referência é exclusivamente determinada por um aglomerado de características descritivas. Searle sabe, é claro, que essa tribo nunca existiu; sua afirmação é apenas que o modo de funcionamento do nomear nessa tribo é *logicamente primordial*: que todos os exemplos contrários usados pelos antidescritivistas são logicamente secundários, são "parasíticos", implicam um funcionamento "descritivista" prévio. Quando tudo que sabemos sobre alguém é que seu nome é Smith — quando o único conteúdo intencional de "Smith" é "a pessoa a quem outros se referem como Smith" —, essa condição pressupõe, logicamente, a existência de ao menos um outro sujeito que sabe muito mais sobre Smith —, para quem o nome "Smith" está ligado a todo um aglomerado de traços descritivos (um senhor idoso gordo que dá aulas de história da pornografia etc.). Em outras palavras, o exemplo oferecido pelo antidescritivismo como "normal" (a transmissão da referência por uma cadeia causal externa) é apenas uma descrição "externa" (uma descrição que deixa fora de consideração o conteúdo intencional) de um funcionamento que é "parasítico" — ou seja, logicamente secundário.

Para refutar Searle, temos que demonstrar que sua tribo primitiva, na qual a linguagem funciona exclusivamente de modo descritivo, é não apenas empiricamente impossível, mas também logicamente impossível. O método derridiano consistiria, é claro, em mostrar que o uso "parasítico" sempre corrói, e corroeu desde o começo, o funcionamento puramente descritivo: que o mito de Searle sobre uma tribo primitiva apresenta apenas mais uma versão de uma comunidade totalmente transparente, na qual a referência não é embotada por nenhuma ausência, nenhuma falta.

A abordagem lacaniana enfatizaria outra característica: há algo que simplesmente falta na descrição de Searle sobre sua tribo. Se estamos realmente interessados na linguagem em sentido estrito, na linguagem como rede social em que o significado só existe na medida em que é intersubjetivamente reconhecido — na linguagem que, por definição, não pode ser privada —, tem que ser parte do significado de cada nome que ele se refira a determinado objeto, *por ser esse o seu nome*, pelo fato de outros usarem esse nome para designar o objeto em questão: todo nome, na medida em que faz parte da linguagem comum, implica esse momento circular autorreferente. Os "outros", é claro, não podem ser reduzidos a outros empíricos; antes, apontam para o grande Outro lacaniano, para a própria ordem simbólica.

Deparamos aí com a estupidez dogmática própria de um significante como tal, a estupidez que assume a forma de uma tautologia: um nome se refere a um objeto *por ser assim que esse objeto é chamado* — essa forma impessoal ("ele é chamado") anuncia a dimensão do Outro para além de outros sujeitos. O exemplo evocado por Searle como a epítome do parasitismo — o exemplo dos falantes que nada sabem sobre o objeto de que falam e cujo "único conteúdo intencional pode ser o fato de estarem usando o nome para se referirem àquilo a que se referem os outros ao utilizarem o nome"[5] — indica, ao contrário, um constituinte necessário de todo uso "normal" de nomes na linguagem como vínculo social — e esse constituinte tautológico é o significante mestre lacaniano, o "significante sem significado".

A ironia é que essa falta está efetivamente inscrita na descrição de Searle, sob a forma de uma proibição ("... há um rígido tabu na tribo contra falar sobre os mortos"): a tribo mítica de Searle, portanto, é uma tribo de psicóticos que — por causa do tabu referente aos nomes dos mortos — foraclui a função do Nome-do-Pai, ou seja, impede a transformação do pai morto na regra de seu Nome. Se, por conseguinte, o descritivismo de Searle perde de vista a dimensão do *grande Outro*, o antidescritivismo — pelo menos em sua versão predominante — deixa escapar a dimensão do *pequeno outro*, a dimensão do objeto como Real no sentido lacaniano: a distinção Real/realidade. É por isso que ele procura esse X, procura a característica que garante a identidade de uma referência através de todas as mudanças de suas propriedades descritivas, na realidade em si; é por isso que tem de inventar seu mito, uma espécie de contraponto da tribo primitiva de Searle — o mito de Donnellan sobre um "observador onisciente da história". Donnellan construiu o seguinte engenhoso exemplo contrafactual:

> Suponhamos que tudo quanto um determinado falante conhece ou pensa conhecer acerca de Tales é que se trata de um filósofo grego que afirmou que tudo é água. Suponhamos, porém, que jamais haja existido um filósofo grego que tenha dito tal coisa. Suponhamos que Aristóteles e Heródoto estivessem referindo-se a um cavador de poços, que teria dito, "Gostaria que tudo fosse

## "CHE VUOI?"

água, pois assim não teria de cavar esses malditos poços". Nesse caso, segundo Donnellan, quando o falante emprega o nome "Tales", está se referindo ao cavador de poços. Suponhamos, ainda, que houvesse um eremita que jamais tivesse tido o menor contato com ninguém e que efetivamente sustentasse que tudo é água. Ainda assim, quando dizemos "Tales", claramente não estamos nos referindo àquele eremita.[6]

Hoje, a referência original, o ponto de partida da cadeia causal — o pobre cavador de poços — não nos é conhecida, mas um "observador onisciente da história", capaz de seguir a cadeia causal até o ato de "batismo primário", saberia restabelecer o elo da palavra "Tales" a sua referência. Por que é necessário esse mito, essa versão antidescritivista do "sujeito suposto saber" lacaniano?

O problema básico do antidescritivismo é determinar o que constitui a identidade do objeto designado, para além do aglomerado sempre mutável de características descritivas — o que torna um objeto idêntico a si mesmo, ainda que todas as suas propriedades tenham-se modificado; em outras palavras, como conceber o correlato objetivo do "designador rígido", do nome como denotador do mesmo objeto em todos os mundos possíveis, em todas as situações contrafactuais. O que se perde de vista, pelo menos na versão-padrão do antidescritivismo, é que essa garantia da identidade de um objeto em todas as situações contrafactuais — através da mudança de todas as suas características descritivas — é *o efeito retroativo do próprio nomear*: é o nome em si, o significante, que sustenta a identidade do objeto. Esse "excesso" no objeto que permanece o mesmo em todos os mundos possíveis é "algo nele mais do que ele", ou seja, o *objeto a* lacaniano: em vão o procuramos na realidade positiva, porque ele não tem consistência positiva — porque é apenas uma objetificação de um vazio, de uma descontinuidade aberta na realidade pela emergência do significante. O mesmo se dá com o ouro: em suas características físicas positivas, em vão buscamos o X que faz dele a encarnação da riqueza; ou, para usar um exemplo de

Marx, o mesmo se dá com a mercadoria: em vão buscamos entre suas propriedades positivas a característica que constitui seu valor (e não seu valor de uso). O que se perde de vista, na ideia antidescritivista de uma cadeia causal externa de comunicação pela qual a referência se transmite, é, portanto, a contingência radical da denominação, o fato de que o próprio nomear constitui sua referência, retroativamente. O nomear é necessário, mas, por assim dizer, é necessário depois, retroativamente, quando já estamos "dentro dele".

O papel do mito do "observador onisciente da história" corresponde exatamente, portanto, ao do mito da tribo primitiva de Searle: em ambos os casos, sua função é limitar, restringir a contingência radical do denominar — construir uma agência que garanta sua necessidade. No primeiro caso, a referência é garantida pelo "conteúdo intencional" imanente ao nome. No segundo, é garantida pela cadeia causal que nos leva ao "batismo primário" que liga a palavra ao objeto. Se, nessa disputa entre o descritivismo e o antidescritivismo, a "verdade" reside, apesar de tudo, no antidescritivismo, é porque o erro do antidescritivismo é de outro tipo: em seu mito, o antidescritivismo cega-se para seu próprio resultado, para o que ele "produziu sem saber". A principal realização do antidescritivismo é nos permitir conceber o *objeto a* como o correlato real-impossível do "designador rígido" — isto é, do *point de capiton* [ponto de basta] como significante "puro".

## O *designador rígido e* o objeto a

Se afirmamos que o ponto de basta é um "ponto nodal", uma espécie de nó de significados, isto não implica que ele seja, simplesmente, a palavra "mais rica", a palavra em que se condensa toda a riqueza do sentido no campo que ele "basteia": o ponto de basta é, antes, a palavra que, *como palavra*, no nível do próprio significante, unifica um dado campo, constitui sua identidade; é, por assim dizer, a palavra a que as próprias "coisas" se referem para se reconhecerem em sua união. Tomemos o caso do famoso anúncio do Marlboro: a imagem do vaqueiro

## "CHE VUOI?"

bronzeado, das extensas pradarias etc. — tudo isso "conota", é claro, certa imagem dos Estados Unidos (a terra da gente firme e honesta, dos horizontes ilimitados, e por aí vai), mas o efeito de "basteamento" só ocorre quando há certa inversão; só ocorre quando os norte-americanos "reais" começam a se identificar (em sua experiência ideológica deles mesmos) com a imagem criada pela propaganda do Marlboro — quando os próprios Estados Unidos são vivenciados como "o país do Marlboro".

O mesmo se dá com todos os chamados "símbolos midiáticos" americanos — a Coca-Cola, por exemplo: a questão não é a Coca-Cola "conotar" certa experiência/visão dos Estados Unidos (com seu sabor refrescante, gelado e pungente etc.); a questão é que essa visão do próprio país alcança sua identidade ao se identificar com o significante "Coca-Cola"; "América, isto é Coca-Cola!" poderia ser o texto de uma publicidade imbecil. O ponto crucial a ser apreendido é que essa propaganda — "*América* [visão ideológica de um território, em toda a sua diversidade], *isto é Coca-Cola* [este significante]!" *não poderia* inverter-se em "*Coca-Cola* [este significante], *isto é* [significa] *América*!". A única resposta possível à pergunta "O que é Coca-Cola?" já está dada nos anúncios: é "*it*" impessoal, o "isso" ("*Coke, this is it!*", "Coca-Cola é isso aí!") —, "a coisa verdadeira", o X inatingível, o objeto-causa do desejo.

Exatamente em virtude desse X excedente, a operação de "basteamento" não é circular/simétrica — não podemos dizer que não ganhamos nada com ela, porque primeiro Coca-Cola conota "o espírito dos Estados Unidos", e esse "espírito dos Estados Unidos" (o aglomerado de traços que supostamente o expressam) depois se condensa na Coca-Cola como seu significante, seu representante significativo: o que ganhamos com essa simples inversão é, precisamente, o mais-X, o objeto-causa do desejo, o "algo inatingível" que está "na Coca-Cola mais do que a Coca-Cola" e que, de acordo com a fórmula lacaniana, de repente pode transformar-se em excremento, numa gosma intragável (é só servir a Coca-Cola quente e choca).

A lógica dessa inversão produtora de um excedente pode ficar clara a propósito do antissemitismo: primeiro, "judeu" aparece como um

O SUBLIME OBJETO DA IDEOLOGIA

significante que conota um aglomerado de propriedades supostamente "efetivas" (espírito intrigante, ávido de lucros etc.), mas isso ainda não é o antissemitismo propriamente dito. Para chegar a ele, temos que *inverter* a relação e dizer: eles são assim (gananciosos, intrigantes etc.) *por serem judeus*. À primeira vista, essa inversão parece puramente tautológica — poderíamos retrucar: é claro que sim, porque "judeu" significa exatamente ganancioso, intrigante, sujo... Mas essa aparência de tautologia é falsa: o "judeu" em "por eles serem judeus" não conota uma série de propriedades efetivas, porém se refere, mais uma vez, àquele X inatingível, ao que é "no judeu mais do que o judeu", e que o nazismo tentou tão desesperadamente capturar, medir, transformar numa propriedade positiva, que nos permitisse identificar os judeus de um modo objetivo científico.

O "designador rígido" visa, portanto, esse núcleo impossível/real, aquilo que é "num objeto mais do que o objeto", esse excedente produzido pela operação significante. E o ponto crucial a apreender é a ligação entre a contingência radical do denominar e a lógica da emergência do "designador rígido" através do qual um dado objeto alcança sua identidade. A contingência radical do nomear implica uma lacuna irredutível entre o Real e os modos de sua simbolização: uma dada constelação histórica pode ser simbolizada de diferentes maneiras; o Real, por sua vez, não contém nenhum modo necessário de sua simbolização.

Consideremos a derrota da França em 1940: a chave do sucesso de Pétain foi que sua simbolização do trauma da derrota ("a derrota é o resultado de uma longa e degenerada tradição de democracia e influência antissocial dos judeus; como tal, ela tem um efeito acautelador, oferecendo à França uma nova oportunidade de construir seu corpo social com base em novos alicerces corporativistas e orgânicos etc.") prevaleceu. Com isso, o que tinha sido vivenciado, instantes antes, como uma perda traumática e incompreensível, tornou-se legível, ganhou significado. Mas o importante é que essa simbolização não foi inscrita no Real em si: nunca atingimos o ponto em que "as próprias circunstâncias começam a falar", o ponto em que a linguagem começa a funcionar, de imediato, como "linguagem do Real": a predominância da simbolização de Pétain resultou de uma luta pela hegemonia ideológica.

É pelo fato de o Real em si não oferecer qualquer apoio a uma simbolização direta — uma vez que toda simbolização é contingente, em última instância — que a única maneira de a experiência de uma dada realidade histórica poder alcançar sua unidade é pela ação de um significante, pela referência a um significante "puro". Não é o objeto real que garante como ponto de referência a unidade e a identidade de certa experiência ideológica; ao contrário, é a referência a um significante "puro" que confere unidade e identidade a nossa experiência da própria realidade histórica. A realidade histórica é sempre simbolizada, é claro; nossa maneira de vivenciá-la é sempre mediada por diferentes formas de simbolização: tudo que Lacan acrescenta a esse saber fenomenológico comum é o fato de que a unidade de uma dada "experiência de sentido", ela mesma horizonte de um campo ideológico de sentido, é sustentada por um puro "significante sem significado", desprovido de sentido.

## A *anamorfose ideológica*

Agora podemos ver como a teoria kripkiana do "designador rígido" — de certo significante puro que ao mesmo tempo denomina e constitui a identidade de um dado objeto, para além do aglomerado variável de suas propriedades descritivas — oferece um aparato conceitual que nos permite conceber com precisão a situação do "antiessencialismo" de Laclau. Consideremos, por exemplo, conceitos como "democracia", "socialismo", "marxismo": a ilusão essencialista consiste na crença em que é possível determinar um aglomerado definido de características, de propriedades positivas, por mínimas que sejam, que define a essência da "democracia" e termos similares — todo fenômeno que pretenda ser classificado como "democrático" deve atender à condição de possuir esse aglomerado de características. Em contraste com essa "ilusão essencialista", o antiessencialismo de Laclau obriga-nos a concluir que é impossível definir qualquer essência desse tipo, qualquer aglomerado de propriedades positivas que permaneça o mesmo em "todos os mundos possíveis" — em todas as situações contrafactuais.

Em última instância, a única maneira de definir "democracia" é dizer que ela contém todos os movimentos e organizações políticos que se legitimam ao se denominar "democráticos"; o único modo de definir "marxismo" é dizer que esse termo designa todos os movimentos e teorias que se legitimam através da referência a Marx, e assim por diante. Em outras palavras, a única definição possível de um objeto em sua identidade consiste em que esse é o objeto sempre designado pelo mesmo significante — preso ao mesmo significante. É o significante que constitui o núcleo da "identidade" do objeto.

Voltemos mais uma vez à "democracia": haverá realmente — no nível de traços descritivos positivos — alguma coisa em comum entre a ideia individualista liberal de democracia e a teoria socialista real, segundo a qual a característica fundamental da "verdadeira democracia" é o papel preponderante do Partido que representa os verdadeiros interesses do povo e que, com isso, assegura seu domínio efetivo?

Neste ponto, não devemos deixar-nos enganar pela solução óbvia, mas falsa, de que a ideia real-socialista de democracia é simplesmente errada, degenerada, é uma espécie de caricatura perversa da verdadeira democracia. Em última análise, a "democracia" é definida não pelo conteúdo positivo dessa ideia (seu significado), mas apenas por sua identidade posicional/relacional — por sua oposição, sua relação diferencial com o "não democrático" —, ao passo que o conteúdo concreto pode variar ao extremo, até a exclusão recíproca: para os marxistas do socialismo real, o termo "democrático" designa os próprios fenômenos que, para um liberalista tradicional, são a encarnação do totalmente antidemocrático.

Esse é, pois, o paradoxo fundamental do ponto de basta: o "designador rígido", que totaliza uma ideologia ao sustar o deslizamento metonímico de seu significado, não é um ponto de suprema densidade de Sentido, uma espécie de Garantia que, por ser excetuada da interação diferencial dos elementos, serve como um ponto de referência

## "CHE VUOI?"

estável e fixo. Ao contrário, ele é o elemento que representa a ação do significante no campo do significado. Em si, nada mais é que uma "diferença pura": seu papel é puramente estrutural, sua natureza é puramente performativa — sua significação coincide com seu próprio ato de enunciação; em suma, ele é um "significante sem significado". Assim, o passo crucial na análise de um edifício ideológico é detectar, por trás do deslumbrante esplendor do elemento que sustenta sua união ("Deus", "País", "Classe" etc.), essa operação performativa autorreferente e tautológica. Em última análise, um "judeu", por exemplo, é alguém que foi estigmatizado com o significante "judeu"; toda a riqueza fantasmática dos traços tidos como característicos dos judeus (ganância, espírito maquiavélico etc.) existe para ocultar não a realidade de que "os judeus realmente não são assim", nem tampouco a realidade empírica dos judeus, mas o fato de que, na construção antissemítica do "judeu", estamos interessados numa função puramente estrutural.

A dimensão propriamente "ideológica", portanto, é efeito de certo "erro de perspectiva"; o elemento que representa no campo do Significado a ação do significante puro — o elemento através do qual o sem sentido do significante irrompe no meio do Significado — é percebido como um ponto de extrema saturação do Significado, como o ponto que "dá sentido" a todos os demais e, desse modo, totaliza o campo da significação (ideológica). O elemento que representa a imanência de seu próprio processo de enunciação, na estrutura do enunciado, é vivenciado como uma espécie de Garantia transcendente, como o elemento que apenas ocupa o lugar de certa falta, e que, em sua presença corporal, nada mais é que uma encarnação de certa falta, é percebido como um ponto de plenitude suprema. Em suma, *a diferença pura é percebida como Identidade*, isenta da interação relacional-diferencial e garantidora de sua homogeneidade.

Poderíamos denotar esse "erro de perspectiva" como *anamorfose ideológica*. Lacan se refere com frequência ao quadro *Os embaixadores*, de Holbein: se, pela visão frontal, vemos o que parece ser uma mancha alongada, "erecta" e sem sentido, pela perspectiva da direita notamos os contornos de um crânio. A crítica da ideologia deve fazer uma operação um tanto semelhante: se olharmos para o elemento que sustenta o edifício ideológico, para essa Garantia "fálica" ereta do Significado, pela perspectiva da direita (ou, para sermos mais exatos — politicamente falando — da esquerda), poderemos reconhecer nele a encarnação de uma falta, de um abismo sem sentido que se escancara no meio do significado ideológico.

**IDENTIFICAÇÃO**
**(NÍVEL INFERIOR DO GRAFO DO DESEJO)**

## Retroatividade do sentido

Havendo agora esclarecido que o ponto de basta funciona como "designador rígido" — como o significante que mantém sua identidade através de todas as variações de seu significado —, chegamos ao verdadeiro problema: será que essa totalização de um dado campo ideológico, por meio da operação de "basteamento" que fixa seu sentido, resulta na ausência de restos? Será que abole a interminável flutuação dos significantes sem deixar resíduos? Se assim não for, como conceber a dimensão que lhe escapa? A resposta é obtida mediante o grafo do desejo de Lacan.[7]

**Grafo 1**

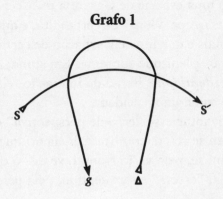

## "CHE VUOI?"

Lacan articulou esse grafo em quatro formas sucessivas; ao explicá-lo, não devemos limitar-nos à forma final e completa, porque a sucessão das quatro não pode ser reduzida a um completamento linear gradativo; ela implica a modificação retroativa das formas precedentes. Por exemplo, a forma final completa, que contém a articulação no nível superior do grafo (o vetor de $(A) para S◇D), só pode ser apreendida se a lermos como uma elaboração da pergunta *"Che vuoi?"*, marcada pela forma anterior; se esquecermos que esse nível superior nada mais é que uma articulação da estrutura interna de uma pergunta proveniente do Outro com que o sujeito se confronta, para além da identificação simbólica, perderemos necessariamente de vista a significação dele.

Então, comecemos pela primeira forma, com a "célula elementar do desejo" (ver Grafo 1, acima). O que temos aí é a simples apresentação gráfica da relação entre significante e significado. Como é bem sabido, Saussure visualizava essa relação como duas linhas ondulantes paralelas, ou duas superfícies de uma mesma folha: a progressão linear do significado corre paralelamente à articulação linear do significante. Lacan estrutura esse movimento duplo de modo bem diferente: uma intenção pré-simbólica mítica (marcada Δ) "basteia" a cadeia de significantes, a série do significante marcada pelo vetor S'. O produto desse basteamento (o que "sai do outro lado", depois que a intenção mítica — real — atravessa o significante e sai dele) é o sujeito marcado pelo matema $ (o sujeito dividido, cindido, e, ao mesmo tempo, o significante apagado, a falta de significante, a lacuna, o espaço vazio na rede de significantes). Essa articulação mínima já atesta o fato de que estamos lidando com o *processo de interpelação de indivíduos*, essa unidade mítica pré-simbólica (também em Althusser, o "indivíduo" interpelado como sujeito não é conceitualmente definido, é apenas um X hipotético que deve ser pressuposto) *como sujeitos*. O ponto de basta é o ponto através do qual o sujeito é "costurado" no significante e, ao mesmo tempo, o ponto que interpela o indivíduo como sujeito, ao lhe endereçar o chamamento de certo significante mestre ("Comunismo", "Deus", "Liberdade", "Estados Unidos"); numa palavra, ele é o ponto de subjetivação da cadeia significante.

Um aspecto crucial, nesse nível elementar do grafo, é o fato de que o vetor da intenção subjetiva basteia para trás o vetor da cadeia significante, numa direção retroativa: sai da cadeia num ponto *anterior* àquele em que penetrou nela. A ênfase de Lacan recai, precisamente, nesse caráter retroativo do efeito de significação no que tange ao significante, nesse ficar para trás do significado no tocante à progressão da cadeia significante: o efeito de sentido é sempre produzido retroativamente, na posterioridade [*après coup*]. Os significantes que ainda se encontram em estado "flutuante" — cuja significação ainda não foi fixada — seguem uns aos outros, até que, num dado ponto — exatamente o ponto em que a intenção penetra, atravessa a cadeia significante —, um significante fixa retroativamente o significado da cadeia, costura o significado ao significante, detém o deslizamento do sentido.

Para apreendê-lo plenamente, é suficiente lembrarmos o já citado exemplo do "basteamento" ideológico: no espaço ideológico flutuam significantes como "liberdade", "Estado", "justiça", "paz" etc., e então sua cadeia é complementada por um significante mestre ("Comunismo") que determina retroativamente seu significado ("Comunista"): a "liberdade" só é eficaz mediante a superação da liberdade formal burguesa, que não passa de uma forma de escravidão; o "Estado" é meio pelo qual a classe dominante garante as condições de sua dominação. As trocas de mercado não podem ser "justas e equitativas" porque a própria forma da troca de equivalentes entre trabalho e capital implica a exploração; a "guerra" é inerente à sociedade de classes como tal; somente a revolução socialista pode trazer uma "paz" duradoura, e assim por diante. (Um "basteamento" liberal democrata produziria, é claro, uma articulação de sentido bem diferente; um "basteamento" conservador, um sentido oposto aos dois campos anteriores, e por aí vai.)

Nesse nível elementar, já podemos situar a lógica da transferência — o mecanismo básico que produz a ilusão própria dos fenômenos da transferência: a transferência é o avesso do fato de o significado vir depois com respeito à corrente dos significantes; ela consiste na ilusão de que o significado de certo elemento (que foi retroativamente fixado por intervenção do significante mestre) estava presente nele desde o começo, como sua essência imanente. Estamos "em transferência" quando nos parece que a verdadeira liberdade é, "por sua própria natureza", oposta à liberdade formal burguesa, que o Estado, "por sua própria natureza", é apenas um instrumento da dominação de classes, e assim por diante. O paradoxo está, é claro, em que essa ilusão transferencial é necessária, é a medida mesma do sucesso da operação de "bastear": o basteamento só é bem-sucedido na medida em que apaga seus próprios rastros.

## O "efeito de retroversão"

Esta é, portanto, a tese lacaniana fundamental sobre a relação entre significante e significado: em vez da progressão linear, imanente e necessária segundo a qual o significado se desdobra a partir de um núcleo inicial, temos um processo radicalmente contingente de produção do significado. Assim, chegamos à segunda forma do grafo do desejo — à explicitação dos dois pontos em que a intenção (Δ) corta a cadeia significante: A e s(A), o grande Outro e o significado como sua função:

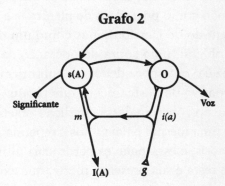

Por que encontramos A — isto é, o grande Outro como código simbólico sincrônico — no ponto de basta? Acaso o ponto de basta não é exatamente o Um, um significante singular que ocupa um lugar excepcional no tocante à rede paradigmática do código? Para compreender essa aparente incoerência, é só nos lembrarmos de que o ponto de basta fixa o significado dos elementos anteriores, ou seja, submete-os retroativamente a um código, regula suas relações mútuas de acordo com esse código (por exemplo, no caso que mencionamos, de acordo com o código que regula o universo comunista de significação). Poderíamos dizer que o ponto de basta representa, ocupa o lugar do grande Outro, o código sincrônico, na cadeia diacrônica do significante: um paradoxo propriamente lacaniano, no qual uma *estrutura* sincrônica paradigmática só existe na medida em que ela mesma torna a encarnar em Um, num *elemento* singular excepcional.

Pelo que acabamos de dizer, também fica claro por que o outro ponto de cruzamento dos dois vetores é marcado por $s(A)$: nesse ponto, encontramos o significado, o sentido, que é uma função do grande Outro — produzida pelo efeito retroativo de basteamento a partir do ponto em que essa relação entre os significantes oscilantes é fixada, graças à referência ao código simbólico sincrônico.

E por que a parte final direita do vetor do significante S-S' — a parte subsequente ao ponto de basta — é chamada de "voz"? Para resolver esse enigma, devemos conceber a voz de um modo estritamente lacaniano, isto é, não como portadora de plenitude e autopresença da significação (no sentido de Derrida), mas como um *objeto* sem significação, um resto objetal, uma sobra da operação de significação, do *basteamento*: a voz é o que sobra depois de subtrairmos do significante a operação retroativa de basteamento que produz o significado. A mais clara encarnação concreta dessa condição objetal da voz é a voz hipnótica: quando uma mesma palavra nos é repetida indefinidamente, ficamos desorientados, e essa palavra perde seus últimos vestígios de significação; o que resta é sua presença inerte, que exerce uma espécie de poder hipnótico e sonífero — é a voz como "objeto", como resto objetal da operação significante.

Há mais um aspecto da segunda forma do grafo a ser explicado: a mudança em sua base. Em vez da intenção mítica ($\Delta$) e do sujeito ($\$$),

## "CHE VUOI?"

produzidos quando a intenção atravessa a cadeia significante, encontramos embaixo, à direita, o sujeito que atravessa a cadeia significante, e agora o produto dessa operação é indicado como I(A). Então, primeiro: por que o sujeito foi deslocado da esquerda (resultado) para a direita (ponto de partida do vetor)? O próprio Lacan assinala que lidamos aí com o "efeito de retroversão", isto é, com a ilusão transferencial segundo a qual o sujeito se torna, a cada etapa, "aquilo que já sempre foi": o efeito retroativo é percebido como algo que sempre existiu, desde o começo. Segundo: por que temos agora, na parte inferior esquerda, como resultado do vetor do sujeito, I(A)? Aí chegamos, finalmente, à *identificação*: I(A) representa uma identificação simbólica, a identificação do sujeito com algum traço significante, o traço (I), no grande Outro, na ordem simbólica.

Esse traço é aquele que, de acordo com a definição lacaniana do significante, "representa o sujeito para um outro significante"; ele assume forma concreta, reconhecível, num nome ou numa missão de que o sujeito se encarrega e/ou que lhe é legada. Essa identificação simbólica deve ser distinguida da identificação imaginária, marcada por um novo nível inserido entre o vetor do significante (S-S') e a identificação simbólica: o eixo que liga o eu (*m*) e seu outro imaginário, *i(a)*. Para chegar à identidade consigo mesmo, o sujeito tem que se identificar com o outro imaginário, tem que se alienar — tem que pôr sua identidade fora dele, por assim dizer, na imagem de seu duplo.

O "efeito de retroversão" baseia-se justamente nesse nível imaginário, ou seja, apoia-se na ilusão do eu como o agente autônomo que está presente desde o começo, como a origem de seus atos. Essa experiência imaginária de si é, para o sujeito, a maneira de desconhecer sua dependência radical do grande Outro, da ordem simbólica como sua causa descentrada. Mas, em vez de repetir a tese da alienação constitutiva do eu em seu Outro imaginário — a teoria lacaniana do estádio do espelho, que deve ser situada precisamente no eixo *m-i(a)* —, preferimos voltar nossa atenção para a diferença crucial entre as identificações simbólica e imaginária.

## Imagem e olhar

A relação entre a identificação imaginária e a identificação simbólica, isto é, entre o eu ideal [*Idealich*] e o ideal do eu [*Ich-Ideal*], é, para utilizarmos a distinção feita por J. A. Miller (em seu seminário inédito), a que existe entre a identificação "constituída" e a identificação "constitutiva": dito em termos simples, a identificação imaginária é a identificação com a imagem na qual, a nossos olhos, parecemos passíveis de ser amados, representando essa imagem "o que gostaríamos de ser"; ao passo que a identificação simbólica é a identificação com o próprio lugar *de onde* somos observados, *de onde* nos olhamos para nos parecermos passíveis de ser amados, merecedores de amor.

Nossa ideia predominante e espontânea de identificação é a de imitar modelos, ideais, construtores de imagem: observa-se (em geral, a partir da perspectiva condescendente de "maturidade") que os jovens se identificam com heróis populares, cantores pop, estrelas de cinema, desportistas etc. Essa concepção espontânea é duplamente enganosa. Para começar, a característica, o traço com base no qual nos identificamos com alguém, costuma estar oculta — de modo algum consiste, necessariamente, numa característica encantadora.

Desprezar esse paradoxo pode levar a graves erros de cálculo: citemos apenas a campanha presidencial da Áustria em 1986, com a controvertida figura de Waldheim em seu centro. Partindo do pressuposto de que Waldheim atraía votos graças a sua imagem de grande estadista, os esquerdistas depositaram a ênfase de sua campanha em provar ao público que Waldheim era não apenas um homem de passado duvidoso (provavelmente implicado em crimes de guerra), mas também um homem despreparado para enfrentar seu passado, um homem que fugia a perguntas crucias relacionadas com ele — em suma, um homem cujo traço fundamental era a recusa a "elaborar" um passado traumático. O que eles ignoraram foi que era precisamente com esse traço que a maioria dos eleitores centristas se identificava. A Áustria do pós-guerra era um país cuja própria existência baseava-se numa recusa a "elaborar" seu traumático passado nazista. Provar que Waldheim

## "CHE VUOI?"

estava fugindo do confronto com seu passado enfatizava justamente o traço de identificação da maioria dos eleitores.

A lição teórica a extrair disso é que o traço de identificação também pode ser uma falha, uma fraqueza, uma culpa do outro, de modo que, ao apontar essa deficiência, podemos inadvertidamente reforçar a identificação. A ideologia direitista, em particular, é muito hábil em oferecer às pessoas a fraqueza ou a culpa como traço de identificação; encontramos vestígios disso até mesmo no tocante a Hitler. Em suas aparições públicas, as pessoas se identificavam, especificamente, com o que eram explosões histéricas de cólera impotente — ou seja, elas se "reconheciam" nessa *atuação* histérica.

Mas o segundo erro, ainda mais grave, é desconsiderar o fato de que a identificação imaginária é sempre uma identificação *a bem de certo olhar do Outro*. Assim, a propósito de todas as imitações de uma imagem-modelo, a propósito de qualquer "desempenho de papéis", a pergunta a fazer é: *para quem* o sujeito está encenando esse papel? Que *olhar* é considerado quando o sujeito se identifica com uma dada imagem? Esse hiato entre a maneira como me vejo e o ponto do qual sou observado, para me parecer passível de ser amado, é crucial para apreender a histeria (e a neurose obsessiva, como sua subespécie), ou seja, aquilo a que chamamos teatro histérico: quando vemos uma histérica num desses acessos teatrais, fica evidente que ela faz isso para se oferecer ao Outro como objeto de seu desejo, mas a análise concreta tem que descobrir quem — qual sujeito — encarna o Outro para ela. Assim, por trás de uma figura imaginária extremamente "feminina", em geral podemos descobrir algum tipo de identificação paterna, masculina: ela encena uma feminilidade frágil, mas, no nível simbólico, de fato se identifica com o olhar paterno, diante do qual anseia parecer digna de amor.

Esse hiato é levado ao extremo pelo neurótico obsessivo: no nível fenomênico imaginário, "constituído", é claro que ele fica preso na lógica masoquista de seus atos compulsivos, humilha-se, impede seu sucesso, organiza seu fracasso etc.; mas a pergunta crucial, mais uma vez, é: como localizar o olhar superêuico brutal para o qual ele se humilha, ao

O SUBLIME OBJETO DA IDEOLOGIA

qual essa organização obsessiva do fracasso proporciona prazer? Essa distância pode ser mais bem articulada com a ajuda do par hegeliano "para o outro"/"para si": o neurótico histérico se vivencia como alguém que desempenha um papel *para o outro*; sua identificação imaginária é seu "ser para o outro", e a mudança crucial que a psicanálise deve conseguir é levá-lo a se aperceber de que *ele mesmo* é esse outro para quem desempenha um papel — de que seu ser-para-o-outro é seu ser--para-si, porque ele já está simbolicamente identificado com o olhar para o qual desempenha seu papel.

Para deixar clara essa diferença entre identificação imaginária e identificação simbólica, tomemos alguns exemplos não-clínicos. Em sua análise penetrante de Chaplin, Eisenstein expôs, como um traço fundamental das produções burlescas do cineasta, uma atitude perversa, sádica e humilhante para com as crianças: nos filmes de Chaplin, as crianças não são tratadas com a doçura habitual, mas são alvos de implicância, zombaria e risadas por causa de seus fiascos; a comida é espalhada para elas como se fossem galinhas, e assim por diante. Mas a pergunta a fazer aqui é: de que lugar devemos olhar para as crianças, para que elas nos pareçam ser objetos de implicância e zombaria, e não criaturas gentis que precisam de proteção? A resposta, evidentemente, é: *do olhar das próprias crianças* — só as próprias crianças tratam seus companheiros dessa maneira; assim, a distância sádica das crianças implica a identificação simbólica com o olhar das próprias crianças.

No extremo oposto encontramos a admiração dickensiana pela "boa gente do povo", a identificação imaginária com o mundo dela, pobre, mas feliz, íntimo, imaculado, livre da luta cruel por poder e dinheiro. Mas — e nisso reside a falsidade de Dickens —, de onde vem o olhar dickensiano que observa a "boa gente do povo", para que ela nos pareça digna de amor? De onde, se não do ponto de vista do mundo corrompido pelo poder e pelo dinheiro? Percebemos a mesma distância nas pinturas idílicas tardias de Brueghel, que mostram cenas tranquilas da vida dos camponeses (festas no campo, ceifeiros no descanso da hora do almoço etc.): Arnold Hauser assinalou que essas pinturas não poderiam ser mais distantes de qualquer atitude real do povo, de qualquer convívio estreito com as classes trabalhadoras. O olhar deles, ao contrário, é o olhar externo da aristocracia para o campesinato idílico, e não o dos camponeses para sua própria vida.

O mesmo acontece, é claro, com a elevação stalinista dos "trabalhadores comuns" socialistas: essa imagem idealizada do operariado se presta ao olhar da burocracia do Partido dominante; serve para legitimar sua dominação. É por isso que os filmes tchecos de Milos Forman foram tão subversivos, ao zombarem do povinho comum, ao mostrarem seus hábitos indignos e a futilidade de seus sonhos... Esse gesto era muito mais perigoso do que zombar da burocracia dominante. Forman não quis destruir a identificação imaginária do burocrata; prudentemente, preferiu subverter sua identificação simbólica, desmascarando o espetáculo encenado para seu olhar.

## De i(a) *para* I(A)

A diferença entre *i(a)* e I(A), entre o eu ideal e o ideal do eu, pode ser mais exemplificada pelo modo como funcionam os apelidos nas culturas norte-americana e soviética. Tomemos dois indivíduos, cada um dos quais representa a suprema realização dessas duas culturas: Charles "Lucky" Luciano e Iosif Vissarionovıtch Djugatchvili "Stalin". No primeiro caso, o apelido tende a substituir o prenome (diz-se, simplesmente, "Lucky Luciano"), enquanto, no segundo, ele costuma substituir o sobrenome ("Iosif Vissarionovitch Stalin"). No primeiro caso, o apelido alude a um acontecimento extraordinário que marcou o indivíduo (Charles Luciano tivera a "sorte" de sobreviver às torturas selvagens de seus inimigos gângsteres): — ou seja, ele alude a um traço descritivo positivo que nos fascina, marca algo que se destaca no indivíduo, algo que se oferece a nosso olhar, alguma coisa vista, mas não o ponto de onde observamos o indivíduo.

Entretanto, no caso de Iosif Vissarionovitch, seria totalmente errôneo concluir, por um raciocínio homólogo, que "Stalin" ("[feito de] aço", em russo) alude a alguma característica inexorável e dura como o aço no próprio Stalin; o que é realmente inexorável e duro como o aço são as leis do progresso histórico, a necessidade férrea de desintegrar o capitalismo e passar para o socialismo, necessidade em nome da qual Stalin, o indivíduo empírico, agia — a perspectiva pela qual ele se observava e julgava sua atividade. Assim, podemos dizer que "Stalin" é o ponto ideal de onde "Iosif Vissarionovitch", o indivíduo empírico, a pessoa de carne e osso, se observa, a fim de parecer simpático.

Encontramos a mesma clivagem num dos textos tardios de Rousseau, da época de seu delírio psicótico, intitulado "Jean-Jacques julgado por Rousseau". Seria possível concebê-lo como um rascunho da teoria lacaniana do prenome e do sobrenome: o prenome designa o eu ideal, o ponto de identificação imaginária, enquanto o nome de família vem do pai, isto é, designa, como o Nome-do-Pai, o ponto de identificação simbólica, a instância através da qual nós nos observamos e nos julgamos. O que não se deve negligenciar nessa distinção é que *i(a)* já é sempre subordinado ao I(A): é a identificação simbólica (o ponto de onde somos observados) que domina e determina a imagem, a forma imaginária em que parecemos dignos de amor a nós mesmos. No nível do funcionamento formal, essa subordinação é confirmada pelo fato de que o cognome, que tem a notação *i(a)*, também funciona como um "designador rígido", não como uma simples descrição.

Tomemos outro exemplo do campo dos gângsteres: quando um indivíduo é apelidado "Scarface", isto não significa apenas que seu rosto é cheio de cicatrizes, mas implica, ao mesmo tempo, que estamos lidando com alguém que é e continuará a ser designado como "Scarface", mesmo que, por exemplo, todas as suas cicatrizes sejam eliminadas por uma cirurgia plástica. As designações ideológicas funcionam do mesmo modo. "Comunismo" significa (na perspectiva do comunista, é claro) o progresso da democracia e da liberdade, mesmo que, no nível descritivo dos fatos, o regime político legitimado como "comunista" produza fenômenos extremamente repressivos e tirânicos. Para usar novamente os termos de Kripke, "comunismo" designa, em todos os

## "CHE VUOI?"

mundos possíveis, em todas as situações contrafactuais, "democracia e liberdade", e é por isso que essa ligação não pode ser empiricamente refutada mediante a referência a uma situação factual. Assim, a análise da ideologia deve voltar sua atenção para os pontos em que os nomes que à primeira vista significam traços descritivos positivos já funcionam como "designadores rígidos".

Mas, por que, exatamente, a diferença entre a maneira como nos vemos e o ponto de onde somos observados é a diferença entre imaginário e simbólico? Numa primeira abordagem, poderíamos dizer que, na identificação imaginária, imitamos o outro no nível da semelhança — identificamo-nos com a imagem do outro na medida em que somos "iguais a ele", ao passo que, na identificação simbólica, identificamo-nos com o outro precisamente no ponto em que ele é inimitável, no ponto que escapa à semelhança. Para explicar essa distinção crucial, tomemos o exemplo do filme *Sonhos de um sedutor* [*Play it Again, Sam*], de Woody Allen. O filme começa pela célebre cena final de *Casablanca*, mas logo percebemos que isso era apenas um "filme dentro do filme" e que a verdadeira história diz respeito a um intelectual histérico de Nova York cuja vida sexual está em cacos: sua mulher acabou de deixá-lo; ao longo de todo o filme, a figura de Humphrey Bogart aparece diante dele, dando-lhe conselhos, tecendo comentários irônicos sobre seu comportamento etc.

O final do filme explica essa relação com a imagem de Bogart; após uma noite passada com a mulher de seu melhor amigo, o herói tem um encontro dramático com os dois no aeroporto; renuncia à mulher e a deixa partir com o marido, assim repetindo na vida real a cena final de *Casablanca*, com a qual o filme havia começado. Quando a amante comenta suas palavras de despedida, dizendo "Isso é bonito", ele responde: "É de *Casablanca*. Esperei minha vida inteira para dizer isso." Após esse desfecho, a figura de Bogart aparece pela última vez e diz que, ao renunciar a uma mulher em nome de uma amizade, o herói finalmente "ganhou estilo"; e não precisa mais dele.

Como devemos ler essa retirada da imagem de Bogart? A leitura mais óbvia seria a indicada pelas palavras finais do herói, dirigidas à figura de Bogart: "Acho que o segredo não é ser você, é ser eu mesmo."

Dito de outra maneira, enquanto o herói continua sendo um histérico fraco e frágil, ele precisa de um eu ideal com que se identificar, de uma figura para guiá-lo; entretanto, assim que finalmente amadurece e "ganha estilo", ele já não precisa de um ponto externo de identificação, porque atingiu a identidade consigo mesmo — "tornou-se ele mesmo", uma personalidade autônoma. Mas as palavras que se seguem à frase citada subvertem imediatamente essa leitura: "É verdade que você não é lá muito alto e é meio feio, mas, que diabo, sou baixinho e feio o bastante para fazer sucesso sozinho."

Em outras palavras, longe de "superar a identificação com Bogart", é no momento em que se toma uma "personalidade autônoma" que o herói efetivamente se identifica com Bogart: mais exatamente, torna-se uma "personalidade autônoma" *através* da identificação com Bogart. A única diferença é que, agora, a identificação já não é imaginária (tendo Bogart como um modelo a imitar), e sim, pelo menos em sua dimensão fundamental, simbólica, ou seja, estrutural: o herói realiza essa identificação desempenhando na vida real o papel de Bogart em *Casablanca* — assumindo certo "mandato", ocupando certo lugar na rede simbólica intersubjetiva (sacrificando uma mulher em nome da amizade etc.). É essa identificação simbólica que desfaz a identificação imaginária (que faz desaparecer a figura de Bogart), ou, em termos mais exatos, que modifica radicalmente seu conteúdo. No nível imaginário, agora o herói pode identificar-se com Bogart através dos traços que lhe são repulsivos: sua baixa estatura e sua feiura.

## ALÉM DA IDENTIFICAÇÃO
### (NÍVEL SUPERIOR DO GRAFO DO DESEJO)

### *"Che vuoi?"*

Essa interação da identificação imaginária com a identificação simbólica, sob o domínio da identificação simbólica, constitui o mecanismo pelo qual o sujeito é integrado num dado campo sociossimbólico, isto

# "CHE VUOI?"

é, pelo qual assume certas "missões", como era perfeitamente claro para o próprio Lacan:

> Lacan soube extrair do texto de Freud a diferença entre o eu ideal, que grafou como *i*, e o ideal do eu, I. No nível desse I, vocês podem introduzir o social sem nenhuma dificuldade. O I do ideal, de modo superior e legítimo, pode ser interpretado como uma função social e ideológica. Aliás, é o que faz o próprio Lacan em seus *Escritos*: coloca uma política na própria base da psicologia, a ponto de podermos considerar lacaniana a tese de que toda psicologia é social. Ela o é, se não no nível em que examinamos o *i*, pelo menos no nível em que consertamos o I.[8]

O único problema é que essa "quadratura do círculo" da interpelação, esse movimento circular entre a identificação simbólica e a identificação imaginária, nunca se dá sem certo resto. Depois de cada "basteamento" da cadeia significante que fixa retroativamente o seu sentido, resta sempre certa brecha, uma abertura que se expressa, na terceira forma do grafo, pela famosa pergunta *"Che vuoi?"* — "Você está me dizendo isso, mas o que quer ao dizê-lo, aonde quer chegar?"

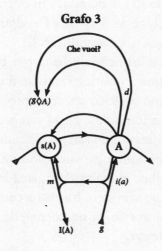

Grafo 3

165

## O SUBLIME OBJETO DA IDEOLOGIA

Assim, essa interrogação que surge acima da curva do "bastea-mento" indica a persistência de uma distância entre o enunciado c sua enunciação: no nível do enunciado, você me diz isso, mas, o que está querendo me dizer com isso, através disso? (Nos termos consagrados da teoria dos atos de fala, certamente poderíamos ver nessa distância a diferença entre a locução e a força ilocucionária de um dado enunciado.) E é exatamente nesse lugar da pergunta que surge acima do enunciado, no lugar do "Por que você está me dizendo isso?", que devemos situar o *desejo* (*d* minúsculo, no grafo) em sua diferença da demanda: você me demanda algo, mas o que quer, realmente, o que almeja através dessa demanda? Essa clivagem entre a demanda e o desejo é o que define a posição do sujeito histérico: segundo a fórmula lacaniana clássica, a lógica da demanda histérica é: "Eu lhe peço isto, mas o que realmente lhe peço é que recuse meu pedido, porque não é isto!"

É essa intuição que está por trás da famigerada sabedoria chauvinista masculina que diz que "mulher é puta": mulher é puta porque nunca sabemos realmente o que ela quer dizer: por exemplo, ela diz "Não!" a nossas investidas, mas nunca podemos ter certeza de que esse "Não!", na verdade, não signifique um duplo "Sim!" — um pedido de uma abordagem ainda mais agressiva; nesse caso, o verdadeiro desejo dela é o oposto diametral de sua demanda. Em outras palavras, "mulher é puta" é uma versão vulgar da pergunta freudiana irrespondível: *"Was will das Weib?"* ["O que quer a mulher?"].

Deve ser essa mesma intuição que está por trás de outra sabedoria popular, que nos diz que a política também é uma prostituta: não se trata apenas de o campo político ser corrupto, traidor etc.; a questão é, antes, que toda demanda política está sempre presa a uma dialética em que almeja algo diferente de seu significado literal; por exemplo, ela pode funcionar como uma provocação que pretende ser recusada (situação em que a melhor maneira de frustrá-la é atendê-la, consentir nela sem reservas). Como sabemos, foi essa a censura de Lacan à revolta estudantil de 1968: tratava-se, basicamente, de uma rebelião histérica que pedia um novo Mestre.

# "CHE VUOI?"

A melhor maneira de ilustrar esse *"Che vuoi?"* talvez seja o ponto de partida do filme *Intriga internacional* [*North by Northwest*], de Hitchcock. Para desviar os agentes russos do caminho certo, a CIA inventa um agente que não existe, chamado George Kaplan. Reservam--se quartos para ele em hotéis, fazem-se telefonemas em seu nome, compram-se passagens de avião, e por aí vai — tudo para convencer os agentes russos de que Kaplan realmente existe, quando, na verdade, trata-se apenas de um vazio, um nome sem um portador. No começo do filme, o herói, um americano comum de nome Roger O. Thornhill, encontra-se no saguão de um hotel que vem sendo observado pelos russos, porque se acredita que o misterioso Kaplan esteja hospedado ali. Um funcionário do hotel entra no saguão e diz: "Telefonema para o sr. Kaplan. O sr. Kaplan está aqui?" Nesse exato momento, por pura coincidência, Thornhill faz um sinal para o funcionário, querendo mandar um telegrama para sua mãe. Os russos que vigiam a cena o confundem com Kaplan. Quando ele quer sair do hotel, os agentes o sequestram, levam-no para uma casa deserta e exigem que ele lhes diga tudo sobre seu trabalho de espionagem. É claro que Thornhill não faz a menor ideia disso, mas suas alegações de inocência são tomadas por fingimento.

Onde está, digamos, a natureza psicologicamente convincente dessa cena, que se baseia, no entanto, numa coincidência quase inacreditável? A situação de Thornhill corresponde a uma situação fundamental do ser humano como ser-da-fala (o *parlêtre* [falasser], para usar a grafia condensada de Lacan). O sujeito está sempre atado, preso a um significante que o representa para o outro, e através desse atamento ele é encarregado de uma missão simbólica, recebe um lugar na rede intersubjetiva das relações simbólicas. A questão é que essa missão é sempre arbitrária, em última análise: como sua natureza é performativa, não se pode explicá-la mediante a referência às propriedades e capacidades "reais" do sujeito. Assim, encarregado dessa missão, o sujeito confronta-se automaticamente com certo *"Che vuoi?"*, com uma pergunta do Outro. O Outro se dirige a ele como se ele possuísse a resposta à pergunta sobre a razão de ter essa missão, mas é claro que a pergunta é irrespondível. O sujeito não sabe por que ocupa esse lugar na rede simbólica. Sua resposta a esse *"Che vuoi?"* do Outro só pode ser a pergunta histérica: "Por que sou o que supõem que eu seja, por que tenho essa missão? Por que sou [professor, chefe, rei... ou George Kaplan]?" Em suma: *"Por que sou o que você [o grande Outro] diz que eu sou?"*

E o momento final do processo psicanalítico, para o analisando, é justamente aquele em que ele se livra dessa pergunta, isto é, em que aceita seu ser como *não-justificado pelo grande Outro*. Foi por isso que a psicanálise começou pela interpretação dos sintomas histéricos, que sua "terra natal" foi a experiência com a histeria feminina: em última instância, que é a histeria se não, precisamente, o efeito e o testemunho de uma interpelação malograda? E o que é a famosa pergunta histérica se não uma articulação da incapacidade do sujeito de cumprir a identificação simbólica, de assumir plenamente e sem reservas a missão simbólica? Lacan formula a pergunta da histérica como um certo "Por que sou o que você me diz que sou?", ou seja, qual é esse mais-objeto em mim que fez o Outro me interpelar, me "chamar" de... (rei, mestre, esposa etc.)?[9] A pergunta histérica abre a fissura do que está "no sujeito mais que o sujeito" , do *objeto dentro do sujeito* que resiste à interpelação, isto é, à subordinação do sujeito, a sua inclusão na rede simbólica.

Talvez a mais bela representação artística desse momento de histericização seja o famoso quadro *Ecce Ancilla Domini*, de Rossetti, que retrata Maria no exato momento de sua interpelação, quando o arcanjo Gabriel lhe revela sua missão: conceber, permanecendo imaculada, e dar à luz o filho de Deus. Como reage Maria a essa mensagem surpreendente, a essa "Ave Maria" original? O quadro a mostra amedrontada, com a consciência pesada, recuando para um canto diante do arcanjo, como se perguntasse a si mesma: "Por que fui escolhida para essa missão estúpida? Por que eu? O que esse fantasma repugnante quer realmente de mim?" O rosto pálido e fatigado, bem como as olheiras escuras, são suficientemente eloquentes: estamos diante de uma mulher de vida sexual turbulenta, de uma pecadora licenciosa: em suma, de uma figura semelhante a Eva, e a tela retrata "Eva interpelada como Maria", sua reação histérica a isso.

*A última tentação de Cristo* [*The Last Temptation of Christ*], filme de Martin Scorsese, dá um passo a mais nessa direção: seu tema é nada menos que a *histericização do próprio Jesus Cristo*; mostra-nos um homem comum, carnal e apaixonado, que descobre pouco a pouco, com fascínio e horror, ser o filho de Deus, portador da missão apavorante, porém magnífica, de redimir a humanidade através de seu sacrifício. O problema é que ele não consegue se haver com essa interpelação: o sentido de suas "tentações" está, precisamente, na resistência histérica a sua missão, em suas dúvidas quanto a ela e em suas tentativas de escapar dela, mesmo quando já está pregado na cruz.[10]

## O *judeu e Antígona*

Deparamos com esse *"Che vuoi?"* em toda parte, no campo político, inclusive na disputa pela eleição americana de 1988, na qual, após os primeiros sucessos de Jesse Jackson, a imprensa começou a perguntar "O que quer Jackson, realmente?" Era fácil detectar implicações racistas nessa pergunta, já que ela nunca era formulada a propósito de outros candidatos. A conclusão de estarmos lidando com o racismo, nesse caso, é também confirmada pelo fato de que esse *"Che vuoi?"* irrompe com o máximo de violência na mais pura forma de racismo, digamos, sua forma destilada — no antissemitismo: sob a perspectiva antissemita, o judeu é, precisamente, alguém que nunca se sabe ao certo "o que realmente quer", ou seja, suas ações são sempre suspeitas de serem guiadas por motivos escusos (a conspiração judaica, a dominação do mundo e a corrupção moral dos gentios etc.). O caso do antissemitismo também ilustra perfeitamente por que Lacan pôs a fórmula da fantasia ($\$\lozenge a$) no final da curva que designa a pergunta *"Che vuoi?"*: a fantasia é uma *resposta* a esse *"Che vuoi?"*; é uma tentativa de preencher com uma resposta o vazio criado pela pergunta. No caso do antissemitismo, a resposta a "o que quer o judeu?" é uma fantasia sobre a "conspiração judaica", sobre o misterioso poder que os judeus teriam de manipular os acontecimentos, de "mexer os pauzinhos" nos bastidores. O ponto crucial a frisar aqui, no nível teórico, é que a fantasia funciona como uma construção, uma trama imaginária que preenche o vazio, a lacuna deixada pelo *desejo do Outro*: ao nos dar uma resposta definitiva à pergunta "o que quer o Outro?", ela nos permite escapar do impasse insuportável em que o Outro quer algo de nós, mas no qual, ao mesmo tempo, somos incapazes de traduzir esse desejo do Outro numa interpelação positiva, numa missão com que possamos nos identificar.

Agora também podemos compreender por que foram os judeus os escolhidos como objeto do racismo por excelência: não é o Deus judaico a encarnação mais pura desse *"Che vuoi?"*, do desejo do Outro em seu abismo aterrador, com a proibição formal de se "fazer uma imagem de Deus", isto é, de se preencher o vazio formado pelo desejo do Outro com um cenário positivo de fantasia? Mesmo quando, até no caso de Abraão, esse Deus profere uma demanda concreta (ao ordenar que Abraão sacrifique o próprio filho), continua em aberto saber o que ele realmente quer com isso: dizer que Abraão, com esse ato medonho, deve provar sua confiança infinita e sua devoção a Deus já constitui uma simplificação inadmissível. A posição fundamental do devoto judeu é, pois, a de Jó: menos uma postura de lamentação que de incompreensão, perplexidade e até horror diante do que o Outro (Deus) quer, ao lhe infligir essa série de calamidades.

Essa perplexidade horrorizada marca a relação inicial e fundante do fiel judeu com Deus, isto é, o pacto firmado entre Deus e o povo judaico. O fato de os judeus se perceberem como o "povo eleito" nada tem a ver com uma crença em sua superioridade; eles não possuem nenhuma qualidade especial antes do pacto com Deus; antes do pacto com Deus, eram um povo como outro qualquer, nem mais nem menos corrupto, levando sua vida corriqueira, quando, de repente, como num clarão traumático, ficaram sabendo (por Moisés) que o Outro os havia escolhido. Portanto, a escolha não foi efetuada no começo, não determinou o "caráter original" dos judeus; para retomarmos a terminologia kripkiana, ela nada teve a ver com seus traços descritivos. Por que eles foram escolhidos, por que se viram, de repente, na posição de devedores diante de Deus? O que Deus queria deles, realmente? A resposta, repetindo a fórmula paradoxal da proibição do incesto, é impossível e proibida, ao mesmo tempo.

Em outras palavras, a posição judaica poderia ser designada como uma posição de *Deus além do Sagrado (ou anterior a ele)*, em contraste com a posição pagã, na qual o Sagrado é anterior aos deuses. Esse estranho deus que obstrui a dimensão do Sagrado não é o "deus do filósofo", o gestor racional do universo que impossibilita o êxtase sagrado como meio de comunicação com ele: é, simplesmente, o sinal insuportável do desejo do Outro, da lacuna, do vazio no Outro que é ocultado pela presença fascinante do Sagrado. Os judeus permanecem nesse enigma do desejo do Outro, nesse ponto traumático do puro *"Che vuoi?"*, que provoca uma angústia insuportável, na medida em que não pode ser simbolizado, "renovado" pelo sacrifício ou pela devoção amorosa.

É precisamente nesse nível que devemos situar a ruptura do cristianismo com a religião judaica — o fato de que, em contraste com a religião judaica da *angústia*, o cristianismo é uma religião do *amor*. O termo "amor" deve ser concebido aqui tal como articulado na teoria de Lacan, isto é, em sua dimensão de engodo fundamental: tentamos preencher a lacuna insuportável do *"Che vuoi?"*, a falta no desejo do Outro, oferecendo-nos ao Outro como objeto de seu desejo. É nesse sentido que o amor, como assinalou Lacan, é uma interpretação do desejo do Outro; a resposta do amor é: "Sou o que te falta; com minha dedicação a ti, com meu sacrifício por ti, eu te preencherei, te completarei." A operação do amor é dupla, portanto: o sujeito preenche sua própria falta ao se oferecer ao Outro como objeto que preencherá a falta que há nele — e o engodo do amor consiste em essa superposição de duas faltas anular a falta como tal, num preenchimento mútuo.

Assim, o cristianismo deve ser concebido como uma tentativa de "revitalizar" o *"Che vuoi?"* judaico através do ato de amor e sacrifício. O maior sacrifício possível, a crucificação, a morte do filho de Deus, é precisamente a prova última de que Deus Pai nos ama com um amor infinito, que nos abarca a todos, assim nos livrando da angústia do *"Che vuoi?"* A Paixão de Cristo, essa imagem fascinante que descarta todas as outras imagens, esse cenário fantasioso que condensa toda a economia libidinal da religião cristã, só adquire sentido ao ter por pano de fundo o enigma insuportável do desejo do Outro (Deus).

Estamos longe de implicar, é claro, que o cristianismo acarreta uma espécie de retorno à relação pagã do homem com Deus: que não se trata disso já foi atestado pelo fato de que, ao contrário da aparência superficial, o cristianismo segue a religião judaica ao ocluir a dimensão do Sagrado. O que encontramos no cristianismo é de ordem totalmente diferente: a ideia do *santo*, que é o oposto diametral do *sacerdote* a serviço do Sagrado. O sacerdote é um "funcionário do Sagrado": não há Sagrado sem seus oficiantes, sem a máquina burocrática que o sustenta, que organiza seu ritual, desde o oficiante asteca do sacrifício humano até o moderno Estado sagrado, ou os rituais do exército. O santo ocupa, ao contrário, o lugar do *objeto a*, do puro objeto, de alguém que sofre uma destituição subjetiva radical. Ele não pratica ritual algum, não conjura nada, apenas persiste em sua presença inerte.

Agora podemos entender por que Lacan viu em Antígona uma precursora do sacrifício de Cristo: Antígona, em sua persistência, é uma santa, certamente não uma sacerdotisa. Por isso devemos opor-nos a todas as tentativas de domesticá-la, de domá-la, que ocultam a estranheza assustadora, a "desumanidade", o caráter *apático* de seu personagem, que fazem dela uma doce protetora da família e do lar que desperta nossa compaixão e se oferece como modelo de identificação. Na *Antígona* de Sófocles, o personagem com que podemos identificar-nos é sua irmã, Ismênia, meiga, atenciosa e sensível, disposta a ceder e a fazer concessões, "humana", dotada de *páthos*, ao contrário de Antígona, que vai até o fim, que "não cede em seu desejo" (Lacan) e que se torna,

## "CHE VUOI?"

por sua persistência na "pulsão de morte", em seu ser-para-a-morte, assustadoramente implacável, insubmissa ao círculo dos sentimentos e considerações, paixões e medos do cotidiano. Em outras palavras, é a própria Antígona que necessariamente evoca em nós, patéticas criaturas compadecidas do dia a dia, a pergunta "O que ela quer, realmente?", pergunta que impossibilita qualquer identificação com ela.

Na literatura europeia, o par Antígona-Ismênia encontra eco na obra de Sade, sob a forma do par Julieta-Justine: nele, Justine é também uma vítima patética, em contraste com Julieta, a devassa apática que também "não cede em seu desejo". Por fim, por que não deveríamos ver uma terceira versão do par Antígona-Ismênia no filme de Margarethe Von Trotta intitulado *Os anos de chumbo* [*Die bleierne Zeit*], no par formado por uma terrorista alemã da Fração do Exército Vermelho[*] (calcada no modelo de Gudrun Ensslin) e sua irmã patética e compadecida, que "tenta compreendê-la" e por cujo ponto de vista a história é contada? (O episódio de Schlöndorff na mescla de filme e documentário *Alemanha no outono* [*Deutschland im Herbst*] baseou-se no paralelo entre Antígona e Gudrun Ensslin.)

Nessas três figuras totalmente incompatíveis, à primeira vista — a honrada Antígona, sacrificando-se pela memória do irmão, a promíscua Julieta, que se entrega ao gozo, ultrapassando todos os limites (isto é, exatamente indo além do limite em que o gozo ainda proporciona prazer), e a Gudrun fanática e ascética, que com seus atos terroristas quer despertar o mundo de seus prazeres e rotinas cotidianos —, Lacan nos permite reconhecer em todas a mesma postura ética, a de "não ceder em seu desejo". Por isso as três provocam o mesmo *"Che vuoi?"*, o mesmo "o que querem elas, realmente?" Antígona, com sua persistência obstinada, Julieta, com sua promiscuidade apática, e Gudrun, com seus atos terroristas "insensatos", todas questionam o Bem encarnado no Estado e na moral comum.

---

[*] Também conhecida como Grupo Baader-Meinhof. (*N. T.*)

O SUBLIME OBJETO DA IDEOLOGIA

## A *fantasia como anteparo contra o desejo do Outro*

A fantasia aparece, portanto, como uma resposta ao *"Che vuoi?"*, ao enigma insuportável do desejo do Outro, da falta existente no Outro; mas, ao mesmo tempo, é a própria fantasia que, por assim dizer, fornece as coordenadas do nosso desejo — constrói o arcabouço que nos permite desejar algo. A definição habitual de fantasia ("um cenário imaginário que representa a realização do desejo") é, pois, um tanto enganosa, ou pelo menos ambígua: na cena da fantasia, o desejo não é realizado, "satisfeito", mas constituído (recebe seus objetos etc.). *Através da fantasia, "aprendemos a desejar".* É nessa posição intermediária que se encontra o paradoxo da fantasia: ela é o arcabouço que coordena nosso desejo, mas é, ao mesmo tempo, uma defesa contra o *"Che vuoi?"*, um anteparo que esconde o vazio, o abismo do desejo do Outro. Levando o paradoxo ao extremo, isto é, à tautologia, diríamos que *o próprio desejo é uma defesa contra o desejo*: o desejo estruturado pela fantasia é uma defesa contra o desejo do Outro, contra esse desejo "puro", transfantasístico (isto é, a "pulsão de morte" em sua forma pura).

Agora podemos compreender por que a máxima da ética psicanalítica formulada por Lacan ("não ceder em seu desejo") coincide com o momento que encerra o processo psicanalítico, com a "travessia da fantasia": o desejo em que não devemos "ceder" não é o desejo sustentado pela fantasia, porém o desejo do Outro, mais além da fantasia. "Não ceder em seu desejo" implica uma renúncia radical a toda a riqueza dos desejos baseados em cenários de fantasia. No processo psicanalítico, esse desejo do Outro assume a forma do desejo do analista: o analisando tenta, inicialmente, fugir desse abismo por meio da transferência, isto é, oferecendo-se como objeto de amor do analista; a "dissolução da transferência" se dá quando o analisando renuncia a preencher o vazio, a falta no Outro. (Encontramos um homólogo lógico do paradoxo do desejo como defesa contra o desejo na tese lacaniana de que a causa é sempre a causa de algo claudicante, que não funciona, que falha [do francês *"ça cloche"*]; poderíamos dizer que a causalidade — a cadeia

## "CHE VUOI?"

usual, "normal" e linear das causas — é uma defesa contra a causa que nos diz respeito em psicanálise; essa causa aparece justamente no momento em que a causalidade "normal" falha, não funciona. Por exemplo, quando cometemos um lapso de linguagem, quando dizemos algo diferente do que tencionávamos dizer, ou seja, quando se rompe a cadeia causal que rege a atividade de nosso discurso "normal", é nesse momento que a questão da causa se nos impõe — "Por que aconteceu isso?").

O modo de funcionamento da fantasia pode ser explicado por referência à *Crítica da razão pura*, de Kant: o papel da fantasia na economia do desejo é homólogo ao do esquematismo transcendental no processo de conhecimento.[11] Em Kant, o esquematismo transcendental é um mediador, um agente intermediário entre o conteúdo empírico (os objetos da experiência, contingentes, empíricos, intramundanos) e a rede das categorias transcendentais: é o nome do mecanismo pelo qual os objetos empíricos são incluídos na rede das categorias transcendentais, que determina a maneira como as percebemos e concebemos (como substâncias dotadas de propriedades, submetidas a cadeias causais etc.). Um mecanismo homólogo funciona na fantasia: de que modo um objeto empírico positivamente dado se transforma num objeto do desejo? Como passa a conter um X, uma qualidade desconhecida, algo que é "nele mais do que ele" e que o torna digno de nosso desejo? Entrando no arcabouço da fantasia, sendo incluído numa cena fantasística que dê consistência ao desejo do sujeito.

Tomemos um filme de Hitchcock, *Janela indiscreta* [*Rear Window*]: a janela pela qual James Stewart, incapacitado e preso a uma cadeira de rodas, olha sem parar é, evidentemente, uma janela da fantasia — seu desejo fica fascinado pelo que ele é capaz de ver através dela. E o problema da pobre Grace Kelly é que, ao lhe declarar seu amor, ela age como um obstáculo, uma mancha que perturba a visão que ele tem pela janela, em vez de fasciná-lo por sua beleza. Como consegue ela, finalmente, tornar-se digna de seu desejo? Entrando, literalmente, no arcabouço de sua fantasia: atravessando o pátio e aparecendo "do outro lado", onde ele pode vê-la *pela janela*. Quando Stewart a vê no apartamento do assassino, seu olhar fica imediatamente fascinado, ávido, desejoso dela: Grace encontrou seu lugar no espaço da fantasia dele. Essa seria a lição de Lacan sobre o "chauvinismo masculino": o homem só pode relacionar-se com uma mulher na medida em que ela entre no arcabouço de sua fantasia.

Em certo nível ingênuo, isso não é desconhecido da doxa psicanalítica que afirma que, na mulher a quem escolhe como parceira sexual, todo homem busca uma substituta da mãe: o homem se apaixona por uma mulher quando uma de suas características o faz lembrar da mãe. A única coisa que Lacan acrescentou a essa visão tradicional foi sublinhar sua dimensão *negativa*, habitualmente desprezada: na fantasia, a mãe é *reduzida* a uma série limitada de traços (simbólicos); assim que aparece no arcabouço da fantasia um objeto *próximo demais* da Coisa materna — um objeto que não se liga à Coisa materna apenas por certas características reduzidas, mas se prende imediatamente a ela —, o desejo é sufocado na claustrofobia incestuosa. Aí encontramos novamente o papel mediador paradoxal da fantasia: ela é uma construção que nos permite buscar substitutos maternos, mas, ao mesmo tempo, é um anteparo que nos protege de chegarmos perto demais da Coisa materna, que nos mantém a distância. Por isso, seria errôneo concluir que qualquer objeto empírico positivamente dado possa ocupar um lugar na estrutura da fantasia e, com isso, passar a funcionar como um objeto do desejo: alguns objetos (os que são próximos demais da Coisa traumática) são definitivamente excluídos; quando porventura se intrometem no espaço da fantasia, o efeito é extremamente perturbador e repugnante: a fantasia perde seu poder de fascinação e se toma um objeto nauseante.

É ainda Hitchcock, em *Um corpo que cai* [*Vertigo*], que nos fornece um exemplo dessa transformação: o herói — novamente James Stewart — está perdidamente apaixonado por Madeleine c a segue até um museu, onde ela admira o retrato de Charlotte, uma mulher morta há muito tempo e com quem Madeleine se identifica; para pregar uma

## "CHE VUOI?"

peça em Stewart, sua amiga maternal de todos os dias, pintora amadora, monta uma surpresa desagradável: pinta uma cópia exata do retrato de Charlotte, com um vestido de renda branca, um buquê de flores vermelhas no colo etc., mas, em vez da beleza fatal do rosto de Charlotte, pinta seu próprio rosto comum, de óculos... O efeito é apavorante: deprimido, abatido e enojado, Stewart se afasta dela. (Encontramos o mesmo método em *Rebecca, a mulher inesquecível* [*Rebecca*], onde Joan Fontaine, para seduzir o marido, que ela supõe continuar apaixonado por Rebecca, a esposa falecida, aparece numa recepção oficial trajando um vestido que Rebecca usara antes numa ocasião parecida; mais uma vez, o efeito é grotesco e o marido a expulsa, enfurecido...).

Fica claro, portanto, por que Lacan desenvolveu seu grafo do desejo a propósito de *Hamlet*, de Shakespeare: em última instância, não é *Hamlet* um drama da *interpelação malograda*? No começo, temos a interpelação em sua forma pura: o fantasma do rei, seu pai, interpela o indivíduo Hamlet como sujeito, isto é, Hamlet se reconhece como o destinatário da tarefa ou missão imposta (vingar o assassinato do pai); mas o fantasma do pai acrescenta a sua ordem, enigmaticamente, o pedido de que Hamlet não faça nenhum mal a sua mãe. E o que impede Hamlet de agir, de consumar a vingança imposta, é precisamente o confronto com o *"Che vuoi?"* do desejo do Outro: a cena-chave da peça inteira é o longo diálogo entre Hamlet e a mãe, no qual ele é assaltado pela dúvida quanto ao desejo materno — o que quer ela, realmente? E se ela de fato *tem prazer* na relação abjeta e promíscua que mantém com o tio de Hamlet? Assim, o príncipe fica entravado, não por estar indeciso quanto a seu próprio desejo, isto é, não por "não saber o que realmente quer" — isso ele sabe com muita clareza: quer vingar o pai. O que o paralisa é a dúvida quanto ao *desejo do outro*, o confronto com certo *"Che vuoi?"* que anuncia o abismo de um gozo apavorante e imundo. Se o Nome-do-Pai funciona como agente da interpelação, da identificação simbólica, o desejo da mãe, com seu insondável *"Che vuoi?"*, marca um certo limite em que toda interpelação fracassa, necessariamente.

## O Outro inconsistente do gozo

Dessa maneira, chegamos à quarta e última forma, à forma completa do grafo do desejo, pois o que é acrescentado nessa forma final é um novo vetor do gozo [*jouissance*], que corta o vetor do desejo simbolicamente estruturado:

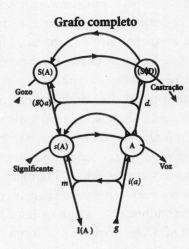

Assim, o grafo completo divide-se em dois níveis, que podemos designar como o nível da significação e o nível do gozo. O problema do primeiro nível (o inferior) é saber como a interseção entre a cadeia significante e uma intenção mítica (Δ) produz o efeito de sentido, com toda a sua articulação interna: o caráter retroativo do sentido, na medida em que ele é função do grande Outro, ou seja, em que é condicionado pelo lugar do Outro, pela bateria significante (s(A)); a identificação imaginária (*i(a)*) e a identificação simbólica (I(A)) do sujeito, baseadas nessa produção retroativa do sentido etc. O problema do segundo nível (o superior) é saber o que acontece quando o próprio campo da ordem do significante, do grande Outro, é perfurado, penetrado por uma corrente pré-simbólica (real) de gozo, o que acontece quando a "substância" pré-simbólica, o corpo como gozo materializado, encarnado, enreda-se na rede de significantes.

## "CHE VUOI?"

O resultado geral é claro: ao ser filtrado pela peneira do significante, o corpo é submetido à *castração*, o gozo é retirado dele e o corpo sobrevive como desmembrado, mortificado. Em outras palavras, a ordem do significante (o grande Outro) e a do gozo (a Coisa como sua encarnação) são radicalmente heterogêneas, incoerentes, e qualquer acordo entre elas é estruturalmente impossível. Por isso encontramos, no lado esquerdo do nível superior do grafo — no primeiro ponto de interseção entre o gozo e o significante, $(A)$ —, o significante da falta no Outro, da inconsistência do Outro: tão logo o campo do significante é penetrado pelo gozo, ele se torna inconsistente, poroso, perfurado — o gozo é aquilo que não pode ser simbolizado, sua presença no campo do significante só pode ser detectada pelos furos e incoerências desse campo, donde o único significante possível do gozo é o significante da falta no Outro, o significante de sua inconsistência.

Hoje em dia, é sabido que o sujeito lacaniano é dividido, barrado, idêntico a uma falta na cadeia significante. Contudo, a dimensão mais radical da teoria lacaniana não está no reconhecimento desse fato, mas na compreensão de que o grande Outro, a própria ordem simbólica, também é barrado por uma impossibilidade fundamental, estruturada ao redor de um núcleo traumático impossível, em torno de uma falta central. Sem essa falta no Outro, este seria uma estrutura fechada, e a única possibilidade acessível ao sujeito seria sua alienação radical no Outro. Portanto, é precisamente essa falta no Outro que habilita o sujeito a atingir uma espécie de "desalienação", chamada por Lacan de *separação*, não no sentido de o sujeito vivenciar que agora está separado para sempre do objeto pela barreira da linguagem, mas no sentido de que *o próprio objeto está separado do Outro*, de que o Outro em si "não o possui", não tem a resposta final — ou seja, de que ele próprio é bloqueado, desejante, de que também existe um desejo do Outro. Essa falta no Outro dá ao sujeito, digamos, espaço para respirar, permite que ele evite a alienação total no significante, não por preencher sua falta, mas por permitir que ele se identifique, que identifique sua própria falta com a falta no Outro.

## O SUBLIME OBJETO DA IDEOLOGIA

Assim, os três níveis do vetor descendente no lado esquerdo do grafo podem ser concebidos de acordo com a lógica que regula sua sequência. Primeiro temos S(A): a marca da falta no Outro, da inconsistência da ordem simbólica quando ela é penetrada pelo gozo; depois temos $\$\Diamond a$, ou seja, a fórmula da fantasia: a função da fantasia é servir de anteparo para ocultar essa inconsistência; e, por fim, temos $s$(A), o efeito da significação dominada pela fantasia: a fantasia funciona como uma "significação absoluta" (Lacan), constitui o arcabouço pelo qual vivenciamos o mundo como consistente e dotado de sentido — o espaço a priori em cujo interior têm lugar os efeitos particulares de significação.

O último ponto a ser esclarecido é por que encontramos à direita, no ponto de interseção entre o gozo e o significante, a fórmula da pulsão ($\$\Diamond$D)? Já dissemos que o significante desmembra o corpo, que expele do corpo o gozo, mas essa "evacuação" (Jacques-Alain Miller) nunca é totalmente consumada — dispersos pelo deserto do Outro simbólico, há sempre alguns restos, oásis de gozo, chamados "zonas erógenas", fragmentos ainda perpassados pelo gozo — e é exatamente a esses restos que está ligada a pulsão freudiana: ela circula, vibra em torno deles. Essas zonas erógenas são designadas pela letra D (demanda simbólica), por não terem nada de "natural", de "biológico": a parte do corpo que sobrevive à "evacuação do gozo" não é determinada pela fisiologia, mas pela maneira como o corpo foi dissecado através do significante (o que é confirmado pelos sintomas histéricos em que as partes do corpo das quais o gozo é "normalmente" expelido voltam a se erotizar — pescoço, nariz etc.).

Talvez devamos correr o risco de ler $\$\Diamond$D retroativamente, à luz da última elaboração teórica de Lacan, como a fórmula do *sinthoma*: uma formação significante particular que é imediatamente perpassada pelo gozo — ou seja, a junção impossível do gozo com o significante. Tal leitura nos fornece a chave do quadrado superior do grafo do desejo em sua oposição ao quadrado inferior: em vez da identificação imaginária (a relação entre o eu imaginário e sua imagem constituinte, o eu ideal), temos aí o desejo (*d*) sustentado pela fantasia ($\$\Diamond a$); a função da fantasia

# "CHE VUOI?"

é preencher a hiância no Outro, esconder sua inconsistência, como faz, por exemplo, a presença fascinante de um roteiro sexual que serve de anteparo para mascarar a impossibilidade da relação sexual. A fantasia esconde o fato de que o Outro, a ordem simbólica, se estrutura em torno de uma impossibilidade traumática, em torno de algo que não pode ser simbolizado, isto é, o real do gozo: através da fantasia, o gozo é domesticado, "revitalizado" — e o que acontece com o desejo depois de "atravessarmos" a fantasia? A resposta de Lacan, nas últimas páginas de O seminário, livro 11, é a *pulsão* — no fim das contas, a "pulsão de morte": "além da fantasia" não há nenhum anseio nem qualquer fenômeno correlato sublime, "além da fantasia" encontramos apenas a pulsão e sua pulsação em torno do *sinthoma*. "Atravessar a fantasia", portanto, tem estreita correlação com a identificação com um *sinthoma*.

## A "travessia" da fantasia social

Assim, poderíamos ler todo o nível superior (o segundo) do grafo como o que designa a dimensão "além da interpelação": a impossível "quadratura do círculo" da identificação simbólica e/ou imaginária nunca resulta na ausência de um resto qualquer, há sempre uma sobra que dá margem ao desejo e torna o Outro (a ordem simbólica) inconsistente, sendo a fantasia uma tentativa de superar, de mascarar essa inconsistência, essa lacuna no Outro. E agora podemos enfim retornar à problemática da ideologia: a deficiência crucial dos ensaios antes "(pós)estruturalistas", na teoria da ideologia que descende da teoria althusseriana da interpelação, foi que eles se limitaram ao nível inferior, ao quadrado inferior do grafo do desejo de Lacan, isto é, almejaram captar a eficácia de uma ideologia exclusivamente através dos mecanismos da identificação imaginária e da identificação simbólica. A dimensão "além da interpelação", assim deixada de fora, não tem nada a ver com alguma espécie de dispersão e pluralidade irredutíveis do processo significante — com o fato de que o deslizamento metonímico sempre subverte toda fixação do sentido, todo "basteamento"

O SUBLIME OBJETO DA IDEOLOGIA

dos significantes flutuantes (como pareceria numa perspectiva "pós--estruturalista"). "Além da interpelação" existe o quadrado do desejo, da fantasia, da falta no Outro e da pulsão que vibra em torno de um insuportável mais-gozar.

Que significa isso para a teoria da ideologia? À primeira vista, talvez pareça que o que é pertinente numa análise da ideologia é apenas sua maneira de funcionar como discurso, a maneira como a série de significantes flutuantes é totalizada, transformada num campo unificado pela intervenção de certos "pontos de basta"; em suma, a maneira pela qual os mecanismos discursivos constituem o campo da significação ideológica. O gozo-no-sentido seria, nessa perspectiva, simplesmente pré-ideológico, irrelevante para a ideologia como vínculo social. Mas o caso do chamado "totalitarismo" demonstra o que se aplica a toda ideologia, à ideologia como tal: o suporte último do efeito ideológico (do modo como uma rede ideológica de significantes nos "prende") é o núcleo despropositado, pré-ideológico do gozo. Na ideologia, "nem tudo é ideologia (isto é, sentido ideológico)", mas é justamente esse excesso que constitui o esteio supremo da ideologia. Por isso poderíamos dizer que há também dois métodos complementares da "crítica da ideologia":

- um é *discursivo*, é a "leitura sintomal" do texto ideológico que traz a "desconstrução" da experiência espontânea de seu significado, isto é, que demonstra que um dado campo ideológico é resultado de uma montagem de "significantes flutuantes" heterogêneos, de sua totalização por meio da intervenção de alguns "pontos nodais";
- o outro visa extrair o núcleo do *gozo*, articular o modo como — além do campo da significação, mas, ao mesmo tempo, no interior dele — uma ideologia implica, manipula e produz um gozo pré-ideológico, estruturado na fantasia.

Para ilustrar essa necessidade de complementar a análise do discurso com a lógica do gozo, basta examinarmos novamente o caso particular

## "CHE VUOI?"

da ideologia que constitui, talvez, a mais pura encarnação da ideologia como tal: o antissemitismo. Para dizê-lo sem rodeios, "a sociedade não existe" e o judeu é seu sintoma.

No nível da análise discursiva, não é difícil articular a rede da sobredeterminação simbólica investida na figura do judeu. Primeiro, há o deslocamento: o truque fundamental do antissemitismo está em deslocar o antagonismo social para um antagonismo entre o tecido social sadio, o corpo social e o judeu — a força que o corrói, a força da corrupção. Assim, não é a própria sociedade que é "impossível", baseada no antagonismo: a fonte de corrupção se encontra numa entidade particular, o judeu. Esse deslocamento é possibilitado pela associação feita entre os judeus e as negociações financeiras: a fonte da exploração e do antagonismo de classes não se situa na relação fundamental entre a classe trabalhadora e a classe dominante, mas na relação entre as forças "produtivas" (trabalhadores, organizadores da produção etc.) e os negociantes que exploram as classes "produtoras" e substituem a cooperação orgânica pela luta de classes.

Esse deslocamento, é claro, é respaldado pela condensação: a figura do judeu condensa traços opostos, associados às classes alta e baixa: os judeus são tidos como sujos *e* intelectuais, voluptuosos *e* impotentes. e assim por diante. Logo, o que dá energia a esse deslocamento, por assim dizer, é a maneira como a figura do judeu condensa um conjunto de antagonismos heterogêneos: econômico (o judeu como especulador), político (o judeu como maquinador, servo de um poder secreto), moral/religioso (o judeu como anticristão corrupto), sexual (o judeu como sedutor de nossas filhas inocentes) etc. Em suma, é fácil mostrar que a figura do judeu é um sintoma, no sentido de uma mensagem codificada, uma cifra, uma representação distorcida do antagonismo social; desfazendo esse trabalho de deslocamento/condensação, podemos determinar seu significado.

Mas essa lógica de deslocamento metafórico-metonímico não basta para explicar como a figura do judeu capta nosso desejo; para penetrar em sua força fascinante, devemos levar em conta como "judeu" entra no arcabouço da fantasia que estrutura nosso gozo. A fantasia é, basicamente, um roteiro que preenche o espaço vazio de uma impossibilidade fundamental, um anteparo que mascara um vazio. "Não há relação sexual", e essa impossibilidade é preenchida pelo roteiro fascinante da fantasia; e por isso a fantasia, em última análise, é sempre uma fantasia da relação sexual, uma encenação dessa relação. Como tal, a fantasia não deve ser interpretada, apenas "atravessada": a única coisa que temos de fazer é perceber que não há nada "por trás" dela, e que a fantasia mascara precisamente esse "nada". (Mas há muitas coisas por trás de um sintoma, toda uma rede de sobredeterminação simbólica, e é por isso que o sintoma envolve sua interpretação.)

Agora fica claro como podemos utilizar essa noção de fantasia no campo da ideologia propriamente dita: também nele "não existe relação de classe", a sociedade é sempre atravessada por uma clivagem antagônica que não pode ser integrada na ordem simbólica. E a aposta da fantasia ideológico-social é construir uma visão da sociedade que realmente exista, de uma sociedade que não seja cindida por uma divisão antagônica, uma sociedade em que a relação entre as partes seja orgânica, complementar. O caso mais claro disso é, naturalmente, a visão corporativista da sociedade como um Todo orgânico, um Corpo social em que as diferentes classes são assemelháveis a extremidades, cada membro contribuindo para o Todo conforme sua função; poderíamos dizer que "a sociedade como corpo corporativo" é a fantasia ideológica fundamental. Então, como levar em conta a distância entre essa visão corporativista e a sociedade real, dividida por lutas antagônicas? A resposta, evidentemente, é o judeu: um elemento externo, um corpo estranho que introduz a corrupção no tecido social sadio. Em suma, "judeu" é um fetiche que, ao mesmo tempo, desmente e encarna a impossibilidade estrutural da "sociedade": é como se, na figura do judeu, essa impossibilidade adquirisse uma existência positiva, palpável — e é por isso que ela marca a irrupção do gozo no campo social.

O conceito de fantasia social é, pois, uma contrapartida necessária do conceito de antagonismo: a fantasia é, precisamente, o modo

## "CHE VUOI?"

de mascarar a clivagem antagônica. Em outras palavras, *a fantasia é um meio de a ideologia levar antecipadamente em conta sua própria falha*. A tese de Laclau e Mouffe é que "a Sociedade não existe", o Social é sempre um campo inconsistente, estruturado em torno de uma impossibilidade constitutiva, atravessado por um "antagonismo" central; essa tese implica que todo processo de identificação que nos confere uma identidade sociossimbólica fixa está, em última instância, condenado ao fracasso. A função da fantasia ideológica é mascarar essa inconsistência — o fato de que "a Sociedade não existe" — e assim nos compensar pela identificação malograda.

Para o fascismo, "judeu" é o meio de levar em conta, de representar sua própria impossibilidade: em sua presença positiva, ele é apenas a encarnação da impossibilidade última do projeto totalitário, isto é, de seu limite imanente. Por isso não basta designar o projeto totalitário como impossível, utópico e desejoso de estabelecer uma sociedade totalmente transparente e homogênea — o problema é que, de certa maneira, a ideologia totalitária *sabe* disso, reconhece-o de antemão: na figura do "judeu", ela inclui esse saber em sua construção. Toda a ideologia fascista se estrutura como uma luta contra o elemento que ocupa o lugar da impossibilidade imanente do próprio projeto fascista: o "judeu" nada mais é que uma encarnação fetichista de certa barreira fundamental.

Assim, a "crítica da ideologia" tem que inverter o elo de causalidade percebido pelo olhar totalitário: longe de ser a causa positiva do antagonismo social, o "judeu" é apenas a encarnação de certa barreira — da impossibilidade que impede a sociedade de alcançar sua identidade plena como uma totalidade fechada e homogênea. Longe de ser a causa positiva da negatividade social, *o "judeu" é o ponto em que a negatividade social como tal assume uma existência positiva*. Com isso podemos articular outra fórmula do método básico da "crítica da ideologia", complementando o que foi fornecido acima: identificar, num dado edifício ideológico, o elemento que representa sua própria impossibilidade. Não são os judeus que impedem a Sociedade de alcançar sua identidade plena, mas sim sua própria natureza antagônica, sua própria barreira imanente, e ela "projeta" essa negatividade interna na figura do "judeu". Em outras palavras, o que é excluído do Simbólico (do arcabouço da ordem sociossimbólica corporativista) retorna no Real como um constructo paranoico do "judeu".[12]

Agora também podemos ver que a "travessia" da fantasia social é correlativa à identificação com um sintoma. Os judeus são, claramente, um sintoma social: são o ponto em que o antagonismo social imanente assume uma forma positiva, irrompe na superfície social, o ponto em que se evidencia que a sociedade "não funciona", que o mecanismo social "é falho". Examinando-o pelo arcabouço da fantasia (corporativista), o "judeu" aparece como um intruso que traz de fora a desordem, a decomposição e a corrupção do edifício social — aparece como uma causa positiva externa cuja eliminação permitiria restabelecer a ordem, a estabilidade e a identidade. Mas, ao "atravessarmos a fantasia", devemos, no mesmo movimento, identificar-nos com o sintoma: nas propriedades atribuídas ao "judeu", temos de reconhecer o produto necessário de nosso próprio sistema social; temos de reconhecer, nos "excessos" atribuídos aos "judeus", a verdade sobre nós mesmos.

Foi precisamente por causa dessa concepção dos "excessos" sociais que Lacan sublinhou ter sido Marx quem inventou o sintoma: o grande feito de Marx foi demonstrar que todos os fenômenos que se afiguram à consciência burguesa comum como simples desvios, simples deformações e degenerações contingentes do funcionamento "normal" da sociedade (crises econômicas, guerras etc.) — e, como tal, facilmente elimináveis por uma melhoria do sistema —, são produtos necessários do próprio sistema, ou seja, os pontos em que irrompe sua "verdade", seu caráter antagônico imanente. "Identificar-se com o sintoma" significa reconhecer nos "excessos", nos descarrilamentos do curso "normal" das coisas, a chave que nos dá acesso a seu verdadeiro funcionamento. Isto se assemelha à visão freudiana de que as chaves do funcionamento da mente humana eram os sonhos, os lapsos e outros fenômenos "anormais" similares.

## "CHE VUOI?"

## NOTAS

1 Saul Kripke, *Naming and Necessity*, Cambridge: Harvard University Press, 1980, p. 83-85 [ed. bras.: *O nomear e a necessidade*, trad. Ricardo Santos e Teresa Filipe, Lisboa: Gradiva, 2012].

2. Ibid., p. 119.

3. Ibid., p. 24.

4. John Searle, *Intentionality*, Cambridge: Cambridge University Press, 1984, p. 240 [ed. bras.: *Intencionalidade*, trad. Julio Fischer e Tomás Rosa Bueno, São Paulo: Martins Fontes, 1995, pp. 333-334].

5. Ibid., p. 259 [pp. 359-360].

6. Ibid., p. 252 [pp. 350-351].

7. *Ver* Jacques Lacan, "Subversion of the Subject and the Dialectic of Desire", *Écrits: A Selection*, Nova: W. W. Norton, 1977 [ed. bras.: "Subversão do sujeito e dialética do desejo no inconsciente freudiano", *Escritos*, versão bras. Vera Ribeiro, rev. Antonio Quinet e Angelina Harari, Rio de Janeiro: Zahar, 1998].

8. Jacques-Alain Miller, "Les Réponses du réel", *Aspects du malaise dans la civilisation*, Paris: Navarin, 1987, p. 21.

9. Jacques Lacan, *Le Séminaire III – Les psychoses*, Paris: Seuil, 1981, p. 315 [ed. bras.: *O seminário*, livro 3, *As psicoses*, versão bras. Aluísio Menezes, Rio de Janeiro: Zahar, 1988].

10. O outro feito do filme é a reabilitação final de Judas como o verdadeiro herói trágico dessa história: era ele quem devotava o maior amor a Cristo, e foi por essa razão que Cristo o considerou forte o bastante para cumprir a terrível missão de traí-lo, e assim garantir o cumprimento de seu destino (a crucificação). A tragédia de Judas foi que, em nome de sua dedicação à causa, ele se dispôs a arriscar não apenas sua vida, mas até sua "segunda vida", sua boa reputação póstuma: ele sabia perfeitamente que entraria na história como aquele que havia traído nosso Salvador, e se dispôs a suportar até mesmo isso pelo cumprimento da missão de Deus. Jesus usou Judas como um meio para atingir seu objetivo, sabendo muito bem que seu próprio sofrimento se transformaria num exemplo imitado por milhões de pessoas (*imitatio Christi*), ao passo que o sacrifício de Judas foi pura perda, sem nenhum lucro narcísico. Talvez ele se assemelhe um pouco às leais vítimas dos monstruosos processos stalinistas, que confessavam sua culpa e se proclamavam uma escória miserável, cônscias de que, ao fazerem isso, prestavam o derradeiro e supremo serviço à causa da Revolução.

11. Bernard Baas, "Le désir pur", *Ornicar?* 43, 1987.

12. Aqui poderíamos usar a distinção elaborada por Kovel (*White Racism*, Londres: Free Association Books, 1988) entre racismo *dominador* e racismo *aversivo*. Na ideologia nazista, todas as raças humanas formam um Todo hierárquico

## O SUBLIME OBJETO DA IDEOLOGIA

harmonioso (o "destino" dos arianos do topo é dominar, enquanto pretos, chineses e outros têm que servir) — todas as raças, *exceto os judeus*: eles não têm um lugar próprio; sua "identidade" mesma é uma mentira, consiste em violar as fronteiras, em introduzir inquietação e antagonismo, em desestabilizar o tecido social. Como tais, os judeus tramam com outras raças e as impedem de suportar seus lugares apropriados — funcionam como um Senhor oculto que almeja a dominação mundial: são uma imagem contrária dos próprios arianos, uma espécie de duplo negativo perverso; é por isso que devem ser exterminados, enquanto outras raças têm apenas que ser forçadas a ocupar seu lugar adequado.

# 4. Só se morre duas vezes

## ENTRE AS DUAS MORTES

A ligação entre a "pulsão de morte" e a ordem simbólica é uma constante em Lacan, mas podemos diferenciar as várias etapas de seu ensino, precisamente em referência aos diferentes modos de articulação da "pulsão de morte" e do significante:

- No primeiro período (primeiro seminário, *Função e campo da fala e da linguagem em psicanálise*), temos a ideia fenomenológica hegeliana de que a palavra é uma morte, o assassinato de uma coisa: tão logo a realidade é simbolizada, aprisionada numa rede simbólica, a própria coisa fica mais presente numa palavra, em seu conceito, do que em sua realidade física imediata. Mais precisamente, não podemos regressar à realidade imediata: mesmo que nos voltemos da palavra para a coisa — da palavra "mesa" para a mesa em sua realidade física, por exemplo —, a aparência da própria mesa já estará marcada por certa falta; para saber o que realmente é uma mesa, o que ela significa, teremos de recorrer à palavra, que implica uma ausência da coisa.
- No segundo período (a leitura lacaniana de "A carta roubada", de Poe), a ênfase se desloca da palavra, da fala, para a linguagem como uma estrutura sincrônica, um mecanismo autônomo sem sentido que produz significação como seu efeito. Se, no primeiro período, o conceito lacaniano de linguagem ainda é basicamente fenomenológico (Lacan repete constantemente que o campo da

psicanálise é o campo da significação, *la signification*), temos agora uma concepção "estruturalista" da linguagem como um sistema diferencial de elementos. A "pulsão de morte" passa a ser identificada com a própria ordem simbólica: nas palavras de Lacan, ela não é "nada além da máscara da ordem simbólica". O principal aí é a oposição entre o nível imaginário da experiência de significação e o mecanismo significante/significado, o mecanismo sem sentido que a produz. O nível imaginário é regido pelo princípio do prazer, esforça-se por chegar a um equilíbrio homeostático, e a ordem simbólica, em seu automatismo cego, está sempre atrapalhando essa homeostase: está "além do princípio do prazer". Quando o ser humano é capturado na rede de significantes, essa rede surte nele um efeito mortificador; ele se torna parte de uma estranha ordem automática que perturba seu equilíbrio homeostático natural (através da repetição compulsiva, por exemplo).

- No terceiro período, no qual a ênfase principal do ensino de Lacan é posta no Real como impossível, a "pulsão de morte" torna a alterar radicalmente sua significação. Essa mudança pode ser detectada com mais facilidade através da relação entre o princípio do prazer e a ordem simbólica.

Até o fim da década de 1950, o princípio do prazer era identificado com o nível imaginário: a ordem simbólica era concebida como o campo "além do princípio do prazer". No entanto, a partir do fim dos anos 1950 (seminário sobre *A ética da psicanálise*), em contraste, é a própria ordem simbólica que é identificada com o princípio do prazer: o inconsciente "estruturado como uma linguagem", seu "processo primário" de deslocamento metonímico--metafórico, é regido pelo princípio do prazer; o que fica além não é a ordem simbólica, mas um cerne real, um núcleo traumático. Para designá-lo, Lacan usa um termo freudiano: *das Ding*, a Coisa como encarnação do gozo impossível (o termo Coisa deve ser entendido aqui com todas as conotações que possui no campo de terror da ficção científica: o "alienígena" do filme do mesmo nome [*Alien*] é uma Coisa materna pré-simbólica por excelência).

A ordem simbólica luta pelo equilíbrio homeostático, mas há em seu cerne, em seu próprio centro, um elemento traumático estranho que não pode ser simbolizado, integrado na ordem simbólica — a Coisa. Lacan cunhou um neologismo para ela: a *extimité* — intimidade externa —, que serviu de título para um dos seminários de Jacques-Alain Miller. E o que é, nesse nível, a "pulsão de morte"? Exatamente o inverso da ordem simbólica: a possibilidade da "segunda morte", a aniquilação radical da textura simbólica através da qual a chamada realidade é constituída. A própria existência da ordem simbólica implica uma possibilidade de seu apagamento radical, da "morte simbólica" — não a morte do chamado "objeto real" em seu símbolo, mas a obliteração da própria rede significante.

Essa distinção entre as diferentes etapas do ensino de Lacan não é de interesse puramente teórico: tem consequências muito claras para a determinação do momento final do tratamento psicanalítico:

- No primeiro período, no qual a ênfase é na palavra como meio do reconhecimento intersubjetivo do desejo, os sintomas são concebidos como manchas brancas, elementos imaginários não simbolizados da história do sujeito, e o processo de análise é o de sua simbolização, de sua integração no universo simbólico do sujeito: a análise dá sentido, retroativamente, ao que era, no início, um traço sem sentido. Assim, o momento final da análise é alcançado quando o sujeito é capaz de narrar ao Outro sua própria história em sua continuidade, quando seu desejo é integrado, reconhecido na "fala plena [*parole pleine*]".
- No segundo período, no qual a ordem simbólica é concebida como surtindo um efeito mortificador no sujeito, como lhe impondo uma perda traumática — e o nome dessa perda, dessa falta, é

claro, é castração simbólica —, o momento final da análise é alcançado quando o sujeito se dispõe a aceitar essa perda fundamental, a consentir na castração simbólica como o preço a ser pago pelo acesso a seu desejo.

- No terceiro período temos o grande Outro, a ordem simbólica, com um elemento traumático bem no seu cerne; e, na teoria lacaniana, a fantasia é concebida como uma construção que permite ao sujeito haver-se com esse núcleo traumático. Nesse nível, o momento final da análise é definido como a "travessia da fantasia [*la traversée du fantasme*]": não sua interpretação simbólica, mas a experiência do fato de que o objeto fantasmático, por sua presença fascinante, apenas preenche uma falta, um vazio no Outro. Não há nada "por trás" da fantasia; ela é uma construção cuja função é esconder esse vazio, esse "nada" — ou seja, a falta no Outro.

O elemento crucial desse terceiro período do ensino lacaniano, portanto, é a mudança de ênfase do Simbólico para o Real. Para exemplificá-la, tomemos a ideia do "saber no Real", a ideia de que a natureza conhece suas próprias leis e se porta de acordo com elas. Todos conhecemos a clássica cena arquetípica do desenho animado: um gato se aproxima da borda do precipício, mas não para, segue adiante calmamente e, embora já esteja pendurado no ar, sem chão sob os pés, não cai. Quando é que cai? No momento em que olha para baixo e se conscientiza de estar pendurado no ar. O xis desse acidente absurdo é que, quando o gato caminha lentamente no ar, é como se o Real esquecesse seu saber por um instante: quando o gato enfim olha para baixo, lembra-se de que tem que seguir as leis da natureza e cai. Essa é basicamente a mesma lógica do já citado sonho, relatado por Freud na *Interpretação dos sonhos*, do pai que não sabe que morreu: mais uma vez, a questão é que, por não saber que está morto, *ele continua a viver* — tem que ser lembrado de sua morte, ou, para dar um viés cômico à situação, ele continua vivo porque se esqueceu de morrer.

## SÓ SE MORRE DUAS VEZES

É assim que devemos ler a expressão *memento mori*: não se esqueça de morrer!

Isto nos leva de volta à distinção entre as duas mortes: por falta de conhecimento, o pai do sonho freudiano continua vivo, apesar de já ter morrido. De certo modo, todos têm que morrer duas vezes. Essa é a teoria hegeliana da repetição na história: quando Napoleão foi derrotado pela primeira vez e exilado em Elba, não sabia que já estava morto, que seu papel histórico estava encerrado, e foi preciso ser lembrado disso por meio de sua segunda derrota, em Waterloo: nesse ponto, ao morrer pela segunda vez, ele ficou realmente morto.

O estímulo para essa ideia da segunda morte veio do marquês de Sade: a ideia sadiana de um crime absoluto, radical, que liberta a força criativa da natureza, tal como elaborada no longo discurso do papa no quinto volume de *Juliette*, implica uma distinção entre as duas mortes: a morte natural, que faz parte do ciclo natural de geração e deterioração, de transformação contínua da natureza, e a morte absoluta — a destruição, a erradicação do próprio ciclo, que então libera a natureza de suas leis e abre caminho para a criação de novas formas de vida *ex nihilo*. Essa diferença entre as duas mortes pode ser ligada à fantasia sadiana revelada pelo fato de que, em sua obra, a vítima, em certo sentido, é indestrutível: pode ser submetida a torturas intermináveis e sobreviver a elas; pode suportar qualquer tormento e, ainda assim, conservar a beleza. É como se, acima e além de seu corpo natural (parte do ciclo de geração e degeneração), e portanto, acima e além de sua morte natural, ela possuísse um outro corpo, um corpo composto de alguma outra substância, isento do ciclo vital — um corpo sublime.[1]

Hoje em dia, podemos encontrar essa mesma fantasia em ação em diversos produtos da "cultura de massa", como os desenhos animados. Consideremos Tom & Jerry, o gato e o rato. Cada um deles é submetido a infortúnios assustadores: o gato é esfaqueado, explode dinamite em seu bolso, é esmagado por um rolo compressor e seu corpo fica achatado como uma fita, e assim por diante, mas, na cena seguinte, aparece com seu corpo normal e a brincadeira recomeça — é como se ele possuísse

O SUBLIME OBJETO DA IDEOLOGIA

outro corpo, indestrutível. Ou então, consideremos o exemplo dos videogames, nos quais se lida, literalmente, com as diferenças entre as duas mortes: a regra habitual desses jogos é que o jogador (ou, mais precisamente, a figura que o representa no jogo) possui várias vidas, em geral três; é ameaçado por um perigo — por exemplo, um monstro capaz de devorá-lo — e, se o monstro o pegar, ele perde uma vida, mas, se atingir sua meta bem depressa, ganha uma ou várias vidas complementares. Toda a lógica desses jogos baseia-se, portanto, na diferença entre as duas mortes: entre a morte em que perco uma de minhas vidas e a morte suprema, em que perco o próprio jogo.

Lacan concebe essa diferença entre as duas mortes como a diferença entre a morte real (biológica) e sua simbolização, o "acerto de contas", o cumprimento do destino simbólico (por exemplo, a confissão no leito de morte, no catolicismo). Essa lacuna pode ser preenchida de várias maneiras; pode conter uma beleza sublime ou monstros atemorizantes: no caso de Antígona, sua morte simbólica, sua exclusão da comunidade simbólica da cidade, precede sua morte real e imbui seu caráter de uma beleza sublime, ao passo que o fantasma do pai de Hamlet representa o oposto — a morte real não acompanhada pela morte simbólica sem um acerto de contas, razão por que ele retorna como uma aparição assustadora, até que sua dívida seja paga.

Esse lugar "entre duas mortes", lugar de sublime beleza e de monstros medonhos, é a sede de *das Ding*, do núcleo real-traumático no meio da ordem simbólica. Esse lugar é inaugurado pela simbolização/historicização: o processo de historicização implica um lugar vazio, um núcleo a-histórico em torno do qual a rede simbólica se articula. Em outras palavras, a *história* humana difere da *evolução* animal, precisamente por sua referência a esse lugar *a-histórico*, um lugar que não pode ser simbolizado, embora seja retroativamente produzido pela própria simbolização: tão logo a realidade pré-simbólica "bruta" é simbolizada/historicizada, ela "segrega", isola o lugar vazio e "indigerível" da Coisa.

É essa referência ao lugar vazio da Coisa que nos permite conceber a possibilidade de uma aniquilação global, total, da rede de significantes: a "segunda morte", a aniquilação radical do movimento circular da natureza, só é concebível na medida em que esse movimento circular já está simbolizado/historicizado, inscrito, apreendido na rede simbólica — a morte absoluta, a "destruição do universo", é sempre a destruição do universo *simbólico*. A "pulsão de morte" freudiana nada mais é do que o conceito teórico exato para a noção sadiana da "segunda morte" — a possibilidade do "apagamento" total da tradição histórica inaugurada pelo próprio processo de simbolização/historicização como seu limite autodestrutivo radical.

Em toda a história do marxismo, é provável que só haja um ponto em que esse núcleo "êxtimo" a-histórico da história foi tocado — em que o reflexo da história foi levado à "pulsão de morte" como seu grau zero: as teses "Sobre o Conceito de História", último texto de Walter Benjamin, "simpatizante" da Escola de Frankfurt. A razão disso, é claro, é que também foi Benjamin que — caso único no marxismo — concebeu a história como texto, como uma série de eventos que "terão sido"; o significado deles, sua dimensão histórica, é decidido posteriormente, por sua inscrição na rede simbólica.

## A *revolução como repetição*

Essas próprias Teses ocupam um lugar "êxtimo"; são como um corpo estranho que resiste à inserção não apenas na estrutura da Escola de Frankfurt, mas na própria continuidade do pensamento de Benjamin. Dito de outra maneira, é costume conceber-se o desenvolvimento de Benjamin como uma abordagem gradual do marxismo; nessa continuidade, as Teses fazem uma incisão clara: nela, bem no fim de sua atividade teórica (e física), emerge de repente o problema da *teologia*. O materialismo histórico só pode triunfar se "tomar a seu serviço a teologia", e aqui temos a famosa primeira tese:

> Conhecemos a história de um autômato construído de tal modo que podia responder a cada lance de um jogador de xadrez com um contralance, que lhe assegurava a vitória. Um fantoche

vestido à turca, com um narguilé na boca, sentava-se diante do tabuleiro, colocado numa grande mesa. Um sistema de espelhos criava a ilusão de que a mesa era totalmente visível, em todos os seus pormenores. Na realidade, um anão corcunda se escondia nela, um mestre do xadrez, que dirigia com cordéis a mão do fantoche. Podemos imaginar uma contrapartida filosófica desse mecanismo. O fantoche chamado "materialismo histórico" ganhará sempre. Ele pode enfrentar qualquer desafio, desde que tome a seu serviço a teologia. Hoje, ela é reconhecidamente pequena e feia e não ousa mostrar-se.[2]

O que salta aos olhos nesse fragmento é a contradição entre a alegoria que forma a primeira parte da tese e sua interpretação na segunda parte. Na interpretação, é o materialismo histórico que "toma a seu serviço a teologia", ao passo que, na alegoria em si, a teologia ("um anão corcunda") guia o fantoche — o "materialismo histórico" — por meio de cordéis. Essa contradição, é claro, é a própria contradição entre a alegoria e seu significado — em última análise, entre o significante e seu significado, que pretende "tomar a seu serviço" o significante como seu instrumento, mas se descobre rapidamente emaranhado na rede. Os dois níveis diferentes, portanto, se atravessam: a estrutura formal da alegoria de Benjamin funciona exatamente do mesmo modo que seu "conteúdo", a teologia em sua relação com o materialismo histórico, que finge simplesmente alistar seus serviços, mas se enreda cada vez mais em seus cordéis, porque, se podemos permitir-nos esse *Vorlust*, esse pré-prazer, "teologia" designa aqui a ação do significante.

Mas, procedamos passo a passo: como devemos conceber a dimensão teológica a que Benjamin se refere? "Teologia" anuncia aqui uma experiência singular, à qual se alude no seguinte fragmento publicado após a morte dele: "No *Eingedenken* temos uma experiência que nos proíbe conceber a história de modo fundamentalmente ateológico." Não podemos traduzir esse *Eingedenken* por "recordação" ou "reminiscência", simplesmente; a tradução mais literal, "transpor-se em pensamento/para alguma coisa", também é insatisfatória.

SÓ SE MORRE DUAS VEZES

Embora o que está em jogo aqui seja realmente uma espécie de "apropriação do passado", não podemos conceber *Eingedenken* de modo suficiente enquanto permanecemos no campo da hermenêutica — a meta de Benjamin é o oposto da orientação fundamental da compreensão hermenêutica ("situar o texto interpretado na totalidade de sua época"). O que Benjamin tem em mente é, ao contrário, o *isolamento* de um pedaço do passado da continuidade da história ("... ele extrai da época uma vida determinada e, da obra composta durante essa vida, uma obra determinada" — Tese 17): um método interpretativo cuja oposição à hermenêutica lembra, imediatamente, a oposição freudiana entre interpretação *en détail* [em detalhe] e interpretação *en masse* [em massa]: "O que devemos tomar como objeto de nossa atenção não é o sonho como um todo, mas as porções separadas de seu conteúdo."[3]

Sem dúvida, essa recusa da abordagem hermenêutica não tem absolutamente nada a ver com uma simples "regressão" à ingenuidade pré-hermenêutica: a ideia não é "nos acostumarmos com o passado", abstraindo nossa posição histórica atual, o lugar do qual falamos. *Eingedenken* é, por certo, uma apropriação "interessada" do passado, favorecedora da classe oprimida: "Articular historicamente o passado não significa conhecê-lo 'como ele de fato foi'" (Tese 6). "O sujeito do conhecimento histórico é a própria classe combatente e oprimida." (Tese 12).

Não obstante, falsearíamos o significado dessas linhas se as lêssemos no sentido de uma historiografia nietzschiana, de uma "vontade de poder como interpretação", como o direito do vencedor a "escrever sua própria história", a impor sua "perspectiva" — vendo nelas uma espécie de referência à luta entre as duas classes, a dominante e a oprimida, por "quem escreverá a história". Talvez seja assim para a classe dominante, mas certamente não o é para a classe oprimida; entre as duas, há uma assimetria fundamental, que Benjamin designa por meio de dois modos de temporalidade diferentes: o tempo vazio e homogêneo da continuidade (próprio da historiografia oficial reinante) e o tempo "preenchido" da descontinuidade (que define o materialismo histórico).

Ao se restringir ao passado "como realmente foi", ao conceber a história como um curso de acontecimentos fechado, homogênea, retilíneo, contínuo, o olhar historiográfico tradicional é, a priori, formalmente, o olhar "dos que venceram": ele vê a história como uma continuidade fechada de "progressos" que levam ao império dos que hoje dominam. Desconsidera o que *falhou* na história, aquilo que tem que ser negado para que a continuidade do que "realmente aconteceu" possa estabelecer-se. A historiografia dominante escreve uma história "positiva" de grandes realizações e tesouros culturais, ao passo que o materialista histórico

> os contempla com distanciamento. Pois todos os bens culturais que ele vê têm uma origem sobre a qual ele não pode refletir sem horror. Devem sua existência não somente ao esforço dos grandes gênios que os criaram, como à corveia anônima dos seus contemporâneos. Nunca houve um monumento da cultura que não fosse também um monumento da barbárie. (Tese 7)

Em contraste com o cortejo triunfal de vencedores exibido pela historiografia oficial, a classe oprimida se apropria do passado na medida em que é "aberta", em que a "ânsia de redenção" já está em funcionamento nela — ou seja, apropria-se do passado na medida em que o passado já contém, sob a forma do que fracassou, do que foi extirpado, a dimensão do futuro: "O passado traz consigo um índice misterioso, que o impele à redenção." (Tese 2).

Para realizar a apropriação dessa dimensão sufocada do passado, na medida em que ele já contém o futuro — o futuro de nosso ato revolucionário que, por meio da repetição, redime retroativamente o passado ("Existe um encontro secreto, marcado entre as gerações precedentes e a nossa. Alguém na Terra está à nossa espera" (Tese 2) —, temos de cortar o fluxo contínuo do desenvolvimento histórico e dar "um salto de tigre em direção ao passado". (Tese 14). Só então chegamos

SÓ SE MORRE DUAS VEZES

à assimetria fundamental entre o evolucionismo historiográfico que descreve o movimento contínuo da história e o materialismo histórico:

> O materialista histórico não pode renunciar ao conceito de um presente que não é transição, mas para no tempo e se imobiliza. Porque esse conceito define exatamente *aquele* presente em que ele mesmo escreve a história. (Tese 16)

> Pensar não inclui apenas o movimento das ideias, mas também sua imobilização. Quando o pensamento para, bruscamente, numa configuração saturada de tensões, ele lhes comunica um choque, através do qual essa configuração se cristaliza enquanto mônada. O materialista histórico só se aproxima de um objeto histórico quando o confronta enquanto mônada. Nessa estrutura ele reconhece o sinal de uma imobilização messiânica dos acontecimentos, ou, dito de outro modo, de uma oportunidade revolucionária de lutar por um passado oprimido. (Tese 17)

Temos aí a primeira surpresa: o que especifica o materialismo histórico — em contraste com a doxa marxista segundo a qual devemos captar os acontecimentos na totalidade de sua interconexão e em seu movimento dialético — é sua capacidade de *deter*, de *imobilizar* o movimento histórico e de isolar o detalhe de sua totalidade histórica.

É justamente essa cristalização, esse "congelamento" do movimento numa mônada, que anuncia o momento da apropriação do passado: a mônada é um momento atual a que se liga diretamente — contornando a linha contínua da evolução — o passado: a situação revolucionária contemporânea, que é concebida como uma repetição de situações que falharam no passado, como sua "redenção" retroativa mediante sua proeza bem-sucedida. Aqui, o próprio passado é "repleto do presente", o momento da oportunidade revolucionária decide não apenas o destino da revolução atual, mas também o destino de todas as tentativas revolucionárias fracassadas no passado:

## O SUBLIME OBJETO DA IDEOLOGIA

Cabe ao materialismo histórico fixar uma imagem do passado, tal como se apresenta, no momento do perigo, ao sujeito histórico, sem que ele tenha consciência disso. O perigo ameaça tanto a existência da tradição como os que a recebem. (Tese 6)

O risco de derrota da revolução atual ameaça o próprio passado, pois a conjunção revolucionária atual funciona como uma condensação de oportunidades de revolução perdidas no passado e que se repetem na revolução atual:

A história é objeto de uma construção cujo lugar não é o tempo homogêneo e vazio, mas um tempo saturado de "agoras" [*Jetztzeit*]. Assim, a Roma antiga era para Robespierre um passado carregado de "agoras", que ele fez explodir do *continuum* da história. A Revolução Francesa se via como uma Roma ressurreta. Ela citava a Roma antiga como a moda cita um vestuário antigo. (Tese 14)

Para quem está familiarizado com a proposição freudiana de que "o inconsciente situa-se fora do tempo", tudo está realmente dito aí: esse "tempo saturado", esse "salto de tigre em direção ao passado" de que está carregado o presente revolucionário, anuncia a *compulsão à repetição*. A imobilização do movimento histórico, a suspensão da continuidade temporal mencionada por Benjamin, corresponde com exatidão ao "curto-circuito" entre a fala presente e passada que caracteriza a situação transferencial:

Por que a análise se transforma, a partir do momento em que a situação transferencial é analisada pela evocação da situação antiga, em que o sujeito se encontrava em presença de um objeto muito diferente, inassimilável ao objeto presente? Porque a palavra atual, como a palavra antiga, é colocada num parêntese de tempo, numa forma de tempo, se é que posso me exprimir assim. A modulação do tempo sendo idêntica, a palavra do analista [em Benjamin, a palavra do materialista histórico] tem o mesmo valor que a palavra antiga.[4]

Na mônada, "o tempo para", na medida em que a constelação atual está diretamente carregada da constelação do passado — em outras palavras, na medida em que temos de nos haver com uma repetição pura. A repetição "situa-se fora do tempo", não no sentido de um arcaísmo pré-lógico, mas, simplesmente, no sentido da sincronia do significante puro: não temos que procurar a ligação entre as constelações do passado e do presente na flecha diacrônica do tempo; essa ligação se restabelece sob a forma de um curto-circuito paradigmático imediato.

A mônada é, portanto, o momento de descontinuidade, de ruptura, em que o "fluxo [linear] do tempo" é suspenso, imobilizado, "coagulado", porque nele ressoa diretamente — isto é, contornando a sucessão linear do tempo contínuo — o passado que foi recalcado, expulso da continuidade estabelecida pela história dominante. Ela é, literalmente, o ponto de "dialética suspensa", de pura repetição em que o movimento histórico é posto entre parênteses. E o único campo em que podemos falar dessa apropriação do passado que o presente "redime" retroativamente — em que o próprio passado é incluído no presente — é o do significante: a suspensão do movimento só é possível como sincronia do significante, como sincronização do passado com o presente.

Agora podemos ver com que lidamos quando a mônada é isolada da continuidade histórica: *isolamos o significante, ao pôr entre parênteses a totalidade da significação*. Essa colocação da significação entre parênteses é condição *sine qua non* do curto-circuito entre presente e passado: a sincronização dos dois ocorre no nível da autonomia do significante — o que é sincronizado, superposto, são as redes de dois significantes, e não dois significados. Por conseguinte, não devemos surpreender-nos ao descobrir que essa "inserção [*Einschluss*] de um passado na textura do presente" é sustentada pela metáfora do texto, da história como texto:

> Se nos dispomos a considerar a história como texto, podemos dizer sobre ela o que disse um autor moderno sobre um texto literário: o passado depositou nele imagens que seriam comparáveis às preservadas por uma chapa fotográfica. "Somente o futuro dispõe de reveladores suficientemente fortes para fazer surgir a imagem com todos os seus detalhes. Muitas páginas de Marivaux ou de Rousseau atestam um significado que seus leitores contemporâneos não estavam aptos a decifrar completamente.[5]

Neste ponto, devemos referir-nos outra vez a Lacan, que, para explicar o retorno do recalcado, serve-se da metáfora de Wiener sobre a dimensão temporal invertida: vemos o quadrado se apagando, antes de enxergarmos o quadrado:

> (...) o que vemos sob a volta do recalcado é o sinal apagado de algo que só terá seu valor no futuro, pela sua realização simbólica, sua integração na história do sujeito. Literalmente, nunca será mais do que uma coisa que, num dado momento de realização, *terá sido*.[6]

Portanto, ao contrário da primeira impressão enganosa, a situação revolucionária atual não é uma espécie de "retorno do recalcado"; antes, os retornos do recalcado, os "sintomas", são tentativas revolucionárias que falharam no passado, esquecidas, excluídas da estrutura da tradição histórica reinante, ao passo que a situação revolucionária atual apresenta uma tentativa de "desdobrar" o sintoma, de "redimir" — isto é, realizar no Simbólico — essas tentativas passadas fracassadas que só "terão sido" através de sua repetição, quando então se tornam, retroativamente, aquilo que já eram. A propósito das Teses de Benjamin, portanto, podemos repetir a fórmula de Lacan: a revolução dá "um salto de tigre em direção ao passado", não por estar em busca de uma espécie de apoio no passado, mas na medida em que esse passado que se repete na revolução "vem do futuro" — já estava, ele mesmo, saturado da dimensão aberta do futuro.

## A "perspectiva do Juízo Final"

Neste ponto exato, encontramos uma surpreendente congruência entre Benjamin e a ideia stalinista de história: tão logo concebemos a história como texto, como "sua própria história", sua própria narrativa — como algo que recebe sua significação retroativamente e em que essa demora, esse efeito de *après coup* [posterioridade], inscreve-se no próprio evento atual, que não "é", literalmente, mas sempre "terá sido" —, somos obrigados, ao menos implicitamente, a ver o processo histórico pela perspectiva de um "Juízo Final", de um acerto de contas final, de um ponto de simbolização/historicização realizada, de "fim da história", quando todo acontecimento recebe, retroativamente, seu significado definitivo, seu lugar final na narrativa total. A história atual ocorre, por assim dizer, a crédito: só o desenvolvimento posterior decidirá, retroativamente, se a atual violência revolucionária será perdoada, legitimada, ou se continuará a fazer pressão nos ombros da geração atual como sua culpa, como sua dívida não quitada.

Relembremos Merleau-Ponty, que, em seu *Humanismo e terror*, defendeu os julgamentos políticos stalinistas sob a alegação de que, embora suas vítimas fossem inocentes, *sem dúvida*, eles se justificariam pelo progresso social subsequente, possibilitado por seu intermédio. Temos aí a ideia fundamental dessa "perspectiva do Juízo Final" (a expressão é de Lacan, de seu seminário *A ética da psicanálise*): nenhum ato, nenhum acontecimento fica vazio; não há despesa pura, não há prejuízo puro na história; tudo que fazemos é anotado, registrado em algum lugar, como um vestígio que permanece sem sentido, por enquanto, mas que, no acerto de contas do momento final, receberá seu lugar adequado.

O SUBLIME OBJETO DA IDEOLOGIA

É esse o idealismo oculto na lógica stalinista, que, embora negue um Deus personificado, ainda assim implica um paraíso platônico sob a forma do grande Outro, que duplica a história factual empírica e mantém sua contabilidade — ou seja, determina a "significação objetiva" de cada evento e ação. Sem essa contabilidade, sem esse registro de eventos e atos na conta do Outro, não seria possível conceber o funcionamento de alguns conceitos fundamentais do discurso stalinista, como "culpa objetiva" — precisamente, culpa aos olhos do grande Outro da história.

À primeira vista, portanto, Benjamin está em perfeito acordo com o stalinismo no tocante a essa "perspectiva do Juízo Final"; aqui, porém, devemos seguir o mesmo conselho aplicado ao "amor à primeira vista": olhar de novo. Se o fizermos, logo ficará claro que essa aparente proximidade apenas confirma que Benjamin tocou no centro nervoso do edifício stalinista — foi o único a questionar radicalmente a própria ideia de "progresso" implicada pela contabilidade do grande Outro da história e — precursor, neste aspecto, da famosa fórmula lacaniana de que o desenvolvimento "é apenas uma hipótese de mestria"[7] — a demonstrar a ligação ininterrupta entre o progresso e a dominação: "A ideia de um progresso da humanidade na história é inseparável da ideia de sua marcha no interior de um tempo vazio e homogêneo" (Tese 13) — ou seja, da temporalidade da classe dominante.

A perspectiva stalinista é a de um vencedor cuja vitória final é garantida de antemão pela "necessidade objetiva da história", razão por que, apesar da ênfase em rupturas, saltos e revoluções, sua visão da história passada é *evolucionista*, do começo ao fim. A história é concebida como o processo contínuo de substituição de antigos senhores por novos senhores: cada vencedor desempenhou um "papel progressista" em sua época, depois perdeu seu objetivo, graças ao desenvolvimento inevitável: ontem era o capitalista que agia de acordo com a necessidade de progresso, hoje é nossa vez... Na contabilidade stalinista, a "culpa objetiva" (ou a contribuição) é medida em referência às leis do desenvolvimento histórico — da evolução contínua para o Bem Supremo (o comunismo). Com Benjamin, ao contrário, a "perspectiva do

Juízo Final" é a perspectiva dos que pagaram o preço por uma série de grandes vitórias históricas; a perspectiva dos que tiveram que *fracassar*, que errar o alvo, para que a série de grandes feitos históricos pudesse consumar-se; a perspectiva das esperanças frustradas, de todos os que nada deixaram no texto da história senão traços dispersos, anônimos, sem sentido, na margem de feitos cuja "grandeza histórica" foi atestada pelo olhar "objetivo" da historiografia oficial.

É por isso que, para Benjamin, a revolução não faz parte da evolução contínua da história, mas é, ao contrário, um momento de "estase" em que a continuidade é rompida, em que a textura da história anterior, a dos vencedores, é aniquilada, e em que, retroativamente, pelo sucesso da revolução, cada ato abortivo, cada lapso, cada tentativa frustrada do passado, que funcionou no Texto dominante como um traço vazio e sem sentido, será "redimida", receberá sua significação. Neste sentido, a revolução é, estritamente, um ato *criacionista*, uma intromissão radical da "pulsão de morte": apagamento do Texto dominante, criação *ex nihilo* de um novo Texto, por meio do qual o passado sufocado "terá sido".

Para nos referirmos à leitura lacaniana de *Antígona*: se a perspectiva stalinista é a de Creonte, a perspectiva do Bem Supremo que assume a forma do Bem Comum do Estado, a perspectiva de Benjamin, é a de Antígona — para Benjamin, a revolução é uma questão de vida ou morte; mais precisamente, da segunda morte, a morte simbólica. A alternativa aberta pela revolução se dá entre a *redenção*, que conferirá sentido, retroativamente, à "escória da história" (para usar uma expressão de Stalin) — àquilo que foi excluído da continuidade do Progresso —, e o *apocalipse* (sua derrota), no qual até os mortos voltarão a se perder e sofrerão uma segunda morte: *"também os mortos* não estarão em segurança se o inimigo vencer" (Tese 6).

Assim, podemos conceber a oposição entre o stalinismo e Benjamin como a existente entre o *idealismo evolucionista* e o *materialismo criacionista*. Em seu seminário *A ética da psicanálise*, Lacan assinalou que a ideologia do evolucionismo sempre implica a crença num Bem

Supremo, num derradeiro Graal da evolução que guia o curso desde o começo. Em outras palavras, sempre implica uma teleologia oculta e renegada, ao passo que o materialismo é sempre criacionista — sempre inclui um movimento *retroativo*: a meta final não está inscrita no começo; as coisas recebem seu significado *a posteriori*; a súbita criação de uma Ordem confere significação, retroativamente, ao Caos que a antecedeu.

À primeira vista, a posição de Benjamin é radicalmente anti-hegeliana: acaso a dialética não é a mais refinada e pérfida versão do evolucionismo, na qual as próprias rupturas são incluídas na continuidade do Progresso, em sua lógica inevitável? Deve ter sido assim que o próprio Benjamin concebeu sua posição: ele chamou o ponto de ruptura que corta a continuidade histórica de ponto de "suspensão dialética", de intromissão de uma repetição pura que põe entre parênteses o movimento progressivo da *Aufhebung*. Mas é nesse ponto exato que devemos frisar o antievolucionismo radical de Hegel: a negatividade absoluta que "aciona" o movimento dialético nada mais é que a intervenção da "pulsão de morte" como radicalmente a-histórica, como o "grau zero" da história — o movimento histórico incluiu em seu cerne a dimensão a-histórica da "negatividade absoluta". Em outras palavras, a suspensão do movimento é um momento-chave do processo dialético: o chamado "desenvolvimento dialético" consiste na repetição incessante de um início *ex nihilo*, na aniquilação e na reestruturação retroativa dos conteúdos pressupostos. A ideia vulgar de "desenvolvimento dialético" como um curso contínuo de transformações, através do qual o velho morre e o novo nasce, no qual tudo acena para um movimento incessante — essa ideia da natureza como um processo dinâmico de transformação, de geração e deterioração, encontrada em toda parte, de Sade a Stalin —, não tem absolutamente nada a ver com o "processo dialético" hegeliano.

Essa visão "quase dialética" da natureza como um circuito eterno de transformações, entretanto, não esgota a totalidade do stalinismo: o que escapa é, precisamente, a posição subjetiva do comunista em si.

SÓ SE MORRE DUAS VEZES

E, para dizê-lo em termos sucintos, o lugar do comunista stalinista fica exatamente entre as duas mortes. As definições meio poéticas da imagem do comunista que encontramos na obra de Stalin devem ser tomadas ao pé da letra. Quando, por exemplo, em seu discurso no funeral de Lenin, Stalin proclama que "Nós, os comunistas, somos pessoas de índole especial. Somos feitos de matéria especial", é muito fácil reconhecer o nome lacaniano dessa matéria especial: trata-se do *objeto a*, o objeto sublime colocado no espaço entre as duas mortes.

Na visão stalinista, os comunistas são "homens de vontade férrea", excluídos, de algum modo, do ciclo cotidiano das paixões e fraquezas humanas comuns. É como se fossem, de certo modo, "os mortos-vivos", ainda vivos, mas já excluídos do ciclo comum das forças naturais — isto é, como se possuíssem um outro corpo, o corpo sublime para além de seu corpo físico ordinário. (Será que o fato de, no filme *Ninotchka*, de Lubitsch, o papel do alto *aparatchik* do Partido ser desempenhado por Béla Lugosi, identificado com a figura de Drácula, outro "morto-vivo", expressa um pressentimento do estado de coisas descrito, ou terá sido apenas uma feliz coincidência?) A fantasia que serve de suporte para a imagem do comunista stalinista, portanto, é exatamente igual à fantasia que opera nos desenhos animados de Tom & Jerry: por trás da imagem da indestrutibilidade e invencibilidade do comunista, capaz de suportar até o mais terrível suplício e sobreviver intacto, revigorado por uma nova força, encontra-se a mesma lógica de fantasia de um gato cuja cabeça é explodida pela dinamite e que, na cena seguinte, prossegue intacto em sua perseguição do inimigo supremo, o rato.

## Do Senhor ao Líder

O problema é que já encontramos essa ideia de um corpo sublime, situado entre as duas mortes, no clássico Senhor pré-burguês, por exemplo, o Rei: é como se ele possuísse, além de seu corpo comum, um sublime corpo etéreo e místico, que personifica o Estado.[8] Então, onde está a diferença entre o Senhor clássico e o Líder totalitário? O corpo tran-

## O SUBLIME OBJETO DA IDEOLOGIA

substanciado do Senhor clássico é um efeito do mecanismo performativo já descrito por La Boétie, Pascal e Marx: nós, os súditos, pensamos tratar o rei como rei por ele próprio ser rei, mas, na realidade, o rei é rei porque o tratamos como tal. E esse fato de que o poder carismático do rei é efeito do ritual simbólico praticado por seus súditos tem que permanecer escondido: como súditos, somos, necessariamente, vítimas da ilusão de que o rei já é rei em si mesmo. É por isso que o Senhor clássico precisa legitimar sua dominação pela referência a uma autoridade não social externa (Deus, natureza, um evento mítico do passado etc.) — assim que o mecanismo performativo que lhe confere sua autoridade carismática é desmascarado, ele perde seu poder.

Mas o problema do Líder totalitário é que ele já não precisa desse ponto de referência externo para legitimar seu governo. Não diz a seus seguidores: "Vocês têm que me seguir porque sou seu Líder", mas, ao contrário, "Não sou nada em mim mesmo, sou o que sou apenas como uma expressão, uma encarnação, um executor da sua vontade; minha força é a força de vocês..." Dito em termos sucintos, é como se o Líder totalitário se dirigisse a seus seguidores e legitimasse seu poder, precisamente, através da referência à citada tese pascaliana/marxista — ou seja, revelando-lhes o segredo do Senhor clássico; basicamente, ele lhes diz: "Sou seu Senhor porque vocês me tratam como Senhor; são vocês, com sua atividade, que fazem de mim seu Senhor!"

Então, como podemos subverter a posição do Líder totalitário, se a tese clássica de Pascal e Marx já não funciona? Aqui, o engodo fundamental consiste em que o ponto de referência do Líder, a instância a que ele se refere para legitimar sua dominação (o Povo, a Classe, a Nação) *não existe* — ou, mais exatamente, existe apenas no e através do seu representante fetichista, o Partido e seu Líder. O desconhecimento da dimensão performativa ruma aqui na direção inversa: o Senhor clássico só é Senhor na medida em que seus súditos o tratam como Senhor, mas aqui, o Povo só é o "verdadeiro Povo" na medida em que está encarnado em seus representantes — o Partido e seu Líder.

A fórmula do desconhecimento totalitário da dimensão performativa seria esta, portanto: o Partido pensa ser o Partido por representar os verdadeiros interesses do Povo, por ter suas raízes no Povo, expressando a vontade dele; na realidade, porém, o Povo é o Povo porque — ou, mais precisamente, na medida em que — se encarna no Partido. E, ao dizer que o Povo não existe como suporte do Partido, não nos referimos ao fato óbvio de que a maioria da população não apoia realmente o domínio partidário; o mecanismo é um pouco mais complexo. O funcionamento paradoxal do "Povo" no universo totalitário pode ser detectado com mais facilidade através da análise de frases como "todo o Povo apoia o Partido". Essa proposição não pode ser falseada porque, por trás da forma da observação de um fato, temos uma definição circular de Povo: no universo stalinista, "o apoio ao governo do Partido" é "rigidamente designado" pelo termo "Povo" — é, em última análise, *a única característica que define o Povo, em todos os mundos possíveis.* É por isso que o verdadeiro membro do Povo é apenas aquele que apoia o governo do Partido: os que trabalham contra seu governo são automaticamente excluídos do Povo; tornam-se os "inimigos do Povo". O que temos aí é uma versão um pouco mais cruel de uma piada famosa: "Minha noiva nunca falta a um compromisso comigo porque, no momento em que faltar, já não será minha noiva"; o Povo sempre apoia o Partido, porque qualquer membro do Povo que se oponha ao governo do Partido se excluirá automaticamente do Povo.

A definição lacaniana de democracia, portanto, seria: uma ordem sociopolítica em que o Povo não existe — não existe como unidade encarnada em seu representante único. É por isso que a característica fundamental da ordem democrática é que o lugar do Poder, por necessidade estrutural, é um lugar vazio.[9] Numa ordem democrática, a soberania está no Povo — mas o que é o Povo, exatamente, se não a coleção dos *súditos* do poder? Temos aí o mesmo paradoxo de uma língua natural que é, ao mesmo tempo, a mais alta metalinguagem. Dado que o Povo não pode governar-se imediatamente, o lugar do Poder tem que permanecer como um lugar vazio; qualquer pessoa que

O SUBLIME OBJETO DA IDEOLOGIA

o ocupe só pode fazê-lo temporariamente, como uma espécie de substituto, um substituto do soberano real-impossível — "ninguém pode governar inocentemente", como diz Saint-Just. E, no totalitarismo, o Partido volta a se tornar o próprio súdito que, sendo a encarnação imediata do Povo, *pode* governar inocentemente. Não é à toa que os países do socialismo real se denominam "democracias populares" — nelas, finalmente, "o Povo" torna a existir.

É contra o pano de fundo desse esvaziamento do lugar do Poder que podemos medir a ruptura introduzida pela "invenção democrática" (Lefort) na história das instituições: a "sociedade democrática" poderia ser determinada como uma sociedade cuja estrutura institucional inclui como parte de sua reprodução "normal", "regular", o momento de dissolução do vínculo sociossimbólico, o momento de irrupção do Real: as eleições. Lefort interpreta as eleições (as da democracia "burguesa", "formal") como um ato de dissolução simbólica do edifício social: sua característica crucial é a que costuma ser alvo da crítica marxista da "democracia formal" — o fato de que participamos como cidadãos abstratos, indivíduos atomizados, reduzidos à condição de Uns puros, sem maiores qualificações.

No momento das eleições, toda a rede hierárquica das relações sociais é suspensa, de certo modo, colocada entre parênteses; a "sociedade" como unidade orgânica deixa de existir, transforma-se numa coleção contingente de indivíduos atomizados, de unidades abstratas, e o resultado depende de um mecanismo puramente quantitativo de contagem, ou, em última análise, um processo estocástico: um acontecimento totalmente imprevisível (ou manipulado) — um escândalo que irrompa dias antes de uma eleição, por exemplo — pode acrescentar, para um lado ou para outro, aquele "meio por cento" que determina a orientação geral da política do país nos anos seguintes... Em vão ocultamos esse caráter inteiramente "irracional" do que chamamos "democracia formal": no momento de uma eleição, a sociedade fica entregue a um processo estocástico. Somente a aceitação desse risco, somente essa presteza a entregar o próprio destino ao acaso "irracional", possibilita a "democracia": é nesse sentido que devemos ler o dito de Winston Churchill que já mencionei: "A democracia é o pior de todos os sistemas políticos possíveis, com exceção de todos os demais."

É verdade que a democracia possibilita toda sorte de manipulações, corrupção, império da demagogia etc., mas, tão logo eliminamos a possibilidade dessas deturpações, perdemos a própria democracia — um belo exemplo do Universal hegeliano que só pode realizar-se em formas impuras, deturpadas, corruptas; se quisermos retirar essas deformações e captar o Universal em sua pureza intacta, obteremos seu oposto diametral. A chamada "democracia real" é apenas outro nome para a não democracia: se quisermos excluir a possibilidade de manipulação, teremos de "validar" os candidatos antecipadamente, teremos que introduzir a diferença entre os "verdadeiros interesses do Povo" e sua opinião contingente e oscilante, submetida a todos os tipos de demagogia e confusão etc. — e assim acabaremos com o que se costuma chamar de "democracia organizada", na qual as eleições efetivas ocorrem antes das eleições e na qual o voto tem apenas valor plebiscitário. Em suma, a "democracia organizada" é um modo de excluir a irrupção do Real que caracteriza a democracia "formal": o momento de dissolução do edifício social numa coleção puramente numérica de indivíduos atomizados.

Portanto, embora haja, "na realidade", apenas "exceções" e "deturpações", a ideia universal de "democracia" é, apesar dos pesares, uma "ficção necessária", um fato simbólico na ausência do qual a democracia efetiva, em toda a pluralidade de suas formas, não poderia se reproduzir. Nesse aspecto, Hegel aproxima-se paradoxalmente de Jeremy Bentham, em sua *Teoria das ficções*, uma das referências constantes de Lacan: o Universal hegeliano é uma dessas "ficções", pois "não existe em parte alguma da realidade" (nesse ponto, não temos nada além de exceções), mas, ainda assim, é implicado pela própria "realidade" como um ponto de referência que lhe confere sua consistência simbólica.

## NOTAS

1. Miran Božovič, "Immer Ärger mit dem Körper", *Wo es war* 5-6, Lubliana-Viena, 1988.
2. Walter Benjamin, *Illuminations*, Nova York: Schocken, 1969, p. 253 [ed. bras.: *Magia e técnica, arte e política. Ensaios sobre literatura e história da cultura*, Obras escolhidas, vol. 1, trad. Sérgio Paulo Rouanet, pref. Jeanne Marie Gagnebin, São Paulo: Brasiliense, 1987].
3. Freud, *The Interpretation of Dreams*, p. 178 [*A interpretação dos sonhos*, op. cit.].
4. Jacques Lacan, *The Seminar of Jacques Lacan, Book I: Freud's Papers on Technique*, p. 243 [*O Seminário*, livro 1, op. cit., p. 276].
5. Walter Benjamin, *Gesammelte Schriften*, vol. 1, Frankfurt: Suhrkamp Verlag, 1955, p. 1238.
6. Lacan, *The Seminar of Jacques Lacan, Book I*, p. 159 [*O seminário*, livro 1, op. cit., p. 186].
7. Jacques Lacan, *Le Séminaire XX – Encore*, Paris: Seuil, 1975, p. 52 [ed. bras.: *O seminário*, livro 20, *Mais, ainda*, trad. M. D. Magno, Rio de Janeiro: Zahar, 1989, p. 76].
8. Ernst Kantorowicz, *The King's Two Bodies*, Princeton: Princeton University Press, 1959 [ed. bras.: *Os dois corpos do rei: um estudo sobre teologia política medieval*, trad. Cid Knipel Moreira, São Paulo: Cia. das Letras, 1998]; Rado Riha, "Das Dinghafte der Geldware", *Wo es war* 1, Liubliana-Viena, 1986.
9. Claude Lefort, *L'Invention démocratique*, Paris: Fayard, 1981 [ed. bras.: *A invenção democrática: os limites da dominação totalitária*, trad. Isabel Loureiro e Maria Leonor Loureiro, Belo Horizonte: Autêntica, 2011].

**PARTE III** O sujeito

# 5. Qual é o sujeito do Real?

## Não existe metalinguagem

Ao compreender Lacan como pós-estruturalista, em geral se desconsidera a ruptura radical que o separa do campo do "pós-estruturalismo": até as proposições comuns aos dois campos alcançam uma dimensão totalmente diferente em cada uma. "Não existe metalinguagem", por exemplo: este é um lugar-comum encontrado não apenas na psicanálise lacaniana e no pós-estruturalismo (Derrida), mas também na hermenêutica contemporânea (Gadamer); é comum perdermos de vista que a teoria lacaniana trata essa proposição de um modo completamente incompatível com o pós-estruturalismo, bem como com a hermenêutica.

O pós-estruturalismo afirma que um texto é sempre "emoldurado" por seu comentário: a interpretação de um texto literário reside no mesmo plano que seu "objeto". Assim, a interpretação inclui-se no *corpus* literário: não há objeto literário "puro" que não contenha um elemento de interpretação, de distância em relação a seu significado imediato. No pós-estruturalismo, a clássica oposição entre o objeto--texto e sua leitura interpretativa externa é substituída, portanto, por uma continuidade de um texto literário infinito, que já está sempre em sua própria leitura, ou seja, que instaura uma distância de si mesmo. É por isso que o método pós-estruturalista por excelência é não apenas buscar em textos puramente literários proposições que contenham uma teoria sobre seu funcionamento, mas também ler os próprios textos teóricos como "literatura" — mais precisamente, pôr entre parênteses sua reivindicação de verdade, a fim de expor os mecanismos textuais que produzem o "efeito de verdade". Como já assinalou Habermas, temos no pós-estruturalismo uma espécie de estetização universalizada mediante a qual a "verdade" em si é finalmente reduzida a um dos efeitos de estilo da articulação discursiva.[1]

Em contraste com essa referência nietzschiana do pós-estruturalismo, a obra de Lacan quase não faz referências a Nietzsche. Lacan sempre insiste na psicanálise como uma experiência da verdade: sua tese de que a verdade se estrutura como uma ficção nada tem a ver com uma redução pós-estruturalista da dimensão da verdade a um "efeito de verdade" textual. Aliás, foi Lévi-Strauss que, apesar de sua crítica feroz à "moda pós-estruturalista", abriu caminho para um poeticismo "desconstrutivista", lendo interpretações teóricas de mitos como novas versões do mesmo mito; por exemplo, ele concebeu a teoria freudiana do complexo de Édipo como apenas uma nova variação do mito de Édipo.

No "pós-estruturalismo", a metonímia obtém uma clara predominância lógica sobre a metáfora. O "corte" metafórico é concebido como um esforço fadado ao fracasso, fadado a estabilizar, canalizar ou dominar a dissipação metonímica do fluxo textual. Nessa perspectiva, a insistência lacaniana na primazia da metáfora sobre a metonímia, sua tese de que o deslizamento metonímico tem sempre que ser sustentado por um corte metafórico, pode parecer aos pós-estruturalistas uma simples indicação de que sua teoria continua marcada pela "metafísica da presença". Os pós-estruturalistas veem a teoria lacaniana do ponto de basta, do significante fálico como significante da falta, como um esforço para dominar e restringir a "disseminação" do processo textual. Não é ela, indagam, uma tentativa de localizar uma falta num único significante, o Um, embora ele seja o próprio significante da falta? Derrida censura Lacan, repetidamente, pelo gesto paradoxal de reduzir a falta através de sua afirmação dela. A falta é situada como um ponto de exceção que garante a consistência de todos os outros elementos, pelo simples fato de ser determinada como "castração simbólica", pelo simples fato de o falo ser definido como seu significante.

## QUAL É O SUJEITO DO REAL?

Mesmo no nível de uma leitura ingênua "imediata", é difícil evitar a impressão de que há algo errado nessa posição pós-estruturalista — ou, mais exatamente, de que essa crítica a Lacan *funciona um pouco demais*. A posição pós-estruturalista repete com constante frequência que nenhum texto pode ser totalmente não metafísico. Por um lado, não é possível nos livrarmos da tradição metafísica com o simples gesto de tomar distância, de nos colocarmos fora dela, porque a linguagem que somos obrigados a usar é perpassada pela metafísica. Por outro lado, no entanto, todo texto, por mais metafísico que seja, sempre produz lacunas que anunciam rupturas no círculo metafísico: os pontos em que o processo textual subverte o que seu "autor" tencionava dizer. Será que tal posição não é um pouco cômoda demais? Em termos mais diretos, a posição a partir da qual o desconstrutivista sempre pode se certificar de que "não existe metalinguagem", de que nenhum enunciado consegue dizer com exatidão o que tencionava dizer, de que o processo de enunciação sempre subverte o enunciado, é a *posição da metalinguagem* em sua forma mais radical, mais pura.

Como é possível não reconhecer, no fervor apaixonado com que o pós-estruturalista insiste em que todo texto, inclusive o dele, está preso numa ambiguidade fundamental e inundado pela "disseminação" do processo intertextual, os sinais de uma *negação* obstinada (no sentido freudiano da *Verneinung*)? Como não reconhecer um conhecimento mal disfarçado do fato de que se está falando de uma posição segura, uma posição não ameaçada pelo processo textual descentrado? É por isso que o poeticismo pós-estruturalista é, em última instância, *afetado*. Todo o esforço de escrever "poeticamente", de nos fazer sentir que nosso texto já foi capturado numa rede descentrada de processos plurais e que esse processo textual sempre subverte o que "pretendíamos dizer", todo o esforço de fugir da forma puramente teórica de expormos nossas ideias e de adotarmos recursos retóricos habitualmente reservados à literatura, tudo isso mascara o fato incômodo de que, na raiz do que dizem os pós-estruturalistas, há uma posição teórica claramente definida, que pode ser articulada sem dificuldade em pura e simples metalinguagem.

O SUBLIME OBJETO DA IDEOLOGIA

A pretensiosa suposição pós-estruturalista é que a clássica redução dos recursos retóricos a meios externos, que não concernem aos conteúdos significados, é ilusória: os chamados recursos estilísticos já determinam os conteúdos nocionais "internos", eles mesmos. No entanto, parece que o próprio estilo poético pós-estruturalista — o estilo do autocomentário e do autodistanciamento irônicos e contínuos, o jeito de subverter de modo constante aquilo que se deveria dizer literalmente — só existe para enfeitar algumas proposições teóricas básicas. É por isso que os comentários pós-estruturalistas produzem, não raro, um efeito de "mal infinito", no sentido hegeliano: uma interminável variação quase poética da mesma suposição teórica, uma variação que não produz nada de novo. O problema da desconstrução, portanto, não está em ela renunciar a uma formulação teórica rigorosa e produzir um poeticismo frouxo. Ao contrário, está em que sua posição é "teórica" demais (no sentido de uma teoria que exclui a dimensão de verdade, ou seja, que não afeta o lugar do qual falamos).

## O significante fálico

Então, como é possível fugir desse impasse? É aí que Lacan difere radicalmente dos pós-estruturalistas. Em *O seminário*, livro 11, ele assim inicia uma de suas frases: "Ora, é precisamente o que quero dizer, e o que digo — pois o que quero dizer, eu digo (...)."* Numa leitura pós-estruturalista, frases como essa provam que Lacan ainda quer conservar a posição do Senhor: "digo o que eu quero dizer" afirma uma coincidência entre o que pretendemos dizer e o que efetivamente dizemos — não é essa coincidência que define a ilusão do Senhor? Não estará Lacan agindo como se seu texto estivesse isento da distância entre o que é dito e o que ele tenciona dizer? Não estará ele afirmando que pode dominar os efeitos significantes de seu texto? Na perspectiva

---

* Jacques Lacan, *O seminário*, livro 11, *Os quatro conceitos fundamentais da psicanálise*, versão bras. M. D. Magno, Rio de Janeiro: Zahar, 2ª ed., 1985, p. 207. (*N. T.*)

## QUAL É O SUJEITO DO REAL?

lacaniana, ao contrário, são exatamente esses enunciados "impossíveis" — enunciados que seguem a lógica do paradoxo "eu minto" — que mantêm aberta a lacuna fundamental do processo significante e, com isso, impedem que assumamos uma postura de metalinguagem.

Lacan aproxima-se de Brecht nesse aspecto. Basta lembrarmos o método básico de suas "peças didáticas" do começo dos anos 1930, nas quais as *dramatis personae* proferem um comentário "impossível" sobre seus próprios atos. Um ator entra no palco e diz: "Sou um capitalista cujo objetivo é explorar os trabalhadores. Agora, vou tentar convencer um de meus operários da verdade da ideologia burguesa que legitima a exploração..." Em seguida, ele se aproxima do trabalhador e faz exatamente o que anunciou que faria. Será que esse método — um ator que comenta seus atos a partir de uma postura "objetiva" de pura metalinguagem — não deixa clara, de forma quase palpável, a completa impossibilidade de ele ocupar essa posição? Não será ele, em seu próprio absurdo, infinitamente mais subversivo do que o poeticismo que proíbe todo enunciado simples e direto, e se sente obrigado a sempre acrescentar novos comentários, recuos, digressões, parênteses, aspas etc., um sem-número de garantias de que o que estamos dizendo não deve ser entendido diretamente ou ao pé da letra, como idêntico a si mesmo?

A metalinguagem não é apenas uma entidade Imaginária. É *Real*, no estrito sentido lacaniano — ou seja, é impossível *ocupar* sua posição. Mas, acrescenta Lacan, é ainda mais difícil simplesmente *evitá-la*. Não se pode *atingi-la*, mas também não se pode *fugir* dela. É por isso que a única maneira de evitar o Real é produzir um enunciado de pura metalinguagem, que, por seu absurdo flagrante, materialize sua própria impossibilidade, isto é, um elemento paradoxal que, em sua própria identidade, encarne a alteridade absoluta, a distância irreparável que torna impossível ocupar uma posição de metalinguagem.

Para Derrida, a localização da falta é tida como algo que domestica a "disseminação" do processo da escrita, enquanto, para Lacan, apenas a presença desse "ao menos um" paradoxal sustenta a dimensão radical

## O SUBLIME OBJETO DA IDEOLOGIA

da distância. O nome lacaniano desse elemento paradoxal, obviamente, é o falo como significante, uma espécie de versão negativa da "verdade como índice de si mesma". O significante fálico é, por assim dizer, um índice de sua própria impossibilidade. Em sua positividade mesma, ele é o significante da "castração" — ou seja, de sua própria falta. Os chamados objetos pré-fálicos (seios, fezes) são objetos perdidos, ao passo que o falo é não simplesmente perdido, mas um objeto que *encarna certa perda fundamental em sua própria presença. No falo, a perda como tal atinge uma existência positiva.* Nisso, Lacan difere de Jung, a quem se atribuiu — erroneamente, talvez, mas, *se non è vero, è ben trovato* — a famosa frase: "Que é um pênis, se não um símbolo fálico?"

Lembremos também a interpretação dada por Otto Fenichel ao gesto obsceno chamado em alemão de "nariz comprido" [*die lange Nase*].[*] Supõe-se que espalmar a mão diante do rosto e apoiar o polegar no nariz conote o falo erecto. A mensagem desse gesto seria, ao que parece, uma simples exibição diante de um adversário: veja como o meu é grande; o meu é maior que o seu. Em vez de refutar diretamente essa interpretação simplista, Fenichel introduz um pequeno deslocamento: a lógica de insultar um adversário sempre envolve a *imitação* de um de seus traços. Se isso é verdade, o que haveria de tão insultuoso numa imitação que assinala que o outro tem um membro viril e potente? A solução de Fenichel é que convém ler esse gesto como a primeira parte de uma frase cuja segunda parte é omitida. A íntegra seria: "O seu é muito grande e potente, mas, *apesar disso, você é impotente. Não pode ferir-me com ele.*"[3]

Com isso, o adversário é apanhado numa escolha forçada que, segundo Lacan, define a experiência de castração: se ele não pode, não pode; mas, mesmo que possa, qualquer afirmação de sua potência está fadada a funcionar como uma negação, isto é, como um mascaramento de sua impotência fundamental, um mero exibicionismo que apenas

---

[*] Equivalente ao nosso "fazer fiau", um gesto de desdém. (*N. T.*)

confirma, negativamente, que ele não pode fazer nada.[4] Quanto mais ele reage, quanto mais mostra seu poder, mais sua impotência é confirmada.

É nesse sentido exato que o falo é o significante da castração. Essa é a lógica da inversão fálica que se instala quando a demonstração de força começa a funcionar como a confirmação de uma impotência fundamental. É também a lógica da chamada provocação política endereçada a uma estrutura de poder totalitária. O *punk* que imita o ritual "sadomasoquista" de poder não deve ser concebido como um caso de identificação da vítima com o agressor (como se costuma interpretar). A mensagem para a estrutura de poder é, ao contrário, a negação implícita no ato positivo de imitação: você é muito poderoso, *mas, apesar disso, é impotente. Não pode realmente me machucar!* Desse modo, a estrutura de poder é capturada na mesma armadilha. Quanto mais violenta sua reação, mais ela confirma sua impotência fundamental.

## Lenin em Varsóvia *como objeto*

Para articular com mais exatidão como o significante fálico lacaniano implica a impossibilidade da metalinguagem, voltemos à compreensão pós-estruturalista da ideia de que "não existe metalinguagem". Seu ponto de partida é o fato de que o nível zero de todas as metalinguagens — a linguagem comum natural — é, ao mesmo tempo, o último arcabouço interpretativo de todas elas: é a suprema metalinguagem. A linguagem comum é sua própria metalinguagem. É autorreferente, lugar de um movimento autorreflexivo incessante. Nessa conceituação, não se menciona muito o objeto. Em geral, ele é descartado mediante um simples assinalar que a "realidade" já é estruturada por meio da linguagem. Desse modo, os pós-estruturalistas podem entregar-se calmamente ao infinito jogo autointerpretativo da linguagem. "Não existe metalinguagem" é tido, na verdade, como significando *seu oposto diametral: que não existe uma linguagem-objeto pura*, nenhuma linguagem que funcione como um meio puramente transparente para a designação da realidade previamente dada. Toda afirmação "objetiva"

## O SUBLIME OBJETO DA IDEOLOGIA

sobre as coisas inclui algum tipo de autodistanciamento, um ricochetear do significante em seu "sentido literal". Em suma, a linguagem está sempre dizendo, mais ou menos, *algo diferente* do que pretende dizer.

No ensino de Lacan, entretanto, a proposição "não existe metalinguagem" tem que ser entendida ao pé da letra. Significa que toda linguagem, de certo modo, é uma linguagem-objeto: *não há linguagem sem objeto*. Mesmo quando a linguagem parece estar presa numa rede de movimentos autorreferentes, mesmo quando ela aparenta falar apenas de si mesma, existe uma "referência" objetiva e não significante a esse movimento. A marca lacaniana disso, é claro, é *o objeto a*. O movimento autorreferente do significante não é o de um círculo fechado, mas um movimento elíptico em torno de certo vazio. E o *objeto a*, como objeto perdido original, que coincide de certo modo com sua própria perda, é, precisamente, a encarnação desse vazio.

Essa "exclusão interna" que retira o objeto do Outro da rede simbólica também nos permite expor a confusão sobre a qual se apoia a suposição derridiana do "título da letra" [*le titre de la lettre*], isto é, a crítica à teoria lacaniana, na qual, segundo Derrida, a letra/carta* sempre possui seu título/endereço, sempre chega a seu destino. Supõe-se que isto ateste a "economia fechada" do conceito lacaniano de Simbólico: o ponto central de referência (o significante da falta) excluiria a possibilidade de uma carta extraviar-se, perder seu rumo circular--teleológico e não achar seu endereço.[5]

Em que reside o equívoco dessa crítica? É verdade que, na teoria lacaniana, "toda letra tem seu título", mas, decididamente, esse título não é uma espécie de *télos* de sua trajetória. O "título da letra" lacaniano é mais próximo do título de um quadro, a exemplo do descrito numa piada famosa sobre "Lenin em Varsóvia". Numa exposição de arte em Moscou, havia um quadro mostrando Nadezhda Krupskaya, a mulher de Lenin, na cama com um jovem membro do Konsomol.

---

* Lacan enfatiza a homonímia entre *carta* e *letra*, ambas correspondentes a *lettre* em francês. (*N. T.*)

## QUAL É O SUJEITO DO REAL?

O título do quadro era "Lenin em Varsóvia". Um visitante perplexo pergunta a um guia: "Mas, onde está Lenin?" O guia responde, em voz baixa e com dignidade: "Lenin está em Varsóvia."

Se pusermos de lado a posição de Lenin como o Terceiro ausente, o portador da proibição da relação sexual, poderemos dizer que "Lenin em Varsóvia" é, no estrito sentido lacaniano, o objeto desse quadro. O título dá nome ao objeto que falta no campo do que é retratado. Ou seja, nessa piada, a armadilha em que o visitante é apanhado poderia ser definida, precisamente, como armadilha da metalinguagem. O erro do visitante é estabelecer entre o quadro e o título a mesma distância que há entre o signo e o objeto denotado, como se o título falasse *sobre* o quadro de uma espécie de "distância objetiva", e então procurar sua correspondência positiva na imagem. Assim, o visitante faz uma pergunta: "Onde está o objeto indicado pelo título retratado?" Mas é claro que o xis da questão é que, nesse caso, a relação entre o quadro e seu título não é a habitual, na qual o título simplesmente corresponde ao que foi retratado ("Paisagem", "Autorretrato" etc.). Aqui, o título está, por assim dizer, na mesma superfície. Faz parte da mesma continuidade do próprio quadro. Sua distância da imagem é estritamente interna, fazendo um corte no quadro. É por isso que alguma coisa tem que cair (sair) do quadro: não seu título, mas o objeto substituído pelo título.

Em outras palavras, o título desse quadro funciona como o *Vorstellungsrepräsentanz* freudiano: o representante, o substituto de uma representação, o elemento significante que ocupa o lugar vazio da representação faltante (isto é, da imagem do próprio Lenin). O campo da representação [*Vorstellung*] é o campo do que é positivamente retratado, mas o problema é que nem tudo pode ser retratado. Algo deve necessariamente ficar de fora, "Lenin deve estar em Varsóvia", e o título assume o lugar desse vazio, dessa representação "originalmente recalcada" que falta: sua exclusão funciona como uma condição positiva da emergência do que é retratado (porque, para falar sem rodeios, se Lenin não estivesse em Varsóvia, Nadezhda Krupskaya não poderia...). Se tomarmos a palavra "sujeito" no sentido de "conteúdo", poderemos

O SUBLIME OBJETO DA IDEOLOGIA

dizer que o que temos aí é, precisamente, *a diferença sujeito/objeto*. "Nadezhda Krupskaya na cama com um jovem integrante do Komsomol" é o *sujeito* do quadro; "Lenin em Varsóvia" é o *objeto*.

Podemos tomar isso como uma piada sobre o *Vorstellungsrepräsentanz*, e agora também é possível entendermos por que o significante como tal tem o status de *Vorstellungsrepräsentanz* em Lacan. Já não se trata do simples material saussuriano representativo do significado, da ideia de representação mental, mas do substituto que preenche o vazio de uma representação que originalmente falta: ele não traz à mente nenhuma representação, representa a falta dela. O equívoco na crítica pós-estruturalista a Lacan é, em última análise, um mal-entendido sobre a natureza do *Vorstellungsrepräsentanz*. Essa crítica deixa escapar o fato de que o *Vorstellungsrepräsentanz* (o significante reflexivo puro que encarna a falta em si) preenche o vazio do objeto perdido. Assim que ele deixa de se ligar a esse furo no Outro, à queda do objeto, começa a funcionar como um "título": como uma designação metalinguística, como um corte que limita, totaliza, canaliza a dispersão original da textura significante etc.; em suma, nós nos descobrimos numa bagunça "pós-estruturalista".

Se a piada sobre Lenin em Varsóvia exemplifica a lógica do significante mestre, há uma outra — de certo modo, sua inversão simétrica — que exemplifica a lógica do objeto: a piada sobre o alistado que tenta fugir do serviço militar, fingindo-se de louco. Seu sintoma é que ele verifica compulsivamente todos os pedaços de papel em que consegue pôr as mãos, repetindo constantemente: "Não é esse!" É encaminhado ao psiquiatra militar, em cujo consultório também examina todos os papéis que estão à vista, inclusive os da cesta de lixo, sempre repetindo "Não é esse!". O psiquiatra, enfim convencido de que ele é louco, entrega-lhe um atestado que o libera do serviço militar. O recrutado dá uma espiada no papel e exclama, animado: "*É esse!*"

Podemos dizer que esse papelzinho finalmente encontrado — um atestado de liberação — tem o status de um objeto, no sentido lacaniano. Por quê? Porque é um objeto produzido pela própria textura

QUAL É O SUJEITO DO REAL?

significante. É um tipo de objeto que passou a existir como resultado de toda a inquietação a seu respeito. O convocado "louco" finge procurar alguma coisa e, através de sua busca e de seu repetido fracasso ("Não é esse!"), produz aquilo que estava buscando. O paradoxo é, pois, que o próprio processo de buscar *produz* o objeto que o *causa*: um paralelo exato do desejo lacaniano que produz seu objeto-causa. O erro de todas as pessoas em volta do convocado, inclusive o psiquiatra, consiste em deixarem escapar que elas já fazem parte do jogo do recrutado "louco". Acham que o estão examinando de uma distância metalinguística objetiva, como o espectador perplexo do quadro *Lenin em Varsóvia*, que confunde o título do quadro com uma descrição metalinguística de seu conteúdo.

Seu erro é simétrico, portanto. No caso de *Lenin em Varsóvia*, o título está no mesmo nível do conteúdo retratado na tela e não é sua designação metalinguística. No segundo exemplo, o papel como objeto faz parte do próprio processo significante, é seu produto, e não sua referência externa. Primeiro temos o paradoxo de um *significante* que faz parte da *representação da realidade* (preenchendo um vazio, um furo que há nela). Depois, temos o paradoxo inverso, de um *objeto* que deve ser incluído na *textura significante*. Talvez esse paradoxo duplo nos ofereça a pista final para a proposição lacaniana: "Não existe metalinguagem."

## O *antagonismo como Real*

Para apreender essa lógica de um objeto incluído na textura significante, devemos ter em mente o caráter paradoxal do Real lacaniano. Ele costuma ser concebido como um núcleo duro que resiste à simbolização, à dialetização, e persiste em seu lugar, sempre voltando a ele. Há um famoso conto de ficção científica ("Experimento", de Fredric Brown) que ilustra perfeitamente este ponto. O professor Johnson desenvolveu em pequena escala um modelo experimental de máquina do tempo. Pequenos objetos colocados nela podem ser mandados para o passado ou para o futuro. Primeiro ele demonstra a seus dois colegas uma viagem no tempo de cinco minutos para o futuro, programando o botão do futuro e colocando um cubinho de metal na plataforma da máquina. O objeto desaparece no mesmo instante e reaparece cinco minutos depois. O experimento seguinte, cinco minutos para o passado, é um pouco mais complexo. Johnson explica que, tendo ajustado o botão do passado para cinco minutos, colocará o cubo na plataforma exatamente às três horas. Mas, como agora o tempo está andando para trás, o cubo deverá desaparecer de sua mão e aparecer na plataforma quando faltarem cinco para as três — ou seja, cinco minutos antes de ele o colocar ali. Um de seus colegas faz a pergunta óbvia: "E como é que você vai poder colocá-lo ali, então?" Johnson explica que, às três horas, o cubo sumirá da plataforma e aparecerá em sua mão, para ser posto na máquina. É exatamente o que acontece. O segundo colega quer saber o que aconteceria se, depois de o cubo aparecer na plataforma (cinco minutos antes de ser colocado nela), Johnson mudasse de ideia e *não* o pusesse lá às três horas. Isso não criaria um paradoxo?

— É uma ideia interessante — diz o professor Johnson. — Eu não havia pensado nisso, e será interessante tentar. Muito bem, *não vou*...

Não houve paradoxo algum. O cubo permaneceu onde estava.

Mas o resto inteiro do universo, professores e tudo, desapareceu.

Portanto, mesmo que toda a realidade simbólica se desfaça, desapareça no nada, o Real — o cubinho — voltará a seu lugar. É o que Lacan quer dizer quando afirma que o imperativo ético é o modo de presença do Real no Simbólico: *Fiat justitia, pereat mundus!* O cubo tem que voltar para seu lugar, mesmo que o mundo inteiro, toda a realidade simbólica, pereça.

Mas este é apenas um lado do Real lacaniano; é o lado que predomina na década de 1950, quando temos o *Real* — a realidade pré-simbólica bruta que sempre volta a seu lugar —, depois a ordem *simbólica*, que estrutura nossa percepção da realidade, e por fim, o *Imaginário*, o nível de entidades ilusórias cuja consistência é efeito de uma espécie de

## QUAL É O SUJEITO DO REAL?

jogo de espelhos — isto é, elas não têm existência real, sendo um mero efeito estrutural. Com o desenvolvimento do ensino lacaniano nos anos 1960 e 1970, o que ele chama de "o Real" aproxima-se cada vez mais do que chamava, na década de 1950, de Imaginário. Consideremos o caso do trauma: nos anos 1950, em seu primeiro seminário, o evento traumático é definido como uma entidade imaginária que ainda não foi totalmente simbolizada, não recebeu um lugar no universo simbólico do sujeito;[6] mas, nos anos 1970, o trauma é *real* — é um núcleo duro que resiste à simbolização, mas a questão é que não importa se ele tem um lugar, se "realmente aconteceu" na chamada realidade; a questão é, simplesmente, que ele produz uma série de efeitos estruturais (deslocamentos, repetições etc.). O Real é uma entidade que tem de ser construída depois, para que possamos explicar as distorções da estrutura simbólica.

O mais famoso exemplo freudiano dessa entidade real é, obviamente, o parricídio primevo: não faria sentido buscar vestígios dele na realidade pré-histórica, mas, ainda assim, ele deve ser pressuposto, se quisermos explicar a situação atual. O mesmo se dá com a luta de morte primitiva entre o senhor e o escravo (futuros) na *Fenomenologia do espírito*, de Hegel: é absurdo tentar determinar quando poderia ter ocorrido esse evento; o importante é apenas que ele deve ser pressuposto, que constitui um cenário de fantasia implicado pelo próprio fato de as pessoas trabalharem — ele é a condição intersubjetiva da chamada "relação instrumental com o mundo dos objetos".

O paradoxo do Real lacaniano, portanto, é que ele é uma entidade que, apesar de não existir (no sentido de "realmente existir", ocorrer na realidade), tem uma série de propriedades — exerce certa causalidade estrutural, pode produzir uma série de efeitos na realidade simbólica dos sujeitos. É por isso que pode ser ilustrado por uma multidão de piadas conhecidas, baseadas na mesma matriz: "É este o lugar em que o duque de Wellington proferiu suas famosas últimas palavras?" — "Sim, o lugar é este, mas ele nunca disse essas palavras". Essas palavras nunca ditas são um Real lacaniano. Podemos citar exemplos *ad infinitum*: "Não só

## O SUBLIME OBJETO DA IDEOLOGIA

o Smith não acredita em fantasmas, como nem tem medo deles!", até chegar ao próprio Deus, que, segundo Lacan, pertence ao Real: "Deus tem todas as perfeições, exceto uma — ele não existe!" Nesse sentido, o *sujet supposé savoir* lacaniano (o sujeito suposto saber) também é uma dessas entidades reais: não existe, mas produz uma mudança decisiva no desenvolvimento do tratamento psicanalítico.

Para mencionar o exemplo final, temos o famoso MacGuffin, o objeto hitchcockiano, o puro pretexto cujo único papel é pôr a história em andamento, mas que, em si mesmo, não é "coisa nenhuma"; a única importância do MacGuffin está no fato de ele ter certa significação para os personagens, de ter que parecer que é de importância vital para eles. A anedota original é famosa: dois homens estão sentados num trem; um deles pergunta: "O que é aquele pacote lá em cima, no bagageiro?" "Ah, aquilo é um MacGuffin." "O que é um MacGuffin?" "Bem, é uma armadilha para capturar leões nas Terras Altas da Escócia." "Mas não há leões nas Terras Altas da Escócia." "Bem, então, aquilo não é um MacGuffin." Há uma outra versão, que é muito mais pertinente. É igual à anterior, com exceção da última resposta: "Bem, para você ver como ele é eficiente!" Isso é um MacGuffin, um puro nada que, ainda assim, é eficiente. Nem é preciso dizer que o MacGuffin é o caso mais puro do que Lacan chama de *objeto a*: um puro vazio que funciona como o objeto-causa do desejo.

Esta seria, portanto, a definição precisa do objeto real: uma causa que em si não existe — que só está presente numa série de efeitos, mas sempre de forma distorcida, deslocada. Se o Real é o impossível, é exatamente essa impossibilidade que precisa ser apreendida através de seus efeitos. Laclau e Mouffe foram os primeiros a desenvolver essa lógica do Real em sua relevância para o campo socioideológico, em seu conceito de antagonismo: o antagonismo é exatamente esse núcleo impossível, um certo limite que não é nada em si mesmo; só deve ser construído retroativamente, a partir de uma série de seus efeitos, como o ponto traumático que lhes escapa; ele impede um fechamento do campo social. Com isso poderíamos reler até o clássico conceito de "luta de classes": ela não é o significante último que dá sentido a todos os fenômenos sociais ("todos os processos sociais são, em última análise, expressões da luta de classes"), mas, muito pelo contrário, um certo limite, uma negatividade pura, um limite traumático que impede a totalização final do campo socioideológico. A "luta de classes" só está presente em seus efeitos, no fato de que toda tentativa de totalizar o campo social, de atribuir aos fenômenos sociais um lugar definido na eternidade social, está sempre fadada ao fracasso.

Se definirmos o Real como essa entidade quimérica paradoxal que, embora não exista, tem uma série de propriedades e pode produzir uma série de efeitos, ficará claro que o Real por excelência é o gozo: o gozo não existe, é impossível, mas produz diversos efeitos traumáticos. Essa natureza paradoxal do gozo também nos dá uma pista para explicarmos o paradoxo fundamental que atesta, de modo infalível, a presença do Real: o fato da proibição de algo que em si já é impossível. O modelo elementar, é claro, é a proibição do incesto, mas há muitos outros exemplos; citemos apenas a atitude conservadora habitual a respeito da sexualidade infantil: esta não existe, as crianças são seres inocentes, e é por isso que devemos controlá-las com rigor e combater a sexualidade infantil — para não mencionar o fato óbvio de que a frase mais famosa de toda a filosofia analítica — a última proposição do *Tractatus* de Wittgenstein — implica o mesmo paradoxo: "Sobre aquilo de que não se pode falar deve-se calar." Surge de imediato a pergunta idiota: se já está dito que é *impossível* dizer alguma coisa sobre o indizível, por que acrescentar que *não devemos* falar dele? Encontramos o mesmo paradoxo em Kant: ao abordar a questão da origem do poder legítimo do Estado, ele diz, diretamente, que não *podemos* penetrar nas origens obscuras do poder, porque *não devemos* fazê-lo (porque, ao fazê-lo, nós nos colocamos fora de seu campo e, assim, subvertemos automaticamente sua legitimidade) — uma curiosa variação do imperativo ético fundamental de Kant, *Du kannst, denn du sollst!* — Tu podes, porque deves!

O SUBLIME OBJETO DA IDEOLOGIA

A solução para esse paradoxo — por que proibir algo que já é impossível em si? — reside no fato de que a impossibilidade se relaciona com o nível de existência (esse algo é impossível, ou seja, não existe), ao passo que a proibição se relaciona com as propriedades que ela predica (o gozo é proibido por causa de suas propriedades).

## A *escolha forçada da liberdade*

Nesse sentido, podemos dizer que o status da liberdade é real. A abordagem "pós-estruturalista" costumeira consistiria em denunciar a "liberdade" como uma experiência imaginária que se apoia no desconhecimento, na cegueira para a causalidade estrutural que determina a atividade dos sujeitos. Mas, com base no ensino lacaniano dos anos 1970, podemos abordar a liberdade por outra perspectiva: a liberdade, "livre escolha", como o real-impossível.

Meses atrás, um estudante iugoslavo foi convocado para o serviço militar regular. Na Iugoslávia, no início do serviço militar, há um certo ritual: todo novo soldado deve jurar solenemente que está disposto a servir seu país e a defendê-lo, mesmo que isso signifique perder a vida, e assim por diante — o material patriótico de praxe. Depois da cerimônia pública, todos devem assinar o documento solene. O jovem soldado simplesmente se recusou a assinar, dizendo que um juramento depende da liberdade de escolha, que é uma questão de liberdade de decisão, e que, por sua livre escolha, ele não queria apor sua assinatura no juramento. Mas, apressou-se a acrescentar, se algum dos oficiais presentes se dispusesse a lhe dar uma ordem formal de assinar o juramento, é claro que ele estaria disposto a fazê-lo. Perplexos, os oficiais lhe explicaram que, como o juramento dependia de sua decisão livre (um juramento obtido por meio de força não tem valor), não poderiam lhe dar essa ordem, mas, por outro lado, se ele continuasse a se recusar a dar sua assinatura, seria processado por se recusar a cumprir seu dever e condenado à prisão. Não é preciso dizer que foi exatamente isso que aconteceu; mas, antes de ir para a prisão, o estudante conseguiu obter

QUAL É O SUJEITO DO REAL?

do tribunal militar de justiça a decisão paradoxal — um documento formal que o obrigava a assinar um juramento livre...

Na relação do sujeito com a comunidade a que ele pertence, há sempre esse ponto paradoxal de *choix forcé* [escolha forçada] — nele, a comunidade diz ao sujeito: você é livre para escolher, mas desde que escolha a coisa certa; por exemplo, você tem a liberdade de escolher se assina ou não assina um juramento, desde que escolha corretamente, isto é, que o assine. Se você fizer a escolha errada, perderá a própria liberdade de escolha. E não há nada acidental no fato de esse paradoxo surgir no nível da relação do sujeito com a comunidade a que ele pertence: a situação da escolha forçada consiste no fato de o sujeito ter que escolher livremente a comunidade a que já pertence, independentemente de sua escolha: *tem que escolher o que já lhe é dado.*

A questão é que ele nunca está realmente em condições de escolher: é sempre tratado *como se já houvesse escolhido.* Além disso, ao contrário da impressão inicial de que essa escolha forçada é uma armadilha por meio da qual o poder totalitário aprisiona seus sujeitos, devemos frisar que não há nada de "totalitário" nisso. O sujeito que pensa poder evitar esse paradoxo e ter de fato uma escolha livre é um sujeito *psicótico*, que guarda certa distância da ordem simbólica — que não é realmente apanhado na rede significante. O sujeito "totalitário" está mais perto dessa posição psicótica: prova disso seria a situação do "inimigo" no discurso totalitário (o judeu, no fascismo, o traidor, no stalinismo) — justamente o sujeito que teria feito uma escolha livre e escolhido livremente o lado errado.

Esse é, igualmente, o paradoxo fundamental do amor, não apenas pelo país, mas também por uma mulher ou um homem. Se eu receber uma ordem direta de amar uma mulher, é claro que isso não vai funcionar; de certo modo, o amor deve ser livre. Mas, por outro lado, se eu agir como se realmente tivesse liberdade de escolha, começar a olhar em volta e disser a mim mesmo "Vamos escolher por qual dessas mulheres vou me apaixonar", isso também não funcionará, não é isso o "verdadeiro amor". O paradoxo do amor é que ele é uma escolha livre, mas uma escolha que nunca chega no presente — já está sempre feita. Em certo momento, posso apenas afirmar, retroativamente, que *já escolhi*.

Na tradição filosófica, onde encontramos a primeira formulação desse paradoxo? Já no fim da vida, Kant concebeu a escolha do Mal como um ato transcendental a priori — foi assim que tentou explicar o sentimento que costumamos ter quando nos vemos diante de uma pessoa má: nossa impressão é que sua maldade não depende simplesmente das circunstâncias (que são atenuantes, por definição), mas é parte integrante da natureza eterna dela. Em outras palavras, a "maldade" parece ser algo irrevogavelmente *dado*: a pessoa em questão nunca pode modificá-la, livrar-se dela por meio de seu máximo desenvolvimento moral.

Contudo, por outro lado, temos a sensação contraditória de que a pessoa má é totalmente *responsável* por sua maldade, embora esta seja parte integrante de sua natureza, isto é, embora "ela tenha nascido assim"; "ser má" não é o mesmo que ser obtusa, irascível e outros traços similares, pertinentes a nossa natureza psíquica. O mal é sempre vivenciado como algo que faz parte de uma escolha livre, de uma decisão pela qual o sujeito tem que assumir toda a responsabilidade. Como podemos solucionar essa contradição entre o caráter "natural" dado da maldade humana e essa mesma maldade como concernente a uma escolha livre? A solução de Kant consiste em conceber a escolha do Mal, a decisão do Mal, como uma ato transcendental e atemporal a priori, um ato que *nunca se deu* na realidade temporal, mas que, ainda assim, constitui a própria estrutura do desenvolvimento do sujeito, de sua atividade prática.

Foi perfeitamente justificado, portanto, que Lacan situasse na filosofia Kant, mais especificamente, em sua *Crítica da razão prática*,[7] o ponto de partida do "movimento das ideias" que culminou na descoberta freudiana. Uma das consequências da revolução kantiana no campo da "razão prática", sobre a qual em geral se fez silêncio, foi que em Kant, pela primeira vez, *o Mal como tal adquiriu um estatuto propriamente ético*. Dito de outra maneira, com sua ideia de um "Mal

## QUAL É O SUJEITO DO REAL?

original", inscrito no caráter atemporal de uma pessoa, o Mal tornou-se uma questão de princípios, uma atitude ética — "ética" no sentido exato de um ímpeto da vontade que vai além dó princípio do prazer (e de seu prolongamento, o princípio de realidade). O "Mal" já não é uma simples atividade oportunista que só leva em conta motivações "patológicas" (prazer, lucro, utilidade etc.), mas é, ao contrário, uma questão do caráter eterno e autônomo de uma pessoa, pertinente a sua escolha atemporal original. Isso volta a confirmar a paradoxal conjunção lacaniana "Kant com Sade", assim como o fato de que, na época de Kant, assistimos ao ressurgimento de uma série de figuras musicais e literárias que encarnam o Mal como atitude ética (desde o *Don Giovanni* de Mozart até o herói romântico byroniano).

Em seu tratado sobre *A essência da liberdade humana* (1809), Schelling, o "ápice do idealismo alemão" (Heidegger), radicalizou a teoria kantiana, ao introduzir uma distinção crucial entre liberdade (liberdade de escolha) e consciência: a escolha atemporal através da qual o sujeito se escolhe como "bom" ou "mau" é uma escolha *inconsciente* (como podemos não recordar, a propósito dessa distinção schellinguiana, a tese de Freud sobre o caráter atemporal do inconsciente?). Retomemos a linha de raciocínio de Schelling. A liberdade é postulada como a causa do Mal, ou seja, o Mal resulta de uma escolha livre do sujeito, de sua decisão em prol dele. Mas, se a liberdade é a causa do Mal, como explicar os inúmeros males morais e físicos que parecem *independer* de nossa vontade consciente? A única solução possível é pressupor alguma escolha fundamental *anterior* a nossas escolhas e decisões conscientes — em outras palavras, uma escolha inconsciente.

Essa solução de Schelling volta-se sobretudo contra o idealismo subjetivo de Fichte, que reduziu toda a gama da atividade livre à autorreflexão da consciência. O principal contra-argumento de Schelling consiste numa delicada observação psicológica: às vezes, sentimo-nos responsáveis por algo, sem nenhuma decisão consciente de nossa parte; sentimo-nos pecadores, sem haver efetivamente pecado; sentimos culpa, sem havermos praticado nenhum ato. Esse sentimento, é claro, é o chamado sentimento de culpa "irracional", infundada, muito conhecida na psicanálise: a culpa "exagerada", "inexplicável", que mascara a realidade psíquica de um desejo inconsciente.

Schelling a interpreta do mesmo modo: essa culpa "irracional" atesta uma escolha inconsciente, uma decisão inconsciente em prol do Mal. É como se nosso jogo acabasse *antes* de despertarmos para a consciência: o caráter básico de todo ser humano — bom ou mau — é resultado de uma escolha transcendental original, eterna, eternamente passada, a priori — isto é, uma escolha que *sempre já foi feita*, embora nunca tenha ocorrido na realidade cotidiana temporal. Essa escolha livre inconsciente *deve ser pressuposta*, para explicar o sentimento de sermos culpados até por coisas que não dependem de nossa decisão consciente:

> ... todo ser humano carrega consigo um sentimento (...) de que, desde sempre, ele é o que é e não algo que se tornou no tempo. Por isso, não obstante a incontestável necessidade de todas as ações, deve-se reconhecer, num exame atencioso de si mesmo, que ninguém é bom ou mau de forma contingente ou arbitrária, da mesma maneira que o mau, por exemplo, também não acredita agir sob pressão (...) e que realiza suas ações *com* vontade e não contra a sua vontade. O fato de Judas ter traído Cristo não poderia ser alterado nem por ele mesmo nem por qualquer outro. Entretanto, ele não traiu Cristo sob pressão mas por sua vontade e com plena liberdade (...).

> Se, para se desculpar de uma má ação, alguém dissesse: é assim que eu sou, ele não seria menos consciente de sua própria culpa, mesmo sabendo, acertadamente, que lhe teria sido impossível agir de outro modo. Como é comum que um ser humano evidencie, desde a infância e do tempo em que empiricamente não saberíamos atribuir-lhe liberdade ou reflexão, um pendor para o mal, a ponto de se prever que nenhuma educação ou ensinamento o fará retroceder e que nele veremos amadurecer

QUAL É O SUJEITO DO REAL?

os maus frutos vistos, anteriormente, em germe. Ninguém poderá, portanto, duvidar de que se é responsável por esses frutos, e todos estarão convencidos da culpa desse homem, como se cada ato individual estivesse em seu poder. Esse juízo universal que apresenta como um ato de liberdade o pendor para o mal, que de acordo com a sua origem é de todo inconsciente e até irresistível, remete a um ato e, assim, a uma vida anterior a esta [vida terrena].[8]

Acaso é preciso assinalar que essa determinação schellinguiana de uma escolha original, atemporal, corresponde perfeitamente à concepção lacaniana do Real como um ato que nunca se deu na realidade, mas que, ainda assim, deve ser pressuposto, "construído" *a posteriori*, para explicar a situação atual? Agora poderíamos voltar ao nosso infausto estudante: seu impasse é exatamente o do ato de liberdade schellinguiano. Embora, na realidade temporal de sua vida, ele nunca tenha escolhido seu país, foi tratado como se já o houvesse feito — como se, num ato atemporal e eternamente passado, tivesse escolhido o que lhe foi imposto desde o começo — a lealdade a seu país.

## Coincidentia oppositorum

O Real, portanto, é ao mesmo tempo o núcleo duro e impenetrável que resiste à simbolização *e* uma entidade quimérica pura, que não tem em si qualquer consistência ontológica. Para usar a terminologia kripkiana, o Real é a pedra em que tropeça toda tentativa de simbolização, o núcleo duro que permanece o mesmo em todos os mundos (universos simbólicos) possíveis; mas, ao mesmo tempo, seu status é totalmente precário; é algo que persiste apenas como falho, perdido, numa sombra, e que se dissolve assim que tentamos capturá-lo em sua natureza positiva. Como já vimos, é exatamente isso que define a ideia de evento traumático: um ponto de falha da simbolização, mas que, ao mesmo tempo, nunca foi dado em sua positividade — só pode ser construído retroativamente, a partir de seus efeitos estruturais. Toda a sua efetividade está nas distorções que ele produz no universo simbólico do sujeito: o evento traumático, em última instância, é apenas um constructo de fantasia que preenche certo vazio na estrutura simbólica e, como tal, é o efeito retroativo dessa estrutura.

Há uma série de outras oposições que definem o conceito lacaniano de Real:

- Temos o Real como o ponto de partida, a base, a fundação do processo de simbolização (é por isso que Lacan fala da "simbolização do Real") — ou seja, o Real que *precede* a ordem simbólica, em certo sentido, e é posteriormente estruturado por ela, ao ser captado em sua rede: é este o grande tema lacaniano da simbolização como um processo que mortifica, esgota, esvazia, escava a plenitude do Real do corpo vivo. Mas o Real é, ao mesmo tempo, o produto, o resto, a sobra, a sucata desse processo de simbolização, os remanescentes, o excesso que escapa à simbolização e é, como tal, produzido pela própria simbolização. Em termos hegelianos, o Real é simultaneamente *pressuposto* e *posto* pelo simbólico. Na medida em que o núcleo do Real é gozo [*jouissance*], essa dualidade assume a forma de uma diferença entre gozo, prazer e mais-gozar, o excedente do gozo: o gozo é a base sobre a qual opera a simbolização, a base esvaziada, desencarnada, estruturada pela simbolização, mas esse processo gera ao mesmo tempo um resíduo, um resto que é o mais-gozar.

- O Real é a plenitude da presença inerte, da positividade; nada falta no Real, ou seja, a falta só é introduzida pela simbolização; ela é um significante que introduz um vazio, uma ausência no Real. Mas, ao mesmo tempo, o Real em si é um buraco, uma brecha, uma abertura no meio da ordem simbólica — é a falta ao redor da qual a ordem simbólica se estrutura. O Real como ponto de partida, como base, é uma plenitude positiva sem falta; como produto, como resto da simbolização, ele é, ao contrário, o

## QUAL É O SUJEITO DO REAL?

vácuo, o vazio criado, cercado pela estrutura simbólica. Também poderíamos abordar o mesmo par de opostos pela perspectiva da negatividade: o Real é algo que não se pode negar, um dado positivo inerte que é insensível à negação, que não pode ser apanhado na dialética da negatividade; mas devemos acrescentar desde logo que isso se dá porque o Real em si, em sua positividade, nada mais é que uma encarnação de certo vazio, falta ou negatividade radical. *Não pode ser negado porque já é, em si mesmo, em sua positividade, nada senão a encarnação de uma negatividade pura, um vazio.* É por isso que o objeto real é um objeto sublime, em estrito sentido lacaniano — um objeto que é apenas uma encarnação da falta no Outro, na ordem simbólica. O objeto sublime é um objeto que não se pode abordar muito de perto: se chegarmos perto demais, ele perde seus traços sublimes e se torna um objeto vulgar comum — só pode persistir num interstício, num estado intermediário, visto de certa perspectiva, semivislumbrado. Quando queremos vê-lo à luz do dia, ele se transmuda num objeto cotidiano, dissipa-se, precisamente porque, em si, não é absolutamente nada. Consideremos uma cena famosa de *Roma*, de Fellini: uns operários que cavam túneis para um metrô encontram restos de antigas construções romanas; ligam para arqueólogos e, quando todos entram juntos nas construções, uma visão deslumbrante os espera: paredes repletas de lindos afrescos de figuras imóveis, melancólicas; mas as pinturas são frágeis demais, não suportam o contato com o ar e logo começam a se dissolver, deixando os espectadores sozinhos com as paredes brancas...

- Como Jacques-Alain Miller já havia assinalado (em seu seminário inédito), o status do Real é, ao mesmo tempo, o da contingência corporal e o da coerência lógica. Numa primeira abordagem, o Real é o choque de um encontro contingente que perturba a circulação automática do mecanismo simbólico, um grão de areia que impede seu bom funcionamento, um encontro traumático que destrói o equilíbrio do universo simbólico do sujeito. Mas, como vimos com respeito ao trauma, precisamente como a irrupção de uma contingência total, em parte alguma o evento traumático é dado em sua positividade, só depois pode ser *logicamente construído* como um ponto que escapa à simbolização.

- Se tentarmos apreender o Real pela perspectiva da distinção entre *quid* e *quod*, entre as propriedades de uma natureza simbólica universal atribuída a um objeto e esse próprio objeto em sua condição de dado, um excedente de um X que, em sua positividade, escapa à rede de determinações simbólicas universais — isto é, se tentarmos abordar o Real pelo campo aberto pela crítica kripkiana da teoria das descrições —, deveremos dizer, primeiro, que o Real é o excesso de *quod* em relação a *quid*, uma pura positividade além da série de propriedades, além de um conjunto de descrições; mas, ao mesmo tempo, o exemplo do trauma prova que o Real também é o oposto diametral: uma entidade que não existe, mas que, assim mesmo, tem uma série de propriedades.
- Por fim, se tentarmos definir o Real em sua relação com a função do escrito (*écrit*, não a escritura [*écriture*] pós-estruturalista), deveremos afirmar, é claro, numa primeira abordagem, que o Real não pode inscrever-se, que escapa à inscrição (o Real da relação sexual, por exemplo); mas, ao mesmo tempo, o Real é o escrito em si, em oposição ao significante — o *écrit* lacaniano tem o status de objeto, não de significante.

Essa coincidência imediata de determinações opostas, ou até contraditórias, é o que *define* o Real lacaniano. Assim, podemos diferenciar os status imaginário, simbólico e real dos pares de opostos. Na relação *imaginária*, os dois polos de oposição são complementares; juntos, constroem uma totalidade harmoniosa; cada um dá ao outro o que lhe falta — cada um preenche a falta do outro (por exemplo, a fantasia da relação sexual plenamente realizada, na qual homem e mulher formam um todo harmonioso). A relação *simbólica*, ao contrário, é diferencial:

## QUAL É O SUJEITO DO REAL?

a identidade de cada momento consiste em sua diferença do momento oposto. Um dado elemento não preenche a falta do outro, não é complementar ao outro, mas, ao contrário, *assume o lugar da falta no outro*, encarna o que falta no outro: sua presença positiva nada mais é que a objetificação de uma falta em seu elemento oposto. Os opostos, os polos da relação simbólica, cada qual a seu modo, devolvem um ao outro a sua falta; são unidos com base em sua falta comum.

Essa também seria a definição da comunicação simbólica: o que circula entre os sujeitos é, acima de tudo, um certo vazio; os sujeitos transmitem uns aos outros uma falta comum. Nessa perspectiva, a mulher não é complementar ao homem, mas antes, encarna sua falta (razão por que Lacan pode dizer que uma mulher bonita é uma encarnação perfeita da castração masculina); por fim, o *Real* é definido como um ponto da coincidência imediata dos polos opostos: cada polo passa imediatamente para seu oposto; cada um já é, em si mesmo, o seu oposto. Aqui, a única contrapartida filosófica é a dialética hegeliana: logo no início de sua *Lógica*, o Ser e o Nada não são complementares nem a afirmação de Hegel é que cada um obtém sua identidade através de sua diferença do outro. A questão é que o Ser em si, quando tentamos captá-lo "tal como é", em sua abstração e indeterminação puras, sem maior especificação, revela ser o Nada.

Outro exemplo, talvez mais próximo do Real lacaniano, seria a crítica hegeliana da coisa-em-si [*das Ding-an-sich*] de Kant. Hegel tenta mostrar que essa famosa coisa-em-si, esse puro excesso de objetividade que não pode ser alcançado pelo pensamento, essa entidade transcendente, é, de fato, uma pura "coisa do pensamento" [*Gedankending*],* uma pura forma de pensamento: a transcendência da coisa-em-si coincide imediatamente com a pura imanência do pensamento. Em outras palavras, como alcançamos, como construímos a ideia de uma

---

\* A tradução brasileira da *Ciência da lógica* traz a seguinte explicação para o vocábulo: "*Gedankendinge* é o vocábulo alemão que traduz a expressão latina *ens rationis*, referente a entes cuja maneira de ser é puramente lógica, ou seja, está unicamente na esfera do que pode ser pensado, como, p. ex., universais ou ideias". Ver nota 3 do prefácio. (*N. E.*)

O SUBLIME OBJETO DA IDEOLOGIA

coisa-em-si? Fazendo uma abstração, abstraindo todas as determinações particulares e concretas da objetividade que seriam dependentes de nossa subjetividade — e o que resta depois dessa abstração de todos os conteúdos determinantes particulares é, precisamente, uma forma pura e vazia do Pensamento.

Lacan dá a dica dessa coincidência paradoxal de opostos em seu seminário *Mais, ainda,* quando assinala que "o Real só se poderia inscrever [*peut s'inscrire*] por um impasse da formalização".[9] Numa primeira abordagem, é claro, o Real é aquilo que não pode ser inscrito, que "não para de não se escrever [*ne cesse pas de ne pas s'écrire*]" — a pedra em que tropeça toda formalização. Mas é exatamente através dessa falha que podemos, de certo modo, circundar, localizar o lugar vazio do Real. Em outras palavras, o Real não pode se escrever, mas podemos inscrever essa própria impossibilidade, podemos localizar seu lugar: um lugar traumático que causa uma série de fracassos. E toda a colocação de Lacan é que o Real *nada mais é* que essa impossibilidade de sua inscrição: o Real não é uma entidade positiva transcendente, que persiste em algum lugar além da ordem simbólica como um núcleo duro, inacessível a ela, uma espécie de "coisa-em-si" kantiana — em si, ele não é coisa alguma, apenas um vácuo, um vazio numa estrutura simbólica que marca uma impossibilidade central. É nesse sentido que devemos entender a enigmática expressão lacaniana que define o sujeito como uma "resposta do Real": podemos inscrever, circundar o lugar vazio do sujeito através da falha de sua simbolização, porque o sujeito nada mais é que o ponto de falha do processo de representação simbólica.

Na perspectiva lacaniana, portanto, o objeto como real, em última análise, é apenas certo limite: podemos *ultrapassá-lo,* deixá-lo para trás, mas não podemos *alcançá-lo.* Essa é a leitura lacaniana do clássico paradoxo de Aquiles e a tartaruga: é claro que Aquiles pode ultrapassá-la, mas não pode alcançá-la, emparelhar com ela. É como o velho paradoxo brechtiano da felicidade, na *Ópera dos três vinténs*: não devemos correr desesperadamente atrás da felicidade porque, ao fazê-lo, podemos ultrapassá-la e a felicidade ficará atrás de nós... As-

QUAL É O SUJEITO DO REAL?

sim é o Real lacaniano: certo limite que sempre nos escapa — sempre chegamos cedo ou tarde demais. E, como assinalou o falecido Michel Silvestre, o mesmo também se aplica à chamada "associação livre" na psicanálise: por um lado, é impossível alcançá-la, não podemos realmente entregar-nos a ela de forma espontânea, sempre manipulamos, sempre temos alguma intenção etc.; mas, por outro lado, *não podemos fugir dela*; o que quer que digamos durante a análise já tem o status de associação livre.[10] Por exemplo, não posso virar-me para o analista no meio da análise e dizer: "Ora, espere um minuto, quero falar com você a sério mesmo, de pessoa para pessoa..." Ainda que o façamos, a força performativa já está suspensa, isto é, já tem o status de "associação livre", de algo que deve ser interpretado, não tomado pela aparência.

## Outra anedota hegeliana

Qual concepção do sujeito é compatível com esse caráter paradoxal do Real? O traço fundamental do sujeito lacaniano, é claro, é a alienação no significante: assim que é apanhado na rede significante radicalmente externa, o sujeito é humilhado, desmembrado, dividido. Para termos uma ideia do que significa a divisão lacaniana do sujeito, basta nos lembrarmos do famoso paradoxo de Lewis Carroll: "Fico muito contente por não gostar de aspargo", disse a garotinha a um amigo solidário, "porque, se gostasse, eu teria que comê-lo — e não o suporto!" Temos aí todo o problema lacaniano da reflexividade do desejo: o desejo é sempre desejo de um desejo; a pergunta não é, imediatamente, "O que devo desejar?", e sim "Há uma porção de coisas que desejo, tenho uma porção de desejos — qual deles merece ser objeto do meu desejo? Que desejo devo desejar?"

Esse paradoxo é reproduzido, literalmente, na situação básica dos clássicos processos políticos stalinistas, nos quais se espera que a vítima acusada confesse, ao mesmo tempo, seu amor pelo aspargo (a burguesia, a contrarrevolução) e expresse uma atitude de repulsa a sua própria atividade, a ponto de exigir para si a pena de morte. É por isso que a vítima stalinista é o exemplo perfeito da diferença entre o *sujet d'énoncé* (sujeito do enunciado) e o *sujet d'énonciation* (sujeito da enunciação). A demanda que o Partido lhe dirige é: "Neste momento, o Partido precisa que o processo consolide os ganhos da revolução; por isso, seja um bom comunista, preste um último serviço ao Partido e confesse." Temos aí a divisão do sujeito em sua mais pura forma: a única maneira de o acusado se confirmar como um bom comunista, no nível do sujeito da enunciação, é confessar — determinar-se, no nível do sujeito do enunciado, como traidor. Talvez Ernesto Laclau tenha tido razão ao comentar, certa vez (numa conversa particular), que não é apenas o stalinismo que constitui um fenômeno linguístico, mas que a própria linguagem é um fenômeno stalinista.

Aqui, porém, devemos fazer uma distinção cuidadosa entre essa concepção lacaniana do sujeito dividido e a ideia "pós-estruturalista" das posições do sujeito. No "pós-estruturalismo", o sujeito costuma ser reduzido à chamada subjetivação, é concebido como efeito de um processo fundamentalmente não subjetivo: o sujeito é sempre capturado, atravessado pelo processo pré-subjetivo (da "escrita", do "desejo" etc.) e a ênfase recai nos diferentes modos de os indivíduos "experimentarem", "vivenciarem" suas posições como "sujeitos", "atores", "agentes" do processo histórico. Por exemplo, foi apenas em certo ponto da história europeia que o autor de obras de arte, o pintor ou escritor, começou a se ver como um indivíduo criativo que, em seu trabalho, expressa sua riqueza subjetiva interior. O grande mestre dessa análise, é claro, foi Foucault: poderíamos dizer que o ponto principal de seu trabalho tardio foi articular os diferentes modos de os indivíduos assumirem suas posições de sujeito.

Com Lacan, porém, temos uma concepção bem diferente do sujeito. Dito em termos simples, se fizermos uma abstração, se subtrairmos toda a riqueza dos diferentes modos de subjetivação, toda a plenitude da experiência presente no modo como os indivíduos "vivenciam" suas posições de sujeito, o que resta é um lugar vazio que foi preenchido por essa riqueza; esse vazio original, essa falta de estrutura simbólica, é o

## QUAL É O SUJEITO DO REAL?

sujeito, o sujeito do significante. O *sujeito*, portanto, deve ser rigorosamente oposto ao efeito de *subjetivação*: o que a subjetivação mascara não é um processo pré- ou trans-subjetivo de escrita, mas uma falta na estrutura, uma falta que é o sujeito.

Nossa ideia predominante do sujeito, em termos lacanianos, é a do "sujeito do significado", o agente ativo, o portador de uma significação que tenta expressar-se na linguagem. O ponto de partida de Lacan, obviamente, é que a representação simbólica sempre distorce o sujeito, que é sempre um deslocamento, uma falha — que o sujeito não pode encontrar um significante que seja "seu", que está sempre dizendo muito pouco ou demais: em suma, *algo diferente* do que ele queria ou tencionava dizer.

A conclusão habitual disso seria que o sujeito é uma espécie de riqueza interior de significado que sempre ultrapassa sua articulação simbólica: "a linguagem não é capaz de expressar plenamente o que tento dizer..." A tese lacaniana é o oposto: esse excesso de significação mascara uma falta fundamental. O sujeito do significante é exatamente essa falta, essa impossibilidade de encontrar um significante que seja "seu": *o fracasso de sua representação é sua condição positiva*. O sujeito tenta articular-se numa representação significativa; a representação falha; em vez de riqueza, temos uma falta, e esse vazio aberto pela falta é o sujeito do significante. Para dizê-lo paradoxalmente, o sujeito do significante é um efeito retroativo do fracasso de sua representação; é por isso que o fracasso da representação é a única maneira de representá-lo de forma adequada.

Temos aí uma espécie de economia dialógica: articulamos uma proposição que define o sujeito, nossa tentativa falha, vivenciamos a contradição absoluta, a relação negativa extrema entre o sujeito e o predicado — e essa discordância absoluta é o sujeito como negatividade absoluta. É como a famosa piada soviética sobre Rabinovitch, um judeu que quer emigrar. O burocrata da agência de emigração lhe pergunta por quê; Rabinovitch responde: "Há duas razões. A primeira é que tenho medo de que, na União Soviética, os comunistas percam poder, haja uma contrarrevolução e o novo poder ponha toda a culpa pelos crimes comunistas em nós, os judeus; tornará a haver pogroms antijudaicos..." "Mas", interrompe o burocrata, "isso é um completo absurdo, nada pode mudar na União Soviética, o poder dos comunistas durará para sempre!" "Bem", responde Rabinovitch calmamente, "essa é minha segunda razão." Aqui, a lógica é a mesma da proposição hegeliana de que "o espírito é um osso"; o próprio fracasso da primeira leitura nos fornece o verdadeiro sentido.

A piada de Rabinovitch também exemplifica a lógica da infame tríade hegeliana: se a primeira razão para emigrar é a "tese" e a objeção do burocrata é a "antítese", a "síntese" não é nenhum tipo de retorno à tese, uma espécie de cura da ferida causada pela antítese; *a "síntese" é exatamente igual à antítese*; a única diferença está em certa mudança de perspectiva, em certa virada através da qual o que, há um momento, era experimentado como um obstáculo, um empecilho, revela-se uma condição positiva: o fato de o poder soviético ser eterno, que fora proposto como um argumento *contra* a emigração, revela-se a verdadeira razão *para* emigrar.

É também essa, trocando em miúdos, a lógica da "negação da negação": essa negação dupla, autorreferente, não implica nenhum tipo de retorno à identidade positiva, nenhum tipo de abolição, de cancelamento da força diruptiva da negatividade, de redução dela a um momento passageiro do processo automediador da identidade; na "negação da negação", a negatividade preserva todo o seu poder diruptivo; a ideia toda é apenas que passamos a experimentar como esse poder diruptivo negativo, ameaçador de nossa identidade, é, ao mesmo tempo, uma condição positiva dela. A "negação da negação" não abole de modo algum o antagonismo, consiste apenas na experiência do fato de que esse limite imanente que me impede de alcançar minha identidade plena comigo mesmo me habilita, simultaneamente, a alcançar um mínimo de consistência positiva, por mais mutilada que seja. Para dar um exemplo muito elementar, na visão antissemita, o judeu é vivenciado como a encarnação da negatividade, como a força que desarticula

QUAL É O SUJEITO DO REAL?

a identidade social estável — mas a "verdade" do antissemitismo, é claro, é que a própria identidade de nossa posição se estrutura através de uma relação negativa com a figura traumática do judeu. Sem a referência ao judeu que corrói o tecido social, o próprio tecido social se dissolveria. Em outras palavras, toda a minha consistência positiva é uma espécie de "formação reativa" contra certo núcleo traumático antagônico: se eu perder esse ponto de referência "impossível", minha própria identidade se desfará.

Assim é, pois, a "negação da negação": não uma espécie de "superação" da negatividade, mas a experiência do fato de que *a negatividade como tal tem uma função positiva*, habilita e estrutura nossa consistência positiva. Na negação simples, ainda existe a identidade positiva previamente dada que é negada, o movimento de negatividade ainda é concebido como a limitação de uma positividade previamente dada; já na "negação da negação", a negatividade é, de certo modo, *anterior ao que é negado*, é um movimento negativo que abre o próprio lugar em que toda identidade positiva pode ser situada.

Logo, se o antagonismo é sempre uma espécie de abertura, um buraco no campo do Outro simbólico, um vazio de uma pergunta não respondida, não resolvida, a "negação da negação" não nos traz a resposta final que preenche o vazio de todas as perguntas: deve ser concebida, antes, como uma guinada paradoxal pela qual *a própria pergunta começa a funcionar como a resposta a ela mesma*: o que tomávamos erroneamente por pergunta já era uma resposta. Para explicar isto, tomemos um exemplo de Adorno a respeito do caráter antagônico da sociedade.[11] Adorno parte do fato de que, hoje em dia, não é possível formular uma definição apropriada de Sociedade: tão logo começamos a trabalhar, várias determinações opostas e mutuamente excludentes se apresentam: por um lado, as que enfatizam a Sociedade como um todo orgânico que abrange os indivíduos; por outro, as que concebem a Sociedade como um vínculo, uma espécie de contrato entre indivíduos atomizados — em suma, vemo-nos apanhados na oposição entre "organicismo" e "individualismo".

O SUBLIME OBJETO DA IDEOLOGIA

Numa primeira abordagem, essa oposição se apresenta como um obstáculo epistemológico, um empecilho que nos impede de captar a Sociedade tal como ela é em si — o que faz da Sociedade uma espécie de coisa-em-si kantiana que só pode ser abordada através de percepções parciais, distorcidas: sua verdadeira natureza nos escapa para sempre. Mas, numa abordagem dialética, essa contradição, que de início se afigura uma questão não resolvida, já é em si uma solução: longe de barrar nosso acesso à essência real da Sociedade, a oposição entre "organicismo" e "individualismo" não é apenas epistemológica, mas já está em ação na "coisa-em-si". Em outras palavras, o antagonismo entre Sociedade como um Todo corporativo, que transcende seus membros, e Sociedade como uma rede "mecânica" externa, que conecta indivíduos atomizados, é o antagonismo fundamental da sociedade contemporânea, é, de certo modo, *sua própria definição*.

Basicamente, é isso que está em jogo na estratégia hegeliana: *a discordância, a incompatibilidade como tal* (das determinações opostas da Sociedade) *faz desaparecer o segredo* — o que se afigurava um obstáculo epistemológico, no início, revela-se o próprio indicador do fato de que "tocamos na verdade", estamos no coração da "coisa-em-si", *através do próprio traço que parecia bloquear nosso acesso a ela*. A implicação, é claro, é que essa "coisa-em-si" já está mutilada, cindida, marcada por uma falta radical, estruturada em torno de um núcleo antagônico.

Essa estratégia hegeliana de transformar uma impotência epistemológica (nosso modo de nos enredarmos numa contradição, necessariamente, quando tentamos definir a Sociedade) em uma impossibilidade ontológica (num antagonismo que define o próprio objeto) implica a mesma guinada da anedota de Rabinovitch: o que inicialmente parece um obstáculo revela-se a solução — no mesmo movimento em que a verdade nos escapa, já nos religamos a ela: "a verdade agarra o erro pelo cangote, na equivocação."[12] Esse espaço paradoxal, no qual o próprio coração de um dado campo toca imediatamente em seu exterior, encontra seu melhor exemplo num famoso dito hegeliano, segundo o qual os segredos dos antigos egípcios também eram segredos para os próprios egípcios: a solução do enigma está em duplicá-lo.

Quando um sujeito se confronta com um Outro enigmático, impenetrável, o que ele tem que captar é que sua pergunta para o Outro já é a pergunta do próprio Outro — a impenetrabilidade do Outro substancial, o empecilho que impede o sujeito de penetrar no coração do Outro, é um indicador imediato de que esse Outro já é obstaculizado em si, estruturado em torno de certa pedra "indigerível", que resiste à simbolização, à integração simbólica. O sujeito não pode apreender a Sociedade como um Todo fechado, mas essa impotência tem, por assim dizer, um status ontológico imediato: ela atesta o fato de que a Sociedade em si não existe, de que ela é marcada por uma impossibilidade radical. E é por essa impossibilidade de alcançar a identidade plena consigo mesmo que o Outro, a Sociedade como Substância, já é sujeito.

## O sujeito como uma "resposta do Real"

Qual é, pois, o status desse sujeito antes da subjetivação? A resposta lacaniana seria, grosso modo, que, antes da subjetivação como identificação, antes da interpelação ideológica, antes de assumir certa posição de sujeito, o sujeito é sujeito de uma pergunta. À primeira vista, talvez pareça que estamos novamente em meio à problemática filosófica tradicional: o sujeito como uma força de negatividade que pode questionar todo status objetivo e dado das coisas, introduzindo na positividade a abertura do questionamento... em suma, o sujeito é uma pergunta. Mas a postura lacaniana é exatamente o inverso: o sujeito não é uma pergunta, é como que uma *resposta*, a resposta do Real à pergunta formulada pelo grande Outro, a ordem simbólica.[13] Não é o sujeito que faz a pergunta; o sujeito é o vazio da impossibilidade de responder à pergunta do Outro.

Para explicar isto, façamos referência a um livro interessante de Aron Bodenheimer: *Why? On the Obscenity of Questioning* [Por quê? Da obscenidade de perguntar]. Sua tese fundamental é que há algo de obsceno no próprio ato de fazer uma pergunta, sem considerar seu

O SUBLIME OBJETO DA IDEOLOGIA

conteúdo. É a forma da pergunta como tal que se mostra obscena: a pergunta escancara, expõe, desnuda o endereçado, invade sua esfera de intimidade; é por isso que a reação elementar básica a uma pergunta é a vergonha, no nível corporal, enrubescendo e baixando os olhos, como uma criança a quem se pergunta "O que você estava fazendo?" Em nossa experiência cotidiana, está claro que esse questionamento das crianças é incriminador a priori, provocando uma sensação de culpa: "O que você estava fazendo? Onde estava? O que significa essa mancha branca?" Mesmo que eu possa oferecer uma resposta objetivamente verdadeira e que, ao mesmo tempo, me livre da culpa ("Eu estava estudando com meu amigo", por exemplo), a culpa já foi admitida no nível do desejo; toda resposta é uma desculpa. Com uma resposta pronta, do tipo "Eu estava estudando com meu amigo", confirmo, precisamente, que na verdade não *queria* fazer isso, que meu desejo era passear à toa, ou coisa assim...

Questionar é o método básico da relação intersubjetiva totalitária: não precisamos referir-nos a casos exemplares, como os interrogatórios policiais ou a confissão religiosa; basta lembrarmos como se costuma abusar do inimigo na imprensa real-socialista: quão mais ameaçador é perguntar "Quem está realmente por trás de ... [das demandas de liberdade de imprensa, de democracia]? Quem está realmente puxando as cordinhas dos chamados novos movimentos sociais? Quem realmente fala através deles?" do que fazer a afirmação positiva vulgar, direta: "Os que pedem liberdade de imprensa querem, na verdade, abrir espaço para a atividade das forças antissocialistas e, com isso, diminuir a hegemonia da classe trabalhadora..." O poder totalitário não é um dogmatismo que possua todas as respostas; é, ao contrário, a instância que tem todas as perguntas.

A indecência fundamental da pergunta consiste em seu impulso de pôr em palavras o que deveria permanecer não dito, como no famoso diálogo "O que você estava fazendo?" "Você sabe!" "Sim, mas quero que você me diga!" Qual é a instância do outro, do endereçado, que a pergunta visa? Ela visa um ponto em que a resposta não é possível, em que a palavra falta, em que o sujeito fica exposto em sua impotência.

## QUAL É O SUJEITO DO REAL?

Podemos ilustrar isto com o tipo inverso de pergunta, não a pergunta da autoridade a seus súditos, mas a pergunta do sujeito-criança ao pai: o interesse dessa pergunta é sempre flagrar o outro que encarna a autoridade em sua impotência, em sua incapacidade, em sua falta.

Bodenheimer articula essa dimensão a propósito da pergunta da criança ao pai: "Pai, por que o céu é azul?" A criança não está mesmo interessada no céu como tal; o verdadeiro interesse da pergunta é expor a impotência do pai, seu desamparo frente à dura realidade de que o céu é azul, sua incapacidade de substanciar esse fato, de apresentar toda a cadeia de razões que conduz a ele. O azul do céu torna-se, pois, não só o problema do pai, mas, de certo modo, até culpa dele: "O céu é azul, e você fica aí olhando para ele feito um idiota, incapaz de fazer alguma coisa a respeito!" Uma pergunta, mesmo quando se refere apenas a determinado estado de coisas, sempre torna o sujeito formalmente responsável por ele, embora apenas de modo negativo — ou seja, responsável por sua impotência diante desse fato.

E qual é, então, esse ponto no outro em que a palavra falha, esse ponto de impotência visado pela pergunta como tal? A pergunta como tal cria vergonha, por visar meu núcleo mais interno, mais íntimo, chamado por Freud de *Kern unseres Wesens* e, por Lacan, de *das Ding*: o corpo estranho em meu interior que é "em mim mais do que eu", que é radicalmente interno e, ao mesmo tempo, sempre já externo, e para o qual Lacan cunhou uma nova palavra, *êxtimo*. O verdadeiro objeto da pergunta é o que Platão, no *Banquete*, chamou — pela boca de Alcibíades — de *agalma*, o tesouro oculto, o objeto essencial em mim que não pode ser objetivado, dominado. (Lacan desenvolve esse conceito em *O seminário*, livro 8, *A transferência*.)[*] A fórmula lacaniana para esse objeto, é claro, é o *objeto a*, o ponto do Real, bem no cerne do sujeito, que não pode ser simbolizado, que é produzido como um resto, um remanescente, uma sobra de cada operação significante, um

---

[*] Jacques Lacan, *O seminário*, livro 8, *A transferência*, trad. Dulce Duque Estrada, Rio de Janeiro: Zahar, 1992. (*N. T.*)

O SUBLIME OBJETO DA IDEOLOGIA

núcleo duro que encarna um gozo apavorante e, como tal, um objeto que simultaneamente nos atrai e nos repele — que *divide* nosso desejo e, com isso, provoca vergonha.

Nossa tese é que ele é precisamente a pergunta, em sua dimensão obscena, na medida em que ela visa o núcleo êxtimo, visa o que é no sujeito mais que o sujeito, o *objeto no sujeito* que é constitutivo para o sujeito. Em outras palavras, não há sujeito sem culpa, o sujeito só existe enquanto envergonhado, por causa do objeto que há nele, em seu interior. É esse o sentido da tese lacaniana de que o sujeito é originalmente clivado, dividido: é dividido quanto ao próprio objeto, quanto à Coisa, que ao mesmo tempo o atrai e o repele: $\$ \lozenge a$.

Recapitulemos: o sujeito é uma resposta do Real (do objeto, do núcleo traumático) à pergunta do Outro. A pergunta em si produz em seu endereçado um efeito de vergonha e culpa, ela o divide, o histericiza, e essa histericização é a constituição do sujeito: o status do sujeito como tal é histérico. O sujeito é constituído através de sua divisão, sua cisão ante o objeto que há nele; esse objeto, esse núcleo traumático, é a dimensão que já denominamos de "pulsão de morte", de desequilíbrio traumático, de extirpação. O homem como tal é a "natureza à beira da morte", descarrilado, ejetado dos trilhos mediante o fascínio por uma Coisa letal.

O processo de interpelação-subjetivação é justamente uma tentativa de fuga, de evitação desse núcleo traumático através da identificação: ao assumir uma missão simbólica, ao se reconhecer na interpelação, o sujeito se esquiva da dimensão da Coisa. (Existem, é claro, outras possibilidades de evitar esse impasse histérico: por exemplo, a posição perversa, na qual o sujeito se identifica de imediato com o objeto e, desse modo, livra-se do fardo da pergunta. A própria psicanálise também des-histericiza o sujeito, porém de outra maneira: no fim da análise, a pergunta é, por assim dizer, devolvida ao Outro, a impotência do sujeito desloca-se para a impossibilidade própria do Outro: o sujeito vivencia o Outro como barrado, falho, marcado por uma impossibilidade central — em suma, como "antagônico".)

O sujeito, portanto, como resposta impossível, consubstancia-se com certa culpa; a primeira associação literária que nos ocorre, evidentemen-

## QUAL É O SUJEITO DO REAL?

te, é a obra de Franz Kafka. Aliás, poderíamos dizer que a proeza de Kafka é articular esse status paradoxal do sujeito antes da subjetivação; falávamos de vergonha, e as últimas palavras de O processo são "Era como se a vergonha devesse sobreviver a ele".[14]

É por isso que encontramos na obra de Kafka o inquietante avesso do lado cômico da interpelação: a ilusão própria da interpelação, a ilusão do "já presente", mostra sua face negativa. O processo de incriminação consiste em pôr o sujeito na posição de alguém que *já se supõe que saiba* (para usar a expressão lacaniana em outro contexto). Em O processo, por exemplo, Joseph K. é convocado a se apresentar ao tribunal na manhã de domingo; a hora exata do interrogatório não é especificada. Quando ele enfim encontra o tribunal, o juiz o recrimina: "O senhor deveria ter aparecido uma hora e cinco minutos atrás."[15] É provável que alguns de nós nos lembremos da mesma situação no serviço militar: o cabo nos recrimina desde o começo, gritando: "Para que é que vocês estão olhando, feito uns idiotas? Não sabem o que fazer? A gente tem mesmo que explicar tudo a vocês, uma vez atrás da outra?" — e então passa a nos dar instruções como se elas fossem supérfluas, como se já devêssemos conhecê-las. Esse é, portanto, o lado avesso da ilusão ideológica do "já presente": incrimina-se o sujeito, lançando-o subitamente numa situação em que se supõe que saiba o que se espera dele.

## S(Ⱥ), a, φ

Como especificar a dimensão desse "objeto no sujeito" que causa a presunção do saber? Bem entendido, há objetos e objetos — no ensino lacaniano, temos que distinguir pelo menos três tipos de objeto. Para articular essas distinções, voltemos ao MacGuffin — não devemos esquecer que, também nos filmes de Hitchcock, o MacGuffin é apenas um de três tipos de objeto:

- Primeiro, temos o MacGuffin em si, "coisa nenhuma", um lugar vazio, um puro pretexto para pôr em andamento a ação: a fórmula dos motores de avião em Os 39 degraus [The 39 Steps], a

## O SUBLIME OBJETO DA IDEOLOGIA

cláusula secreta do tratado naval em *Correspondente estrangeiro* [*Foreign Correspondent*], a melodia codificada em *A dama oculta* [*The Lady Vanishes*], as garrafas de urânio em *Interlúdio* [*Notorious*], e assim por diante; em si, trata-se de algo totalmente indiferente e, por necessidade estrutural, ausente; sua significação é puramente autorreflexiva, consiste no fato de ele ter alguma significação para outros, os personagens principais da história.

- Mas, numa série de filmes de Hitchcock, encontramos outro tipo de objeto que, decididamente, *não* é indiferente e *não* é pura ausência: aqui, o importante é justamente sua presença, a presença material de um fragmento da realidade — trata-se de um resto, de remanescentes que não podem ser reduzidos e uma rede de relações formais próprias da estrutura simbólica, mas, paradoxalmente, ao mesmo tempo, trata-se da condição positiva para a efetivação da estrutura formal. Podemos defini-lo como um objeto de troca que circula entre os sujeitos e serve como uma espécie de garantia, um penhor de sua relação simbólica. É o papel da chave em *Interlúdio* e em *Disque M para matar* [*Dial M for Murder*], o papel da aliança em *A sombra de uma dúvida* [*Shadow of a Doubt*] e em *Janela indiscreta*, o papel do isqueiro em *Pacto sinistro* [*Strangers on a Train*] e até o papel da criança que circula entre os dois casais de *O homem que sabia demais* [*The Man Who Knew Too Much*]. É um objeto único, não especular; não tem duplo, foge à relação dual especular; é por isso que desempenha um papel crucial, justamente, nos filmes construídos sobre toda uma série de relações duais, nas quais cada elemento tem seu contraponto especular (*Pacto sinistro*; *A sombra de uma dúvida*, onde o nome do personagem principal já é duplicado — tio Charlie, sobrinha Charlie): é aquele que *não tem* contrapartida, e é por isso que deve circular entre os elementos opostos. O paradoxo de seu papel é que, embora seja um resto do Real, um "excremento", ele funciona como uma condição positiva da restauração de uma estrutura simbólica: a estrutura das trocas simbólicas entre os sujeitos só pode ocorrer

## QUAL É O SUJEITO DO REAL?

enquanto encarnada nesse elemento material puro que age como sua garantia — por exemplo, em *Pacto sinistro*, o pacto homicida entre Bruno e Guy só funciona na medida em que o objeto (o isqueiro) circula entre os dois.

Essa é a situação básica em toda uma série de filmes de Hitchcock: no começo, temos um estado de coisas não estruturado, pré-simbólico, imaginário e homeostático, um equilíbrio indiferente em que as relações entre os sujeitos ainda não estão estruturadas num sentido estrito — isto é, através da falta que circula entre eles. E o paradoxo é que esse pacto simbólico, essa rede de relações estrutural, só pode estabelecer-se na medida em que se encarna em um elemento material totalmente contingente, um pedacinho de Real que, por sua irrupção repentina, perturba a indiferença homeostática das relações entre os sujeitos. Em outras palavras, o equilíbrio imaginário transforma-se numa rede simbolicamente estruturada através de um choque do Real.[16] É por isso que Hitchcock (e, com ele, Lacan) já não é "estruturalista": o gesto básico do "estruturalismo" consiste em reduzir a riqueza imaginária a uma rede formal de relações simbólicas: o que escapa à perspectiva estruturalista é que essa própria estrutura formal liga-se por um cordão umbilical a um elemento material radicalmente contingente que, em sua pura particularidade, "é" uma estrutura, encarna-a. Por quê? Porque o grande Outro, a ordem simbólica, é sempre barrado, falho, riscado, mutilado, e o elemento material contingente encarna esse bloqueio, esse limite interno da estrutura simbólica.

A estrutura simbólica deve incluir um elemento que encarne sua "mancha", seu próprio ponto de impossibilidade, em torno do qual ela se articula: de certo modo, ela é a estruturação de sua própria impossibilidade. O único contraponto filosófico a essa lógica é, mais uma vez, a dialética hegeliana: o maior mistério especulativo do movimento dialético não é saber como a riqueza e a diversidade da realidade podem ser reduzidas a uma mediação conceitual dialética, mas o fato de que, para ocorrer, essa própria estruturação dialética precisa encarnar-se em algum elemento totalmente contingente — é essa, por exemplo, a ideia da dedução hegeliana do papel do Rei: o Estado como totalidade racional só existe, efetivamente, enquanto encarnado na presença inerte do corpo do Rei: o Rei, em sua presença não racional, biologicamente determinada, "é" o Estado, é em seu corpo que o Estado alcança sua efetividade.

Podemos utilizar aqui a distinção desenvolvida por Laclau e Mouffe entre o acidental e o contingente: um elemento comum de uma estrutura formal é acidental, indiferente, ou seja, pode ser intercambiado; mas há sempre um elemento que, paradoxalmente, encarna essa estrutura formal como tal — ele não é necessário, mas, em sua própria contingência, é a condição positiva da restauração da necessidade estrutural: essa necessidade depende dele, é condicionada por ele.

- Por fim, temos um terceiro tipo de objeto: as aves de *Os pássaros* [*The Birds*], por exemplo (também poderíamos acrescentar, em *Marnie, confissões de uma ladra* [*Marnie*], o corpo do navio gigantesco no final da rua em que mora a mãe dela). Esse objeto tem uma presença material maciça, opressiva; não é um vazio indiferente, como o MacGuffin, mas, ao mesmo tempo, não circula entre os sujeitos, não é um objeto de troca, é apenas uma encarnação muda de um gozo impossível.

Como podemos explicar a lógica, a consistência desses três objetos? No seminário *Mais, ainda*, Lacan propõe um esquema para isso:[17]

QUAL É O SUJEITO DO REAL?

Aqui, temos que interpretar o vetor não como indicativo de uma relação de determinação ("o Imaginário determina o Simbólico" etc.), porém mais no sentido da "simbolização do Imaginário". Portanto,

- claramente, o MacGuffin é o *objeto a*, a falta, a sobra do real, que aciona o movimento simbólico da interpretação, um vazio no centro da ordem simbólica, um puro simulacro do "mistério" a ser explicado, interpretado;
- os pássaros são $\Phi$, a objetificação imaginária do real, uma imagem que encarna o gozo.
- e, por fim, o objeto circulante de troca é S($\mathcal{A}$), o objeto simbólico que não pode ser reduzido a um jogo especular imaginário e que, ao mesmo tempo, encarna a falta no Outro, a impossibilidade em torno da qual se estrutura a ordem simbólica. Ele é o elemento radicalmente contingente por meio do qual surge a necessidade simbólica. Esse é o maior mistério da ordem simbólica: como sua necessidade surge do choque de um encontro totalmente contingente com o Real — como o famoso acidente das *Mil e uma noites*: o herói, perdido no deserto, entra por acaso numa caverna, onde encontra três magos despertados por sua entrada, que lhe dizem: "Até que enfim você chegou! Faz trezentos anos que estamos à sua espera."

## O *sujeito suposto...*

Esse mistério, em última análise, é o mistério da própria *transferência*: para *produzir* um novo significado, é necessário *pressupor* sua existência no outro. Essa é a lógica do "sujeito suposto saber", que Lacan isolou como o eixo central, a âncora do fenômeno da transferência: supõe-se que o analista saiba de antemão — o quê? — o significado dos sintomas do analisando. Esse saber é uma ilusão, é claro, mas uma ilusão necessária: no fim, somente através dessa suposição de saber é que se pode produzir um saber real. No esquema acima, temos três versões do

## O SUBLIME OBJETO DA IDEOLOGIA

objeto em torno da nauseante protuberância central do gozo, a Coisa em sua inacessibilidade; ficamos tentados a construir, com base na mesma matriz, outros três conceitos em torno do sujeito suposto saber.

- Comecemos pelo *sujeito suposto crer*.[18] Sendo oriundo da Iugoslávia — isto é, de um país de socialismo real —, o autor deste livro fica tentado a tomar um exemplo típico do "socialismo realmente existente", no qual, como se sabe, sempre falta alguma coisa nas lojas. Nosso ponto de partida hipotético é que há uma abundância de papel higiênico no mercado. Entretanto, de repente e de maneira inesperada, começa a circular um boato de que há uma escassez de papel higiênico; por causa desse boato, as pessoas começam a comprá-lo freneticamente e, é claro, o resultado é que passa a haver uma escassez real de papel higiênico. À primeira vista, isso parece ser um simples mecanismo da chamada profecia autorrealizadora, mas seu modo efetivo de funcionamento é um pouco mais complicado. Cada participante raciocina assim: "Não sou ingênuo nem bobo, sei muito bem que há papel higiênico mais do que suficiente nas lojas; mas é provável que haja umas pessoas ingênuas e bobas que acreditem nesses boatos, que os levem a sério, e elas agirão de acordo com isso — começarão a comprar papel higiênico freneticamente e, assim, acabará havendo mesmo uma escassez dele; assim, embora eu saiba muito bem que existe o bastante, seria boa ideia comprar um montão!" O ponto crucial é que esse outro que supostamente crê de modo ingênuo não tem que existir, de fato: para produzir seus efeitos na realidade, basta os outros suporem que ele existe. Numa multidão definida e fechada de sujeitos, todas as pessoas podem desempenhar esse papel para todas as demais — o efeito será exatamente o mesmo: uma escassez real de papel higiênico. Quem acabará ficando sem ele será, precisamente, a pessoa que persistir na verdade, que disser a si mesma "Sei que isso é só um boato, existe papel higiênico suficiente" e agir de acordo com essa ideia...

QUAL É O SUJEITO DO REAL?

Esse conceito do sujeito suposto crer também tem sua utilidade clínica: serve para marcar a diferença entre a verdadeira análise freudiana e o tratamento revisionista. Enquanto, na análise freudiana, o analista desempenha o papel do sujeito suposto saber, na tradição revisionista seu papel é mais próximo do desempenhado pelo sujeito suposto crer. Neste caso, o raciocínio do paciente é assim: "Tenho alguns problemas psíquicos, sou neurótico, logo, preciso de um analista para me curar. O problema é que não acredito em falo materno, castração simbólica e toda essa baboseira; para mim, isso é um completo absurdo, mas, para minha felicidade, aqui está um analista que acredita nisso e, por que não, talvez ele possa me curar com sua crença!" Não é de admirar que várias escolas neofreudianas tentem incorporar alguns elementos de xamanismo!

- O segundo conceito nessa série seria o do *sujeito suposto gozar*.[19] Seu papel é fundamental na neurose obsessiva: para o neurótico obsessivo, o ponto traumático é a suposta existência, no outro, de um gozo insuportável, ilimitado e horripilante; a aposta de toda essa atividade frenética é proteger, salvar o Outro de seu gozo, mesmo ao preço de destruí-lo ou destruí-la (salvar a mulher de sua degeneração, por exemplo). Mais uma vez, esse sujeito não tem que existir efetivamente: para produzir seus efeitos, basta que outros presumam que ele existe. O suposto gozo é um dos componentes principais do racismo: sempre se presume que o Outro (judeu, árabe, negro) tenha acesso a um gozo específico, e é isso que realmente nos incomoda.
- O último conceito seria, é claro, o do *sujeito suposto desejar*. Se o sujeito suposto gozar desempenha um papel central na neurose obsessiva, o sujeito suposto desejar desempenha esse papel na histeria. Basta nos lembrarmos da análise de Dora feita por Freud: é bastante claro que a Sra. K desempenha para Dora o papel não de seu objeto do desejo — como supôs Freud, erroneamente —, mas do sujeito que supostamente deseja, que se supõe saber

como organizar seu desejo, como evitar o impasse dele. É por isso que, quando nos confrontamos com um histérico, a pergunta a fazer não é "Qual é seu objeto do desejo?", mas "De onde ele deseja? Quem é a outra pessoa através da qual ele organiza seu desejo?" O problema, para o sujeito histérico, é que ele sempre precisa recorrer a um outro sujeito para organizar seu desejo — é esse o sentido da fórmula lacaniana de que o desejo histérico é o desejo do outro.

## O *suposto saber*

Esse quarteto conceitual é útil numa análise de mecanismos ideológicos: no despotismo oriental, todo o sistema gira em torno do ponto central, da figura do déspota que supostamente goza; no stalinismo clássico, supõe-se que a liderança saiba, e assim por diante. Mas a coisa a lembrar é que os quatro sujeitos supostos não estão no mesmo nível: o sujeito suposto saber é a base deles, sua matriz, e a função dos três restantes é, precisamente, disfarçar seu paradoxo perturbador.

O elo entre esse suposto saber e o inconsciente encontra seu melhor exemplo numa pequena cena de *Correspondente estrangeiro*, de Hitchcock. O herói (encenado por Joel McCrea) e seu amigo elaboram um plano complexo para extrair de um agente nazista, que posa de "pacifista" (Herbert Marshall), a confissão de sua traição. O herói, já meio apaixonado pela bela filha do traidor, convida-a para um passeio de um dia inteiro no campo; enquanto isso, seu amigo visita o traidor em casa e lhe diz que ele e o herói sequestraram sua filha — e estão dispostos a devolvê-la, em troca da confissão escrita do homem dizendo ser um agente nazista. O pai concorda com a exigência, escreve alguma coisa num pedaço de papel — obviamente, a confissão exigida — e o entrega ao extorsionário, mas, quando este olha para o papel, vê que ele diz: "Desculpe, mas acabo de ouvir o carro da minha filha entrando na garagem." O garbo do pai (que, apesar da traição, continua a ser um cavalheiro da velha escola) o impede de simplesmente ter um acesso

## QUAL É O SUJEITO DO REAL?

de raiva, ao ouvir o carro que se aproxima, e desmascarar o blefe do extorsionário: ele prossegue calmamente em seu trabalho e leva o extorsionário a saber que descobriu seu blefe, *na própria forma da confissão*.

Qual é a carga libidinal desse gesto? O pai traidor de *Correspondente estrangeiro* é um dentre a série de vilões hitchcockianos corroídos por saberem de sua própria corrupção: inconscientemente, eles desejam desmascarar-se e se destruir; essa verdade emerge, articula-se na *forma* da confissão, persistindo até mesmo quando as razões dela se revelam sem validade. Esse é o "inconsciente" no sentido lacaniano: um desejo que se articula no próprio hiato que separa a forma de seu conteúdo, na autonomia da forma. Por trás do gesto garboso/irônico do pai, ao se dirigir ao extorsionário (que significa algo como "Aqui está a confissão que você queria! Eu lhe devolvo seu blefe!"), há uma irrupção desesperada do desejo de autopurificação, um desejo que se realiza ao final do filme com o ato suicida do pai.

A palavra "garbo" não foi usada sem critério: deve ser concebida em seu exato significado rococó/pré-romântico/*mozartiano*. Dito de outra maneira, um dos traços mais subversivos das óperas de Mozart consiste, precisamente, na hábil manipulação da distância entre forma e conteúdo, na qual é a forma que articula a verdade "recalcada" do conteúdo. Deixando de lado *Don Giovanni*, que é, toda ela, uma encarnação dessa distância (no nível do "conteúdo", Don Giovanni corre de um fiasco para outro, enquanto a forma musical enfatiza mais e mais seu triunfalismo, seu poder mítico), basta lembrarmos um pequeno detalhe do *finale* de *As bodas de Fígaro*: a ária que se segue à reconciliação entre Fígaro e Susanna (*Pace, pace...*). No começo, forma e conteúdo concordam entre si: a elucidação do equívoco (Fígaro sabia que a mulher a quem estava cortejando não era a condessa, mas sua amada Susanna, vestida de condessa) é confirmada por seu dueto harmonioso, que atesta s reconciliação dos dois; em seguida, esse dueto transforma-se num trio: irrompe ao fundo a voz raivosa do conde, à procura de Susanna no parque (para atraí-lo para a armadilha, ela lhe havia prometido um encontro).

O SUBLIME OBJETO DA IDEOLOGIA

Com essa emergência de uma terceira voz, a forma e o conteúdo se separam, cada qual segue seu caminho: no nível do conteúdo, temos tensão e desarmonia, em contraste com o espírito de reconciliação anterior (o conde enraivecido pergunta o que Susanna está tramando), mas o crucial é o fato de que *o conde articula sua raiva na própria melodia usada por Fígaro e Susanna para expressar sua reconciliação*; no nível da forma, não há descontinuidade, não há ruptura, a mesma linha melódica simplesmente segue adiante... Desse modo, tudo é dito, de fato: *a reconciliação já se deu*, a tensão do conde já foi aplacada, ele já saiu perdendo, simplesmente ainda não sabe disso, ou, mais precisamente — e este é o ponto crucial —, *ele ainda não sabe que sabe*, porque, inconscientemente, já sabe disso, já está apaziguado, resignado com a perda de Susanna. Seu saber inconsciente volta a irromper exatamente na brecha entre forma e conteúdo — na forma que já anuncia a reconciliação, enquanto o conde ainda está carregado de fúria.

É por essa brecha que Mozart ainda não é um compositor romântico: tal brecha é excluída pela própria definição de "romântico". Do ponto de vista romântico, o processo de Mozart parece "mecânico", pouco convincente em termos psicológicos, uma repetição automática da mesma linha melódica, independentemente da constelação psicológica alterada: é como se Mozart houvesse "esquecido de mudar de tom" e continuado mecanicamente com a mesma melodia, embora a verdade psicológica da situação exigisse uma ruptura clara (uma irrupção de desarmonia). Longe de ser simplesmente errônea, essa impressão de um "automatismo de repetição", que se afirma independentemente da "verdade psicológica", tem que ser interpretada com base na tese lacaniana de que o status da "compulsão à repetição" inconsciente não é psicológico: a própria forma externa da melodia do conde, sua discordância de seu próprio conteúdo (a letra cantada), articula a verdade inconsciente como ainda inacessível a ele, a sua experiência psicológica.

Em Mozart, ainda temos o "inconsciente" como a rede de relações simbólicas externas, "não psicológicas", que decide sobre a "verdade" dos sujeitos nela aprisionados: na própria continência, no refreamento, no impedimento de que o conteúdo subjetivo psicológico "se expresse" com muita intensidade na forma, permeie a forma muito diretamente, nessa própria manutenção do conteúdo a certa distância da forma, a verdade "recalcada" do conteúdo encontra espaço para se articular. Entramos no modo "romântico" no momento em que a forma "mecânica" externa é vivenciada como "mera forma", forma sem conteúdo próprio: a partir daí, a verdade é medida exclusivamente pela expressão da subjetividade psicológica na forma. Em Beethoven, encontramos o sujeito como a riqueza infinita de conteúdo interno que luta para se expressar na forma: está aberto o caminho para o culto romântico do "gênio", da personalidade "titânica" e de todos os fantasmas repulsivos que resultam daí.

### "O medo de errar é... o próprio erro"

Ao contrário do paralelo habitual entre Kant e Mozart, de um lado, e Hegel e Beethoven, de outro, devemos frisar que, *nesse aspecto, Hegel é mozartiano*. Em outras palavras, essa prática mozartiana de articular a verdade através da própria distância entre a forma e seu conteúdo encontra sua contrapartida exata no conceito hegeliano do "lado formal [*das Formelle*] que articula a verdade de um dado fenômeno. Isto, é claro, introduz uma relação dialética entre Verdade e aparência: decididamente, a "Verdade" não é uma espécie de excedente que nos *escapa* repetidas vezes; ao contrário, ela aparece sob a forma de *encontros* traumáticos, isto é, topamos com ela ali onde presumíamos a presença da "mera aparência": o "choque da verdade" consiste em sua emergência repentina no meio do campo de fenômenos tranquilizadores.

O "impensável" para Kant é um desses encontros, um ponto paradoxal em que a própria "aparência" toca sem saber na verdade: o que está em jogo na economia "obsessiva" de Kant é justamente a evitação do encontro traumático com a Verdade. Em outras palavras, seu método "transcendental" de limitar nossa experiência possível ao mundo dos fenômenos e de excluí-la da "Coisa-em-si" expressa, aparentemente, uma aspiração à verdade — o medo de incorrer em erro ao tomar os fenômenos pela Coisa-em-si, ilegitimamente. Entretanto, como diz Hegel, esse medo do erro, de uma confusão entre os fenômenos e a Coisa-em-si, esconde seu oposto, o medo da Verdade — anuncia um desejo de fugir a qualquer preço de um encontro com a Verdade:

> O temor de errar introduz uma desconfiança na ciência, que, sem tais escrúpulos, se entrega espontaneamente à sua tarefa, e conhece efetivamente. Entretanto, deveria ser levada em conta a posição inversa: por que não cuidar de introduzir uma desconfiança nessa desconfiança, e não temer que esse temor de errar já seja o próprio erro?[20]

A relação entre aparência e Verdade deve ser concebida, portanto, de maneira dialeticamente reflexiva: a ilusão mais radical consiste não em aceitar como Verdade, como a Coisa-em-si, aquilo que de fato é mera ilusão enganosa, mas antes, numa recusa a reconhecer a presença da Verdade — em fingir que ainda estamos lidando com uma aparência fictícia, quando a verdade já está presente.

O filme *Três dias do condor* [*Three Days of the Condor*], de Sydney Pollack, exemplifica perfeitamente esse caráter autorreflexivo paradoxal da ilusão. Uma pequena divisão da CIA ocupa-se da leitura de toda sorte de romances policiais e de espionagem, em busca de ideias que talvez possam ser aplicadas ao trabalho real de espionagem. De repente, uma unidade especial de extermínio mata todos os membros dessa divisão — por quê? Porque um deles notou em algum romance obscuro, e transmitiu a seus superiores, a ideia de uma "organização dentro da organização", de caráter secreto, cuja existência deveria ser desconhecida e que controlaria a organização legal; entretanto. essa organização *já existe* dentro da CIA. Em outras palavras, ele propôs uma ficção, sem saber que havia tocado na verdade. Agora podemos entender o que Lacan pretende quando diz que "a verdade tem estrutura de ficção". Isso fica

## QUAL É O SUJEITO DO REAL?

claro pela matriz lacaniana dos quatro discursos: a "Verdade" é um *lugar* vazio e o "efeito de Verdade" é produzido quando, por mero acaso, um pedaço de "ficção" (de conhecimento simbolicamente estruturado) vê-se ocupando esse lugar, como no filme de Pollack, quando um pobre funcionário subalterno produz sem querer um explosivo "efeito de Verdade".

O temor de errar que esconde seu oposto, o medo da verdade: essa fórmula hegeliana engloba perfeitamente a posição subjetiva do neurótico obsessivo: a procrastinação incessante, as precauções intermináveis que caracterizam sua abordagem. Ao mesmo tempo, essa referência à neurose obsessiva (não como entidade clínica, é claro, mas como uma posição subjetiva, como aquilo que Hegel chamaria de "a posição do pensamento voltada para a objetividade") permite-nos localizar adequadamente a observação lacaniana de que Hegel é "o mais sublime dos histéricos". Ao determinar a passagem de Kant para Hegel como a histericização da posição obsessiva, já estamos em meio à relação propriamente hegeliana entre o gênero e suas espécies: a histeria e a neurose obsessiva não são duas espécies de neurose como um gênero universal neutro; sua relação é dialética — foi o próprio Freud quem notou que a neurose obsessiva é uma espécie de "dialeto da histeria": a histeria, como determinação fundamental de uma posição neurótica, possui duas espécies, a neurose obsessiva e ela própria, como sua própria espécie.

Existe, é claro, todo um conjunto de características diferenciais que nos permite construir a relação da histeria com a neurose obsessiva como uma oposição simétrica:

- O sintoma histérico articula, faz a montagem de um *desejo* recalcado, ao passo que o sintoma obsessivo encena o *castigo* pela realização desse desejo
- O neurótico histérico não suporta esperar; ele *se apressa*, "ultrapassa a si mesmo" e perde o objeto do desejo, exatamente por causa dessa impaciência — por querer chegar a ele depressa demais —, ao passo que o neurótico obsessivo constrói todo um

# O SUBLIME OBJETO DA IDEOLOGIA

sistema que lhe permite adiar o encontro do objeto *ad infinitum*: nunca é a hora certa.

- Para o neurótico histérico, o objeto proporciona prazer *de menos*: a propósito de todos os objetos, sua experiência é que "não é isto", razão por que ele se apressa, para enfim alcançar o objeto certo; já o problema do neurótico obsessivo é que o objeto lhe oferece prazer *demais*; o encontro imediato com o objeto seria insuportável, por causa de sua plenitude excessiva, e é por isso que ele adia o encontro

- Quando o neurótico histérico acha que "não sabe o que realmente quer", ele dirige a pergunta referente a seu desejo ao outro — àquele que encarna para ele o "sujeito suposto saber"; já o neurótico obsessivo é torturado pela dúvida; não consegue decidir — ou seja, endereça sua pergunta a si mesmo, e assim por diante.

Entretanto, um exame mais detido logo revela que essa impressão de uma oposição simétrica é falsa: um dos polos opostos (o histérico) é sempre "não marcado" — ou seja, funciona ao mesmo tempo como um meio universal neutro da oposição; já o outro polo (o obsessivo) é "marcado", introduz uma diferença específica. Assim, não é difícil demonstrar que a encenação obsessiva do castigo pela realização de um desejo nada mais é que um modo invertido, "mediado", de encenar a realização do desejo; que a pergunta obsessiva que o sujeito dirige a si mesmo (a famosa "dúvida obsessiva") nada mais é que uma forma mascarada da demanda endereçada ao outro; que o adiamento obsessivo do encontro com o objeto, por medo de não conseguir suportar o gozo excessivo, nada mais é que um modo refinado de evitar a decepção com o objeto — isto é, esconde o pressentimento negativo de que o próprio objeto "não seja isso".

E, voltando à passagem de Kant para Hegel, o mesmo se aplica ao adiamento kantiano do encontro com a Coisa — à distância kantiana que separa para sempre a Coisa do mundo dos fenômenos: ela esconde um mau pressentimento de que talvez essa Coisa-em-si não seja nada

além de uma falta, um lugar vazio; de que, além da aparência fenomênica, exista apenas certa relação negativa com ele mesmo, em razão
da qual o mundo fenomênico positivamente dado é percebido como
"mera aparência" — em outras palavras, de que

*"O suprassensível [seja], pois, o fenômeno como fenômeno."*

No capítulo da *Fenomenologia* sobre "Força e Entendimento" — o
capítulo que faz a passagem da consciência para a consciência-de-si —,
Hegel propõe esta fórmula, que acaba com toda a economia obsessiva
kantiana: "O suprassensível é o sensível e o percebido postos tais como
são *em verdade*; pois a verdade do sensível e do percebido é serem *fenômeno. O suprassensível é, pois, o fenômeno como fenômeno."*[21] A
aparência/fenômeno implica que há algo atrás dela que aparece através
dela; ela esconde uma verdade e, com o mesmo gesto, oferece um pressentimento dela, esconde e revela ao mesmo tempo a essência por trás
da cortina. Mas o que se esconde por trás dessa aparência fenomênica?
Exatamente o fato de que não há nada a esconder. O escondido é que
o próprio ato de esconder não esconde nada.

Mas, então, será o suprassensível uma pura ilusão da consciência,
um simples *trompe l'oeil*? Será que "nós" é que somos capazes de ver
que não há nada atrás da cortina, enquanto a consciência "ingênua" é
capturada na rede dos engodos? Com Hegel, nunca devemos opor imediatamente o estado de coisas, tal como "nós" o vemos "corretamente",
ao ponto de vista da consciência errônea: se há engano, não podemos
subtraí-lo da Coisa; ele constitui seu próprio cerne. Se não há nada por
trás do véu fenomênico, é por intermédio desse "nada" que o sujeito
se constitui, no próprio ato de seu desconhecimento. A ilusão de que
existe algo oculto atrás da cortina é, portanto, uma ilusão reflexiva:
o que se esconde por trás da aparência é a possibilidade dessa mesma
ilusão — atrás da cortina está o fato de que o sujeito acha que deve
haver algo atrás dela. A ilusão, apesar de "falsa", situa-se efetivamente
no lugar vazio atrás da cortina — a ilusão abre um lugar em que ela

é possível, um espaço vazio que ela preenche — onde a "realidade ilusória", duplicando a realidade factual externa, pode encontrar seu lugar adequado.

> ... tomar por verdadeiro algo que sabemos não ser verdadeiro [para preencher este vazio]. Um vazio que veio a ser, primeiro, como o esvaziamento das coisas objetivas, mas que, sendo esvaziamento em si, deve ser tomado como esvaziamento de todas as relações espirituais e diferenças da consciência como consciência. Para que haja algo nesse vazio total, que também se denomina sagrado, há que preenchê-lo, ao menos com devaneios: fenômenos que a própria consciência para si produz. Deveria ficar contente de ser tão maltratado, pois nada merece de melhor. Afinal, os próprios devaneios ainda valem mais que seu esvaziamento.[22]

O Sagrado suprassensível é, pois, primeiramente, um lugar vazio, um espaço desprovido de qualquer conteúdo positivo, e só depois esse vazio é preenchido por algum conteúdo (obviamente extraído do próprio mundo sensível que o suprassensível supostamente negaria ter deixado para trás). Os respectivos conteúdos do suprassensível e do mundo sensível são os mesmos; um objeto se torna "sagrado" simplesmente por mudar de lugar — por ocupar, preencher o lugar vazio do Sagrado.

Essa é também a característica fundamental da lógica do objeto lacaniano: *o lugar precede logicamente os objetos que o ocupam*: o que os objetos mascaram, em sua positividade dada, não é uma outra ordem mais substancial de objetos, mas simplesmente o vazio, o vazio que eles preenchem. Devemos lembrar que não há nada intrinsecamente sublime num objeto sublime — segundo Lacan, o objeto sublime é um objeto comum do dia a dia que, por simples acaso, encontra-se ocupando o lugar do que ele chama de *das Ding*, o objeto impossível/real do desejo. O objeto sublime é "um objeto elevado ao nível de *das Ding*". É seu lugar estrutural — o fato de ele ocupar o lugar sagrado/proibido do gozo —, e não suas qualidades intrínsecas, que lhe confere sua sublimidade.

## QUAL É O SUJEITO DO REAL?

A melhor ilustração deste ponto é toda uma série de filmes de Buñuel construídos em torno do mesmo tema central, da (para usar as palavras do próprio Buñuel) "impossibilidade inexplicável da realização de um simples desejo". Em *A idade do ouro* [*L'Âge d'or*], o casal quer consumar seu amor, mas é reiteradamente impedido de fazê-lo por algum acidente idiota; em *Ensaio de um crime* [*Ensayo de un crimen*], o herói quer executar um simples assassinato, mas todas as suas tentativas falham; em *O anjo exterminador* [*El ángel exterminador*], depois de uma festa, um grupo de pessoas ricas não consegue cruzar o portão e sair da casa; em *O discreto charme da burguesia* [*Le Charme discret de la bourgeoisie*], dois casais querem jantar juntos, mas uma complicação inesperada sempre impede a realização desse simples desejo; e, por último, em *Esse obscuro objeto do desejo* [*Cet obscur objet du désir*], temos o paradoxo de uma mulher que, por meio de uma série de truques, adia reiteradamente o momento final do reencontro com seu antigo amor.

Qual é o traço comum desses filmes? Um ato comum do dia a dia torna-se irrealizável, tão logo se vê ocupando o lugar impossível de *das Ding*, e começa a encarnar o sublime objeto do desejo. Esse objeto ou ato pode ser extremamente banal em si (um jantar comum, cruzar o portão depois de uma festa). Portanto, basta-lhe ocupar o lugar sagrado/proibido e vazio do Outro para que toda uma série de obstáculos intransponíveis se erga a seu redor; o objeto ou o ato, em sua vulgaridade, não pode ser alcançado nem realizado.

O que o objeto mascara, dissimula, por sua presença maciça e fascinante, não é uma outra positividade, e sim *seu próprio lugar*, o vazio, a falta que ele preenche com sua presença — a falta no Outro. E o que o Lacan chama de "travessia da fantasia" consiste, precisamente, na experiência de uma inversão desse tipo a propósito do objeto da fantasia: o sujeito deve passar pela experiência de que o objeto-causa do desejo, sempre faltante, não é nada em si mesmo senão uma objetivação, uma encarnação de certa falta; deve passar pela experiência de que a fascinante presença dele só está ali para mascarar o vazio do lugar que ele ocupa, o vazio que é exatamente a falta no Outro — o que torna o grande Outro (a ordem simbólica) vazado, inconsistente.

Assim, "nós" (que já "atravessamos a fantasia") podemos ver que não há nada onde a consciência pensava ter visto alguma coisa, mas nosso conhecimento já é mediado por essa "ilusão", na medida em que almeja o espaço vazio que a possibilita. Em outras palavras, se subtrairmos da ilusão a própria ilusão (seu conteúdo positivo), o que vai restar não será simplesmente nada, mas um nada determinado, o vazio da estrutura que abriu espaço para a "ilusão". "Desmascarar a ilusão" não significa que "não há nada a ver atrás dela": o que devemos ser capazes de ver é, precisamente, *esse nada como tal* — além dos fenômenos, não há nada *senão esse próprio nada, "nada" que seja o sujeito*. Para conceber a aparência como "mera aparência", o sujeito realmente tem que ir além dela, "atravessá-la", mas o que encontra ali é seu próprio ato de passagem.

Em geral, essas proposições hegelianas se reduzem a uma simples elevação ontológica do sujeito ao status da Essência substancial da totalidade do ser: primeiro, a consciência pensa que por trás do véu fenomênico esconde-se outra Essência transcendente; depois, com a passagem da consciência para a consciência-de-si, ela vivencia que essa Essência por trás dos fenômenos, essa força que os anima, é o próprio sujeito. Entretanto, essa leitura, que identifica imediatamente o sujeito com a Essência oculta atrás da cortina, perde de vista o fato crucial de que a passagem hegeliana da consciência para a consciência-de-si implica a experiência de certo *fracasso* radical: o sujeito (consciência) quer penetrar no segredo por trás da cortina; seu esforço fracassa porque não há nada atrás da cortina, *nada que "seja" o sujeito*. É nesse sentido exato que, também com Lacan, o sujeito (do significante) e o objeto (da fantasia) são correlatos, ou até idênticos: o sujeito é o vazio, o furo no outro, e o objeto é o conteúdo inerte que preenche esse vazio; todo o "ser" do sujeito, portanto, consiste em o objeto da fantasia preencher esse vazio. É por isso que essas fórmulas hegelianas recordam, ponto a ponto, a história evocada por Lacan em *O seminário*, livro 11:

No apólogo antigo, envolvendo Zêuxis e Parrásios, o mérito de Zêuxis é ter feito uvas que atraíram os pássaros. O que se enfa-

QUAL É O SUJEITO DO REAL?

tiza não é, de modo algum, o fato de que essas uvas seriam uvas perfeitas. O que se enfatiza é o fato de que se tenha enganado até o olho dos pássaros. A prova é que seu confrade Parrásios triunfa sobre ele, por ter sabido pintar sobre a parede uma cortina, uma cortina tão parecida, que Zêuxis, virando-se para ele, lhe disse — *Então, agora mostre o que você fez por detrás disso.* Pelo que é mostrado que se trata mesmo é de enganar o olho. Triunfo, sobre o olho, do olhar.[23]

Podemos enganar animais com uma aparência que imite uma realidade da qual ela possa ser substituta, porém a forma propriamente humana de enganar um homem é imitar a dissimulação da realidade — o ato de ocultar engana, exatamente, por fingir que oculta algo. Em outras palavras, não há nada atrás da cortina, exceto o sujeito que já foi além dela.

Fica patente que, por trás da assim chamada cortina, que deve cobrir o interior, nada há para ver; a não ser que *nós* entremos lá — tanto para ver como para que haja algo ali atrás que possa ser visto.[24]

É assim que devemos ler a distinção hegeliana fundamental entre substância e sujeito: a substância é a Essência transcendente positiva, supostamente oculta por trás da cortina dos fenômenos; "experimentar a substância como sujeito" significa aprender que a cortina dos fenômenos esconde sobretudo o fato de que não há nada a esconder, e esse "nada" atrás da cortina é o sujeito. Em outras palavras, no nível da substância, a aparência é simplesmente enganosa, oferece-nos uma imagem falsa da Essência, ao passo que, no nível do sujeito, a aparência engana exatamente por fingir enganar — ao fingir que é algo a ser escondido, ela oculta o fato de que não há nada a ocultar: não finge para dizer a verdade quando está mentindo, finge para mentir quando de fato está dizendo a verdade — ou seja, engana fingindo enganar.

Um fenômeno, portanto, pode dizer-nos a verdade justamente por se apresentar como uma mentira, como o judeu na piada freudiana citada com frequência por Lacan, que censura seu amigo: "Por que você me diz que está indo a Cracóvia, e não a Lemberg, quando na verdade vai à Cracóvia?" (Dizer a verdade representava uma violação do código implícito do engano que regia o relacionamento dos dois: quando um deles ia a Cracóvia, supunha-se que mentisse, dizendo que seu destino era Lemberg, e vice-versa.) Em seu comentário sobre o apólogo de Zêuxis e Parrrásios, Lacan se refere ao protesto de Platão contra a ilusão da pintura:

> É aqui que esse apólogo ganha valor, ao nos mostrar por que Platão protesta contra a ilusão da pintura. A questão não é que a pintura ofereça um equivalente ilusório do objeto, mesmo se aparentemente Platão possa exprimir-se assim. É que o *trompe--l'oeil* da pintura se dá por coisa diferente do que ele é. (...) O quadro não rivaliza com a aparência, ele rivaliza com o que Platão nos designa, mais além da aparência, como sendo a Ideia. É porque o quadro é essa aparência que diz que ela é o que dá aparência que Platão se insurge contra a pintura como contra uma atividade rival da sua.[25]

Para Platão, o verdadeiro perigo é a aparência que se propõe como aparência e que, por essa razão, nada mais é do que a ideia em si, como Hegel sabe muito bem ([a Ideia] suprassensível é o fenômeno como fenômeno"). Esse é o segredo que a filosofia tem de esconder, para conservar sua consistência — o segredo que Hegel, no ponto culminante da tradição metafísica, nos faz ver. É por isso que o lema hegeliano fundamental de que "o fenômeno como tal é essencial" não poderia ser apreendido sem a hipótese do Outro — da ordem simbólica autônoma que possibilita o engodo em sua dimensão propriamente humana.

Para exemplificar essa ligação, vamos nos referir ao stalinismo — mais especificamente, a sua insistência obsessiva em que devemos manter

QUAL É O SUJEITO DO REAL?

as aparências a qualquer preço: todos sabemos que, nos bastidores, há sempre lutas furiosas entre facções; mesmo assim, devemos manter a qualquer preço a aparência da união do Partido; ninguém acredita realmente na ideologia dominante; todo indivíduo conserva dele uma distância cínica, e todos sabem que ninguém acredita nele; ainda assim, deve-se manter a qualquer preço a aparência de que as pessoas estão construindo o socialismo, entusiasticamente, apoiando o Partido etc.

Essa aparência é *essencial*: se fosse destruída — se alguém proferisse *publicamente* a verdade óbvia de que "o imperador está nu" (de que ninguém leva a sério a ideologia dominante etc.) —, o sistema inteiro desmoronaria, em certo sentido. Por quê? Em outras palavras, se todos sabem que "o imperador está nu" e se todos sabem que todos os outros sabem disso, em nome de que agência a aparência deve ser mantida a qualquer preço? Só existe, é claro, uma resposta coerente: *o Outro* — é o grande Outro que deve ser mantido na ignorância. Isso também abre uma nova abordagem do status do engano na ideologia: aqueles que devem ser enganados pela "ilusão" ideológica não são, primordialmente, indivíduos concretos, mas antes, o Outro; assim, podemos dizer que o stalinismo é válido como a prova ontológica da existência do Outro.

Por outro lado, só depois da emergência da autogestão iugoslava é que o stalinismo chegou efetivamente ao nível de engano em sua dimensão estritamente humana. No stalinismo, o engano ainda é basicamente simples: o poder (a burocracia Partido-e-Estado) finge governar em nome do povo, enquanto todos sabem que ele governa em seu próprio interesse — o interesse de reproduzir seu próprio poder. Na autogestão iugoslava, porém, impera a mesma burocracia Partido-e-Estado, mas ela impera em nome de uma ideologia cuja tese fundamental é que o maior obstáculo ao pleno desenvolvimento da autogestão consiste na burocracia "alienada" Partido-e-Estado.

O eixo semântico elementar que legitima o governo do Partido é a oposição entre o socialismo autogerido e o socialismo "burocrático" Estado-e-Partido — em outras palavras, a burocracia Partido-e-Estado legitima sua dominação por uma ideologia que designa *a si mesma* como

O SUBLIME OBJETO DA IDEOLOGIA

o inimigo principal, de modo que um sujeito iugoslavo comum pode dirigir à burocracia governante a mesma pergunta feita por um judeu a outro, na piada contada mais acima: "Por que você me diz que o maior inimigo da autogestão dos trabalhadores é a burocracia Partido-e-Estado, quando o maior inimigo é realmente a burocracia a Partido-e-Estado?

Agora podemos ver por que a tese de que a autogestão iugoslava representa um "socialismo de face humana", em contraste com o "socialismo real" de praxe, não é mera propaganda, mas deve ser entendida ao pé da letra: na Iugoslávia, as pessoas são enganadas, é claro, tal como em qualquer "socialismo real", porém ao menos são enganadas num nível especificamente humano. Depois do que dissemos sobre a distinção hegeliana entre substância e sujeito, não devemos surpreender-nos ao descobrir que a diferença entre o "socialismo real" costumeiro e a autogestão iugoslava coincide com essa distinção. Há uma famosa piada política iugoslava que expressa a quintessência dessa questão: "No stalinismo, os representantes do povo dirigem Mercedes, enquanto, na Iugoslávia, as próprias pessoas dirigem Mercedes por procuração, através de seus representantes." Ou seja, a autogestão iugoslava é o ponto em que o sujeito deve reconhecer, na figura que encarna o poder substancial "alienado" (o burocrata que dirige o Mercedes) não só uma força estrangeira oposta a ele — isto é, seu outro —, mas *ele próprio em sua alteridade*, e por isso, "reconciliar-se" com ela.

## NOTAS

1. Jürgen Habermas, *The Philosophical Discourse of Modernity*, Cambridge: Cambridge University Press, 1988 [ed. bras.: *O discurso filosófico da modernidade: doze lições*, trad. Luiz Sérgio Repa e Rodnei Nascimento, São Paulo: Martins Fontes, 2000].
2. Jacques Derrida, *The Post Card: From Socrates to Freud and Beyond*, Chicago: Chicago University Press, 1987 [ed. bras.: *Cartão-postal: de Sócrates a Freud e além*, trad. Simone Perelson, Rio de Janeiro: Civilização Brasileira, 2003].
3. Otto Fenichel, "Die 'lange Nase'", *Imago* 14, Viena, 1928.

## QUAL É O SUJEITO DO REAL?

4. Lacan, *The Four Fundamental Concepts of Psycho-Analysis*, capítulo 16 [*O seminário*, livro 11, op. cit., cap. XVI].

5. Jean-Luc Nancy e Philippe Lacoue-Labarthe, *Le Titre de la lettre*, Paris: Galilée, 1973 [ed. bras.: *O título da letra: uma leitura de Lacan*, trad. Sergio Joaquim de Almeida, rev. tec. Durval Checchinato, São Paulo: Escuta, 1991].

6. Lacan, *The Seminar of Jacques Lacan, Book I*, 1988, capítulo 22 [*O seminário*, livro 1, op. cit.].

7. Lacan, *Écrits*, p. 765-766 [*Escritos*, op. cit., pp. 776-777].

8. F. W. J. Schelling, *Über das Wesen der menschlichen Freiheit*, Frankfurt: Suhrkamp Verlag, 1978, p. 78-79 [ed. bras.: *A essência da liberdade humana: investigações filosóficas sobre a essência da liberdade humana e das questões conexas*, trad. e intr. Márcia C. de Sá Cavalcante, Petrópolis: Vozes, 1991].

9. Lacan, *Le Séminaire XX – Encore*, p. 85 [*O seminário*, livro 20, op. cit.].

10. Michel Silvestre, *Demain la psychanalyse*, Paris: Navarin, 1988 [ed. bras.: *Amanhã, a psicanálise*, pref. Jacques-Alain Miller, trad. Ari Roitman, Rio de Janeiro: Zahar, c. 1991].

11. Theodor W. Adorno, "Society", *Salmagundi* 10-11, 1970.

12. Lacan, *The Seminar of Jacques Lacan, Book I*, p. 265 [*O seminário*, livro 1, op. cit., p. 302].

13. Jacques-Alain Miller, "Les Réponses du réel"', *Aspects du malaise dans la civilisation*, Paris: Navarin, 1987.

14. Kafka, *The Trial*, p. 251 [*O processo*, op. cit.].

15. Ibid., p. 47.

16. Mladen Dolar, "Hitchcock's Objekt", *Wo es war* 2, Liubliana-Viena, 1986.

17. Lacan, *Le Séminaire XX - Encore*, p. 83 [*O seminário*, livro 20, op. cit., p. 121].

18. Rastko Močnik, "Über die Bedeutung der Chimären für die *conditio humana*", *Wo es war* 1, Liubliana-Viena, 1986.

19. Mladen Dolar, "Die Einführung in das Serail", *Wo es war* 3-4, Liubliana-Viena, 1987.

20. Hegel, *Phenomenology of Spirit*, p. 47 [*Fenomenologia do espírito*, op. cit.].

21. Ibid., p. 89.

22. Ibid., pp. 88-89.

23. Lacan, *The Four Fundamental Concepts of Psycho-Analysis*, p. 103 [*O seminário*, livro 11, op. cit., pp. 100-101].

24. Hegel, *Phenomenology of Spirit*, p. 103 [*Fenomenologia do espírito*, op. cit.].

25. Lacan, *The Four Fundamental Concepts of Psycho-Analysis*, p. 112 [*O seminário*, livro 11, op. cit., p. 109].

## 6. "Não apenas como *substância*, mas também como *sujeito*"

### A *lógica da sublimidade*

Em seu ensaio sobre "A religião da sublimidade", Yirmiyahu Yovel apontou certa incoerência na sistematização hegeliana das religiões, uma incoerência que não resulta diretamente do próprio princípio da filosofia hegeliana, mas expressa, antes, um preconceito empírico contingente de Hegel como indivíduo e, portanto, pode ser retificada por um uso consequente do próprio método dialético do filósofo.[1] Essa incoerência concerne ao lugar ocupado, respectivamente, pela religião judaica e pela religião da Grécia Antiga: nas *Lições sobre filosofia da religião*, o cristianismo é imediatamente precedido por três formas de "religião da individualidade espiritual": a religião judaica da sublimidade [*Erhabenheit*], a religião grega da beleza e a religião romana do entendimento [*Verstand*]. Nessa sequência, o lugar inicial e inferior é ocupado pela religião judaica — ou seja, a religião grega é concebida como uma etapa mais elevada que a da religião judaica no desenvolvimento espiritual. Nesse ponto, de acordo com Yovel, Hegel deixou-se levar por seu preconceito antissemita pessoal, pois, para ser coerente com a lógica do processo dialético, não há dúvida de que a religião judaica é que deveria seguir-se à grega.

Apesar de algumas reservas quanto aos detalhes da argumentação de Yovel, seu ponto fundamental parece acertar na mosca: as religiões grega, judaica e cristã realmente formam uma espécie de tríade que

O SUBLIME OBJETO DA IDEOLOGIA

corresponde perfeitamente à tríade da reflexão (reflexão ponente,[*] reflexão exterior e reflexão determinante), matriz elementar do método dialético. A religião grega encarna o momento da "reflexão ponente": nela, a pluralidade dos indivíduos espirituais (deuses) é imediatamente "posta" como a essência espiritual dada do mundo. A religião judaica introduz o momento da "reflexão exterior" — qualquer positividade é abolida em referência ao Deus inabordável, transcendental, ao Senhor absoluto, ao Um da negatividade absoluta —, enquanto o cristianismo concebe a individualidade do homem não como algo externo a Deus, mas como uma "determinação reflexiva" do próprio Deus (na figura de Cristo, Deus mesmo "se torna homem").

A razão por que Yovel não menciona o argumento crucial a seu favor] —: a própria interligação das ideias de "Beleza" e "Sublimidade" — é uma espécie de mistério. Se a religião grega, segundo Hegel, é a religião da Beleza, e se a judaica é a da Sublimidade, fica claro que a própria lógica do processo dialético obriga-nos a concluir que a Sublimidade deve *seguir* a Beleza, por ser o lugar de seu colapso, de sua mediação, de sua negatividade autorreferente. Ao usar o par Beleza/Sublimidade, Hegel baseou-se, é claro, na *Crítica da faculdade do juízo*, de Kant, na qual Beleza e Sublimidade se opõem segundo os eixos semânticos qualidade-quantidade, formado-informe, limitado--ilimitado: a Beleza acalma e reconforta, a Sublimidade excita e agita.

---

\* No original, *positing*. A partir daqui, as variadas conjugações do verbo *to posit* serão traduzidas por conjugações equivalente do verbo *pôr* tanto para guardar a referência ao termo "reflexão ponente", usado para traduzir *"positing reflection"*, quanto para expressar aquilo que Michael Inwood, no *Dicionário Hegel*, escreve sobre essa reflexão: *"Reflexion* posta, pela qual a essência brilha e, portanto, põe um *Schein* [aparência]. A essência faz isso porque *pressupõe* o que põe: só é uma essência em virtude de pôr um *Schein*, assim como *Schein* só é *Schein* em virtude de ser posto por uma essência. Assim, a essência reflete-se em si mesma pelo processo de *Reflexion*, tanto quanto é, por outro lado, refletida exteriormente em *Schein*. Por conseguinte, *Reflexion* é o 'movimento de nada para nada, logo, a *negação* que vem juntamente com ela própria': constitui os itens que relaciona. Esta doutrina depende da concepção de Hegel (derivada da Doutrina das cores [*Farbenlehre*, 1810], de Goethe) de que a luz só se manifesta como luz e torna-se assim estritamente luz quando encontra um *limite* (*Grenze*), o "Não (*Nicht*) de luz" ou uma "superfície negra que a reflete" (*Enc.* II, §275A). (*N. E.*)

## "NÃO APENAS COMO *SUBSTÂNCIA*, MAS TAMBÉM COMO *SUJEITO*"

"Beleza" é o sentimento provocado quando a Ideia suprassensível aparece no meio material e sensível, em sua formação harmoniosa — um sentimento de harmonia imediata entre a Ideia e o material sensível aos sentidos em sua expressão; já o sentimento de Sublimidade está ligado a fenômenos, caóticos, aterrorizantes e sem limites (mares revoltos, montanhas pedregosas).

Acima de tudo, porém, Beleza e Sublimidade se opõem em referência ao eixo prazer-desprazer: uma visão da Beleza nos oferece prazer, ao passo que "o objeto é acolhido como sublime com um prazer que só é possível mediante um desprazer".[2] Em suma, o Sublime está "além do princípio do prazer", é um prazer paradoxal, proporcionado pelo próprio desprazer (o que é a definição exata, uma das definições lacanianas do gozo [*jouissance*]). Isto significa, ao mesmo tempo, que a relação da Beleza com a Sublimidade coincide com a relação do imediatismo com a mediação — prova adicional de que o Sublime deve *suceder* a beleza como forma de mediação de seu imediatismo. Examinando mais de perto, em que consiste essa mediação própria do Sublime? Citemos a definição kantiana do Sublime:

> Pode-se descrever o sublime da seguinte maneira: ele é um objeto (da natureza), *cuja representação [Vorstellung] determina o ânimo a imaginar a inacessibilidade da natureza como apresentação [Darstellung] de ideias.*[3]

Trata-se, digamos, de uma definição que antecipa a determinação lacaniana do objeto sublime no seminário sobre *A ética da psicanálise*: um objeto elevado "à dignidade da Coisa" (real-impossível). Em outras palavras, em Kant o Sublime designa a relação de um objeto sensível intramundano com a *Dıng an sich*, com a Coisa-em-si transcendente, transfenomenal, inatingível. O paradoxo do Sublime é este: em princípio, a brecha entre os objetos fenomênicos empíricos da experiência e a Coisa-em-si é intransponível, ou seja, nenhum objeto empírico, nenhuma representação [*Vorstellung*] dele pode apresentar [*darstellen*]

O SUBLIME OBJETO DA IDEOLOGIA

adequadamente a Coisa (a Ideia suprassensível); mas o Sublime é um objeto em que podemos ter a experiência dessa própria impossibilidade, dessa incapacidade permanente de a representação alcançar a Coisa. Assim, por meio da própria falha da representação, podemos pressentir a verdadeira dimensão da Coisa. É também por isso que um objeto que evoca em nós o sentimento do Sublime nos dá, ao mesmo tempo, prazer e desprazer: causa desprazer por sua inadequação à Coisa-Ideia, mas, exatamente por essa inadequação, dá-nos prazer ao indicar a verdadeira e incomparável grandeza da Coisa, que ultrapassa qualquer experiência empírica fenomênica:

> O sentimento do Sublime é, portanto, um sentimento do desprazer a partir da inadequação da faculdade da imaginação, na avaliação estética da grandeza, à avaliação pela razão e, neste caso, ao mesmo tempo um prazer despertado a partir da concordância, precisamente, deste juízo da inadequação da máxima faculdade sensível, com ideias racionais, na medida em que o esforço em direção às mesmas é lei para nós.[4]

Agora podemos ver por que é precisamente a natureza, em sua dimensão mais caótica, ilimitada e assustadora, que se revela a mais apropriada para despertar em nós o sentimento do Sublime: é nela, quando a imaginação estética é forçada ao máximo, quando todas as determinações finitas se dissolvem, que a falha aparece em sua feição mais pura.

O Sublime é, pois, o paradoxo de um objeto que, no próprio campo da representação, proporciona negativamente uma visão da dimensão do irrepresentável. Trata-se de um ponto singular no sistema de Kant, um ponto em que a fissura, a lacuna entre o fenômeno e a Coisa-em-si, é abolida de forma negativa, pois nela a própria incapacidade de um fenômeno representar satisfatoriamente a Coisa *está inscrita no fenômeno em si* — ou, nas palavras de Kant, "mesmo que as Ideias da razão não possam de modo algum ser satisfatoriamente represen-

## "NÃO APENAS COMO *SUBSTÂNCIA*, MAS TAMBÉM COMO *SUJEITO*"

tadas [no mundo dos sentidos e dos fenômenos], elas são reavivadas e evocadas no espírito precisamente por essa inadequação, que pode ser apresentada de maneira sensível". É essa mediação da incapacidade — essa apresentação bem-sucedida por meio da falha, da própria inadequação — que distingue o *entusiasmo* evocado pelo Sublime do *fanatismo* fantasioso [*Schwärmerei*]: o *fanatismo* é uma ilusão visionária e insana de que podemos ver ou captar imediatamente o que está além de todos os limites da sensibilidade, ao passo que o entusiasmo impede qualquer apresentação positiva. O entusiasmo é um exemplo de exposição puramente negativa — isto é, o objeto sublime evoca prazer de modo puramente negativo: o lugar da Coisa é indicado pela própria falha de sua representação. Kant assinalou, ele mesmo, a ligação entre essa ideia da Sublimidade e a religião judaica:

> Não se deve recear que o sentimento do sublime venha a perder-se por um tal modo de apresentação abstrato, que em confronto com a sensibilidade é inteiramente negativo; pois a faculdade da imaginação, embora não encontre acima do sensível nada sobre o que possa apoiar-se, precisamente por esta eliminação das barreiras, sente-se também ilimitada; e aquela abstração é, pois, uma apresentação do infinito, a qual na verdade, precisamente por isso, jamais pode ser outra coisa senão uma apresentação meramente negativa, que, entretanto, alarga a alma. Talvez não haja no Código Civil dos judeus nenhuma passagem mais sublime que o mandamento "Não farás nenhuma efígie nem qualquer prefiguração do que está no céu ou na terra ou sob a terra" etc. Este mandamento, por si só, pode explicar o entusiasmo que o povo judeu, em seu período civilizado, sentia por sua religião quando se comparava com outros povos.[5]

Em que consiste, então, a crítica hegeliana a essa concepção kantiana do Sublime? Do ponto de vista de Kant, a dialética de Hegel se afigura, é claro, uma recaída, um retorno ao *Schwärmerei* da metafísica tradicional, que não leva em conta o abismo que separa os fenômenos da Ideia e finge mediar a ideia com os fenômenos (tal como acontece com a religião judaica, para a qual o cristianismo se afigura um retorno ao politeísmo pagão e à encarnação de Deus numa multiplicidade de imagens semelhantes ao homem).

Em defesa de Hegel, não basta assinalar que em sua dialética nenhum dos fenômenos particulares determinados representa adequadamente a Ideia suprassensível — ou seja, que a Ideia é o próprio movimento de suprassunção [*Aufhebung*] — a famosa *Flüssigwerden*, "liquidificação" — de todas as determinações particulares. A crítica hegeliana é muito mais radical: não afirma, ao contrário de Kant, a possibilidade de algum tipo de "reconciliação"-mediação entre a Ideia e os fenômenos, a possibilidade de superação do abismo que os separa, a abolição da "alteridade" radical, da relação negativa radical da Ideia-Coisa com os fenômenos. A censura de Hegel a Kant (e, ao mesmo tempo, à religião judaica) é que *o próprio Kant continua prisioneiro do campo da representação*. Precisamente quando determinamos a Coisa como um excesso transcendente que ultrapassa aquilo que pode ser representado, nós a determinamos com base no campo da representação, partindo dele, dentro de seu horizonte, como seu limite negativo: a concepção (judaica) de Deus como uma Alteridade radical, como irrepresentável, continua a ser o ponto extremo da Lógica da representação.

Aqui, porém, mais uma vez, essa abordagem hegeliana pode dar margem a mal-entendidos, se a lermos como uma afirmação de que — ao contrário de Kant, que tenta alcançar a Coisa por meio da própria falha do campo dos fenômenos, levando a lógica da representação a seu extremo —, na especulação dialética, devemos apreender a Coisa "em si", a partir dela mesma, tal como é em seu puro Além, sem sequer uma referência negativa ao campo da representação ou uma relação negativa com ele. *Não é* essa a posição de Hegel: a crítica kantiana exagerou nesse ponto e, se fosse essa a posição de Hegel, a dialética hegeliana acarretaria de fato uma regressão à metafísica tradicional, visando uma abordagem imediata da Coisa. A posição de Hegel é,

## "NÃO APENAS COMO *SUBSTÂNCIA*, MAS TAMBÉM COMO *SUJEITO*"

na verdade, "mais kantiana do que Kant" — não acrescenta nada à concepção kantiana do Sublime; apenas a interpreta mais *literalmente* do que o próprio Kant.

Hegel, é claro, conserva o momento dialético fundamental do Sublime, a concepção de que a Ideia é alcançada através de uma apresentação puramente negativa — de que a própria inadequação da fenomenalidade à Coisa é a única maneira apropriada de figurá-la. O verdadeiro problema está em outro lugar: Kant continua a pressupor que a Coisa-em-si existe como um dado positivo, além do campo da representação, da fenomenalidade; a falha da fenomenalidade, a experiência dos fenômenos, é para ele não mais que uma "reflexão exterior", apenas um modo de indicar, dentro do campo da fenomenalidade, a dimensão transcendente da Coisa que persiste nela mesma, além da fenomenalidade.

A posição de Hegel, em contraste, é que não existe *nada* além da fenomenalidade, além do campo da representação. A experiência da negatividade radical, da inadequação radical de todos os fenômenos para representar a Ideia, a experiência da fissura radical entre os dois, essa experiência já é *a própria Ideia como negatividade radical "pura"*. Ali onde Kant pensa ainda estar lidando apenas com uma apresentação negativa da Coisa, já estamos no seio da Coisa-em-si — *pois esta Coisa-em-si nada mais é do que essa negatividade radical*. Em outras palavras, numa virada hegeliana um tanto batida, a experiência negativa da Coisa deve transmudar-se na experiência da Coisa-em-si como negatividade radical. A experiência do Sublime, portanto, permanece a mesma: tudo que temos de fazer é subtrair sua pressuposição transcendental — a pressuposição de que essa experiência indica, negativamente, uma Coisa-em-si transcendental, que persiste em sua positividade para além da experiência. Em suma, devemos limitar-nos ao que é estritamente imanente a essa experiência, à negatividade pura, à autorrelação negativa da representação.

De maneira homóloga à determinação hegeliana da diferença entre a morte do deus pagão e a morte de Cristo (sendo a primeira apenas a morte da encarnação terrestre, da representação ou da imagem terrestre de Deus, ao passo que, na morte de Cristo, quem morre é o Deus do além, Deus como uma entidade positiva transcendental e inatingível), poderíamos dizer que o que Kant deixa de levar em conta é o modo como a experiência da invalidade, da inadequação do mundo fenomênico da representação, que nos sucede ao experimentarmos o sentimento do Sublime, significa ao mesmo tempo a invalidade, a inexistência da Coisa-em-si transcendental como entidade positiva.

Ou seja, o limite da lógica da representação não está em "reduzir todos os conteúdos a representações", àquilo que pode ser representado, mas se encontra, ao contrário, na própria pressuposição de uma entidade positiva (a Coisa-em-si), situada *além da representação fenomênica*. Não superamos a fenomenalidade alcançando algo além dela, mas através da experiência de que não há nada além dela — de que seu além é, precisamente, esse nada da negatividade absoluta, da suprema inadequação entre a aparência e sua concepção. A essência suprassensível é a "aparência como aparência", ou seja, não basta dizer que a aparência nunca é adequada a sua essência, mas devemos também acrescentar que essa mesma *"essência" nada mais é do que a inadequação da aparência a ela mesma*, à sua concepção (inadequação que faz dela "[apenas] uma aparência".

Assim, o estatuto do objeto sublime desloca-se de modo quase imperceptível, mas, ainda assim, decisivo: o Sublime já não é um objeto (empírico) que indica por sua própria inadequação a dimensão de uma Coisa-em-si (Ideia) transcendental, mas um objeto que ocupa o lugar, substitui, preenche o lugar vazio da Coisa como o vazio, como o puro Nada da negatividade absoluta — o Sublime é um objeto cujo corpo positivo é apenas uma encarnação do Nada. Essa lógica de um objeto que, por sua própria inadequação, faz "ganhar corpo" a negatividade absoluta da Ideia é articulada, em Hegel, sob a forma do chamado "juízo infinito", um juízo em que sujeito e predicado são radicalmente incompatíveis, incomparáveis: "o Espírito é um *osso*", "o eu é a *Riqueza*", "o Estado é o *Monarca*", "Deus é *Cristo*".

## "NÃO APENAS COMO *SUBSTÂNCIA*, MAS TAMBÉM COMO *SUJEITO*"

Em Kant, o sentimento do Sublime é evocado por um fenômeno imponente, ilimitado, assustador (a natureza enfurecida etc.), enquanto, em Hegel, lidamos com um mísero "pedacinho do Real" — o Espírito *é* o crânio morto, inerte; o Eu do sujeito *é* esse pedacinho de metal que seguro nas mãos; o Estado como organização racional da vida social *é* o corpo imbecil do Monarca; Deus, que criou o mundo, *é* Jesus, esse pobre indivíduo crucificado com dois ladrões... Nisso reside o "derradeiro segredo" da especulação dialética: não na mediação-sublimação dialética de toda a realidade empírica contingente, não na dedução de toda a realidade do movimento mediador da negatividade absoluta, mas no fato de que essa própria negatividade, para atingir seu "ser-para-si", tem que reencarnar em algum mísero resíduo corporal, radicalmente contingente.

### "O Espírito é um osso"

No nível imediato, o do "entendimento", da "representação [*Vorstellung*]", é claro que essa proposição se afigura uma variação extrema do materialismo vulgar, que reduz o Espírito, o sujeito, a negatividade pura, o elemento mais móvel e sutil, uma "raposa" que sempre escapa, a um objeto rígido, fixo, morto, à inércia total, a uma presença absolutamente não dialética. Por conseguinte, reagimos a ela como o burocrata soviético estarrecido da piada de Rabinovitch: ficamos perplexos porque ela é absurda, sem sentido; a proposição "o Espírito é um osso" provoca em nós um sentimento de contradição radical, insuportável; oferece uma imagem de discórdia grotesca, de uma relação extremamente negativa.

Mas, como no caso de Rabinovitch, é exatamente assim que produzimos sua verdade especulativa, *porque essa negatividade, essa discórdia insuportável, coincide com a própria subjetividade*, é a única maneira de tornarmos presente e "palpável" a negatividade suprema — ou seja, autorreferente — que caracteriza a subjetividade espiritual. Logramos transmitir a dimensão da subjetividade mediante a própria falha, mediante a inadequação radical, mediante o desajuste absoluto do predicado em relação ao sujeito. É por isso que "o Espírito é um osso" é um exemplo perfeito do que Hegel chama de "proposição especulativa", uma proposição cujos termos são incompatíveis, incomensuráveis. Como assinala Hegel no prefácio da *Fenomenologia do espírito*, para apreender o verdadeiro sentido dessa proposição, devemos retroceder e lê-la mais uma vez, porque seu verdadeiro significado surge da própria falha da primeira leitura "imediata".

Será que a proposição "o Espírito é um osso" — essa equação de dois termos absolutamente incompatíveis, o puro movimento negativo do sujeito e a inércia total de um objeto rígido — não nos oferece uma espécie de versão hegeliana da fórmula lacaniana da fantasia, $\$\Diamond a$? Para nos convencermos de que sim, basta colocarmos essa proposição em seu contexto apropriado: a passagem da fisiognomia para a frenologia na *Fenomenologia do espírito*.

A fisiognomia — a linguagem do corpo, a expressão do interior do sujeito em seu gestos e esgares espontâneos — ainda pertence ao nível da linguagem, da representação significante: certo elemento corporal (um gesto, uma careta) representa, significa o interior não corporal do sujeito. O resultado final da fisiognomia é seu completo *fracasso*: toda representação significante "trai" o sujeito, perverte, deforma aquilo que se espera que revele; não há significante "apropriado" do sujeito. E a passagem da fisiognomia para a frenologia funciona como a troca de nível da *representação* para a *presença*: em oposição aos gestos e caretas, o crânio não é um signo que expresse o interior; não representa nada; é, em sua própria inércia, a presença imediata do Espírito:

> Na fisiognomia, o Espírito deve ser conhecido em *seu próprio* exterior como em um ser que seria a *linguagem* — a invisibilidade visível — de sua essência. (...). Porém, na determinação ainda por examinar, o exterior é enfim uma efetividade completamente *estática*, que em si mesma não é um signo falante, mas que, separada do movimento consciente-de-si, se apresenta para si, e é como uma simples Coisa.[6]

## "NÃO APENAS COMO *SUBSTÂNCIA*, MAS TAMBÉM COMO *SUJEITO*"

O osso, o crânio, portanto, é um objeto que mediante sua *presença* preenche o vazio, a impossibilidade da *representação* significante do sujeito. Em termos lacanianos, ele é a objetificação de certa falta: uma Coisa ocupa o lugar em que falta o significante; o objeto da fantasia preenche a falta no Outro (a ordem do significante). O objeto inerte da frenologia (a caixa craniana) nada mais é que uma forma positiva de certa falha: encarna ou, literalmente, "dá corpo" ao fracasso último da representação significante do sujeito. Logo, ele é correlato do sujeito, na medida em que — na teoria lacaniana — o sujeito não é *nada senão* a impossibilidade de sua representação significante: o lugar vazio aberto no Outro pelo fracasso dessa representação. Agora podemos ver como é insensata a censura habitual de que a dialética hegeliana "suprassume" todo o resto objetivo inerte, incluindo-o no círculo da mediação dialética: o próprio movimento da dialética implica, ao contrário, que há sempre certo remanescente, certa sobra que escapa ao círculo da subjetivação, da apropriação-mediação subjetiva, e *o sujeito é, precisamente, correlato dessa sobra: $\$\lozenge a$*. A sobra que resiste à "subjetivação" encarna a impossibilidade que "é" o sujeito: em outras palavras, o sujeito é estritamente correlato de sua impossibilidade; seu limite é sua condição positiva.

A "aposta idealista" hegeliana consiste, antes, na conversão dessa falta do significante no significante da falta; sabemos pela teoria lacaniana que o significante dessa conversão, mediante a qual a falta como tal é simbolizada, é o falo. E — aí encontramos a última surpresa do texto hegeliano —, no final da seção sobre a frenologia, o próprio Hegel evoca a metáfora fálica para designar a relação entre os dois níveis de leitura da proposição "o Espírito é um osso": a leitura habitual, a da "representação"/"entendimento", e a leitura especulativa:

> A *profundeza* que o espírito tira do interior para fora, mas que só leva até sua consciência representativa e ali a larga, como também a *ignorância* de tal consciência sobre o que diz, são a mesma conexão do sublime e do ínfimo, que no organismo vivo a natureza

exprime ingenuamente, na combinação do órgão de sua maior perfeição — o da geração — com o aparelho urinário. O juízo infinito, como infinito, seria a perfeição da vida compreendendo--se a si mesma. Mas a consciência da vida comporta-se como o urinar, ao permanecer na representação.[7]

## "A Riqueza é o Eu"

Quando, na *Fenomenologia do espírito*, encontramos certa "figura de consciência", a pergunta a fazer é sempre esta: onde se repete essa figura, ou seja, onde encontramos uma figura posterior, mais rica, mais "concreta", que, ao repetir a original, talvez nos ofereça a chave de seu verdadeiro significado? No que concerne à passagem da fisiognomia para a frenologia, não temos que procurar muito: ela é retomada no capítulo sobre o "Espírito alienado de si mesmo", sob a forma de uma passagem da "linguagem da lisonja" para a Riqueza.

"Linguagem da lisonja" é uma expressão intermediária na tríade *consciência nobre-linguagem da lisonja-Riqueza*. A consciência nobre ocupa a posição da alienação extrema: coloca todos os seus conteúdos no Bem comum encarnado no Estado — a consciência nobre serve ao Estado com total e sincera devoção, atestada por seus atos. Ela não fala: sua linguagem limita-se a "conselhos" relativos ao Bem comum. Esse Bem funciona aqui como uma entidade inteiramente substancial, ao passo que, com a transição para a etapa seguinte do desenvolvimento dialético, assume a forma da subjetividade: em vez do Estado substancial, obtemos o Monarca, que é capaz de dizer *"l'État, c'est moi"* [o Estado sou eu]. Essa subjetivação do Estado acarreta uma mudança radical no modo de servi-lo: "O *heroísmo do serviço silencioso* torna-se o *heroísmo da lisonja*."[8] O meio de atividade da consciência já não são os atos, e sim a linguagem, a lisonja endereçada à pessoa do Monarca, que encarna o Estado.

Não é difícil detectar o antecedente histórico dessa passagem: a transformação do feudalismo medieval, com suas concepções de serviço

###### "NÃO APENAS COMO *SUBSTÂNCIA*, MAS TAMBÉM COMO *SUJEITO*"

honrado e outras semelhantes, numa Monarquia absoluta. Aqui, no entanto, estamos longe de uma simples corrupção ou degeneração do serviço silencioso e dedicado em lisonja hipócrita. O sintagma paradoxal "heroísmo da lisonja" não deve ser entendido como uma conjunção irônica de duas concepções que de outro modo seriam opostas; o que nos interessa aqui é o heroísmo no sentido pleno da palavra. O "heroísmo da lisonja" é um conceito que merece ser interpretado no mesmo nível do de "servidão voluntária"; ele anuncia o mesmo impasse teórico: como pode a "lisonja", geralmente percebida como uma atividade antiética por excelência, como uma renúncia à postura ética em busca de interesses "patológicos" de lucro e prazer, adquirir um status propriamente ético, o status de uma obrigação cujo cumprimento nos leva "além do princípio do prazer"?

De acordo com Hegel, a chave desse enigma é o papel nele desempenhado pela linguagem. A linguagem, é claro, é o próprio meio da "viagem da consciência" na *Fenomenologia*, a tal ponto que seria possível definir cada etapa dessa viagem, cada "figura de consciência", por uma modalidade específica da linguagem; já em seu próprio começo, na "certeza sensível", o movimento dialético é ativado pela discórdia entre o que a consciência "quer dizer" e o que efetivamente diz. Nessa sequência, a "linguagem da lisonja" apresenta, não obstante, uma exceção: somente nela a linguagem não é reduzida a um meio do processo dialético, mas se torna como tal, em sua própria forma, o que está em jogo na luta; "[tem] por conteúdo a forma mesma que é a linguagem, e tem valor como *linguagem*: é a força do falar como um [falar] tal que desempenha o que é para desempenhar."[9]

É por isso que a "lisonja" não deve ser concebida no nível psicológico, no sentido de adulação hipócrita e mesquinha: o que se anuncia aqui é, antes, a dimensão de uma *alienação própria da linguagem como tal* — é a própria forma da linguagem que introduz uma alienação radical; a consciência nobre deixa transparecer a sinceridade de sua convicção íntima *assim que começa a falar*. Dito de outra maneira, tão logo começamos a falar, a verdade fica do lado do Universal, do que "de fato dizemos", e a "sinceridade" de nossos sentimentos mais íntimos torna-se algo "patológico", no sentido kantiano da palavra: algo de natureza radicalmente antiética, algo que pertence ao campo do princípio do prazer.

O sujeito pode fingir que sua lisonja nada mais é que uma simples falsa acomodação a um ritual externo, que não tem absolutamente nada a ver com suas convicções mais íntimas e mais sinceras. O problema é que, tão logo tenciona fingir, ele já é vítima de seu próprio fingimento: seu verdadeiro lugar é lá fora, no ritual externo vazio, e o que ele toma por sua convicção íntima não é nada senão a vaidade narcísica de sua subjetividade nula — ou, num linguajar moderno, a "verdade" do que dizemos depende de como nossa fala constitui um vínculo social, em sua função performativa, e não da "sinceridade" psicológica de nossa ıntenção. O "heroísmo da lisonja" leva esse paradoxo ao extremo. Sua mensagem é: "Embora o que estou dizendo renegue completamente minhas convicções mais íntimas, sei que esta forma esvaziada de toda a sınceridade é mais verdadeira do que minhas convicções e, nesse sentido, sou sincero em minha ânsia de renunciar a elas."

É por isso que "lisonjear o Monarca, contrariando as próprias convicções pessoais", pode tornar-se um ato ético: ao pronunciarmos frases vazias, que desmentem nossas convicções mais íntimas, nós nos submetemos a uma ruptura compulsiva de nossa homeostase narcísica, "externalizamo-nos" completamente — renunciamos heroicamente ao que há de mais precioso em nós, nosso "sentimento de honradez", nossa coerência moral, nosso amor-próprio. A lisonja logra um esvaziamento radical de nossa "personalidade"; o que resta é a forma oca do sujeito — o sujeito como sua forma vazia.

Encontramos uma lógica meio homóloga na passagem da consciência revolucionária leninista para a consciência pós-revolucionária stalinista: também nesse caso, depois da revolução, o serviço e a devoção fiéis à Causa revolucionária transformam-se, necessariamente, no "heroísmo da lisonja" dirigida ao Líder, ao sujeito que se supõe encarnar e personificar o poder revolucionário. Também aqui, a dimensão propriamente

###### "NÃO APENAS COMO *SUBSTÂNCIA* MAS TAMBÉM COMO *SUJEITO*"

heroica dessa lisonja consiste em que, em nome de nossa fidelidade à Causa, nós nos dispomos a sacrificar nossa sinceridade, honestidade e decência humanas elementares — com o "agravante" adicional de que nos dispomos a *confessar essa própria insinceridade* e a nos declararmos "traidores".

Ernesto Laclau teve razão em observar que *é a linguagem que, num sentido inédito, é um "fenômeno stalinista".* O ritual stalinista, a lisonja vazia que "mantém unida" a comunidade, a voz neutra, totalmente livre de todos os remanescentes "psicológicos", que pronuncia as "confissões" no teatro dos processos políticos —, todos eles realizam, na mais pura forma até hoje, uma dimensão que provavelmente é essencial à linguagem como tal. Não é preciso voltarmos aos fundamentos pré-socráticos, se quisermos "penetrar nas origens da linguagem"; a *História do Partido Comunista (os bolcheviques)* é mais do que suficiente.

Onde pode o sujeito assim "esvaziado" encontrar seu correlato objetivo? A resposta hegeliana é: na Riqueza, no dinheiro obtido em troca da lisonja. A proposição "a Riqueza é o Eu" repete, nesse nível, a proposição "o Espírito é um osso": em ambos os casos, lidamos com uma proposição que, à primeira vista, é absurda, disparatada, com uma equação cujos termos são incompatíveis; em ambos os casos, deparamos com a mesma estrutura lógica de passagem: o sujeito, totalmente perdido no meio linguístico (linguagem de gestos e caretas, linguagem da lisonja), encontra sua contrapartida objetiva na inércia de um objeto não linguístico (crânio, dinheiro).

O paradoxo, o flagrante absurdo do dinheiro — esse objeto passivo, externo e inerte, que podemos segurar nas mãos e manipular — servindo como encarnação imediata do Eu não é mais difícil de aceitar do que a proposição de que o crânio encarna a efetividade imediata do Espírito. A diferença entre as duas proposições só é determinada pela diferença no ponto de partida dos respectivos movimentos dialéticos: se partirmos da linguagem reduzida a "gestos e esgares do corpo", a contrapartida objetiva do sujeito será aquilo que apresenta, nesse nível, uma inércia total: a caixa craniana. Mas, se concebermos a linguagem

## O SUBLIME OBJETO DA IDEOLOGIA

como o meio das relações sociais de dominação, sua contrapartida objetiva será, é claro, a riqueza como encarnação, como materialização do poder social.

### Reflexão ponente, reflexão exterior, reflexão determinante

Esse paradoxo do "juízo infinito" é o que escapa a Kant — por quê? Dito em termos hegelianos, porque a filosofia de Kant é de "reflexão exterior" — porque Kant ainda não é capaz de realizar a passagem da reflexão "exterior" para a reflexão "determinante". Na visão de Kant, todo o movimento que traz o sentimento do Sublime concerne apenas a nossa reflexão subjetiva exterior à Coisa, não à Coisa-em-si — isto é, representa apenas o modo como nós, como sujeitos finitos, aprisionados nos limites de nossa experiência fenomênica, podemos marcar de modo negativo a dimensão da Coisa transfenomênica. Em Hegel, porém, esse movimento é uma determinação reflexiva imanente da Coisa-em-si — ou seja, a Coisa *nada mais é* do que esse movimento reflexivo

Para exemplificar esse movimento da reflexão — ou seja, a tríade reflexão ponente, reflexão exterior e reflexão determinante[10] —, consideremos a eterna pergunta hermenêutica sobre como ler um texto. A "reflexão ponente" corresponde a uma leitura ingênua, que afirma um acesso imediato ao verdadeiro significado do texto: sabemos, temos a pretensão de apreender imediatamente o que diz um texto. O problema surge, é claro, quando há um número de leituras mutuamente excludentes que afirmam ter acesso ao significado verdadeiro: como escolher entre elas, como julgar suas afirmações? A "reflexão exterior" fornece uma saída desse impasse: transpõe a "essência", ou "significação verdadeira" de um texto para o além inatingível, fazendo dele uma "Coisa-em-si" transcendental. Tudo que nos é acessível, a nós, sujeitos finitos, são reflexos distorcidos, aspectos parciais deturpados por nossa perspectiva subjetiva; a Verdade-em-si, o verdadeiro sentido do texto, fica perdida para sempre.

## "NÃO APENAS COMO *SUBSTÂNCIA*, MAS TAMBÉM COMO *SUJEITO*"

Para passarmos da reflexão "exterior" para a "determinante", basta nos conscientizarmos de que *essa própria exterioridade das determinações reflexivas exteriores da "essência"* (a série de reflexos parciais distorcidos da verdadeira significação do texto) *já está contida nessa mesma "essência"*; de que a "essência" interior já é "descentrada" em si; e de que a "essência" dessa própria essência consiste nessa série de determinações externas

Para tornar mais clara essa formulação um tanto especulativa, consideremos o caso das interpretações conflitantes de algum grande texto clássico — por exemplo, *Antígona*. A "reflexão ponente" afirma uma abordagem direta de seu verdadeiro significado: "*Antigona* é, na verdade, um drama sobre..."; a "reflexão exterior" nos oferece um leque de interpretações históricas, condicionadas por diferentes contextos sociais e de outra ordem: "Não sabemos o que Sófocles realmente quis dizer; a verdade imediata sobre *Antígona* é inatingível; por causa do filtro da distância histórica, tudo que está a nosso alcance é a sucessão de influências históricas do texto: o que *Antígona* significou no Renascimento, ou para Hölderlin e Goethe, no século XIX, ou para Heidegger, para Lacan..." E, para fazer a "reflexão determinada", basta termos a vivência de que esse problema do sentido "verdadeiro" e "original" de *Antígona* — ou seja, do estatuto de *Antígona*-"em-si", independentemente da sequência de sua eficácia histórica — é, afinal, um pseudoproblema: para retomar o princípio fundamental da hermenêutica de Gadamer, há mais verdade na eficácia posterior de um texto, na série de suas leituras subsequentes, do que em seu sentido supostamente "original".

O "verdadeiro" significado de *Antígona* não deve ser buscado nas origens obscuras do que "Sófocles realmente quis dizer", mas se constitui dessa própria série de leituras posteriores — ou seja, constitui-se *a posteriori*, através de certa *demora* estruturalmente necessária. Chegamos à "reflexão determinante" quando nos conscientizamos do fato de que essa demora é imanente, está contida na "Coisa-em-si": *encontra-se a Coisa-em-si em sua verdade através da perda de*

O SUBLIME OBJETO DA IDEOLOGIA

*seu imediatismo*. Em outras palavras, o que se afigura um *empecilho* à "reflexão exterior" é, na verdade, uma *condição positiva* de nosso acesso à Verdade: a Verdade de uma coisa emerge porque a coisa não nos é acessível em sua própria identidade imediata.

Todavia, o que acabamos de dizer é insuficiente, uma vez que ainda dá margem a certo mal-entendido: se apreendermos a pluralidade de determinações fenomênicas que a princípio bloqueava nossa abordagem da "essência" como sendo uma multiplicidade de autodeterminações dessa mesma "essência" — se transpusermos a fissura que separa a aparência da essência para a fissura interna da própria essência —, sempre poderemos dizer que, dessa maneira, pela "reflexão determinante", a aparência acaba sendo reduzida à autodeterminação da essência, "suprassumida" no próprio movimento da essência, internalizada, concebida como um momento subordinado da automediação da essência. Resta ainda acrescentarmos a ênfase decisiva: não se trata apenas de que a aparência, a clivagem entre aparência e essência, seja uma clivagem interna à essência em si; o ponto crucial é que, inversamente, *a "essência" em si nada mais é do que a autorruptura, a autoclivagem da aparência.*

Em outras palavras, a fissura entre aparência e essência é interna à própria aparência; deve ser refletida no próprio campo da aparência — é *isso* que Hegel chama de "reflexão determinante". A característica básica da reflexão hegeliana portanto, é a necessidade conceitual estrutural de sua *duplicação*: não se trata apenas de que a essência deva aparecer, deva articular sua verdade interna numa multiplicidade de determinações (sendo este um dos lugares-comuns do comentário hegeliano de que "a essência só tem a profundidade de sua largura"); a questão é que ela deve aparecer *para a própria aparência* — como essência em sua diferença da aparência, sob a forma de um fenômeno que, paradoxalmente, encarna a invalidade dos fenômenos como tal. Essa duplicação caracteriza o movimento de reflexão; deparamos com ela em todos os níveis do Espírito, desde o Estado até a religião. O mundo, o universo é, evidentemente, a manifestação da divindade, o

## "NÃO APENAS COMO *SUBSTÂNCIA*, MAS TAMBÉM COMO *SUJEITO*"

reflexo da criatividade infinita de Deus; mas, para que Deus se torne efetivo, ele deve revelar-se novamente a sua criação, encarnar numa pessoa particular (Cristo). O Estado decerto é uma totalidade racional; mas só se estabelece como uma suprassunção-mediação de todos os conteúdos particulares ao reencarnar na individualidade contingente do Monarca. É esse movimento de duplicação que define a "reflexão determinante", e o elemento que reencarna, que dá forma positiva ao próprio movimento de suprassunção de toda positividade, é o que Hegel chama de "determinação reflexiva".

O que precisamos captar é a ligação íntima, até identidade entre essa lógica das reflexões ponente, exterior e determinante e a concepção hegeliana do sujeito "absoluto" — do sujeito que já não está ligado a conteúdos substanciais pressupostos, mas afirma suas próprias pressuposições substanciais. Dito em termos simples, nossa tese é que o que é constitutivo para o sujeito hegeliano é, precisamente, essa duplicação da reflexão, o gesto por meio do qual o sujeito postula a "essência" substancial pressuposta na reflexão externa.

### Pondo as pressuposições

Para exemplificar essa lógica do "pôr dos pressupostos", permitam-me tomar uma das mais famosas "figuras de consciência" da *Fenomenologia do espírito*: a "bela alma". De que modo Hegel mina a posição dessa "bela alma", dessa forma gentil, frágil e sensível de subjetividade que, de sua posição segura de observadora inocente, deplora as maldades do mundo? A falsidade da "bela alma" não está em sua inatividade, no fato de ela apenas se queixar de uma depravação, sem fazer nada para remediá-la; consiste, ao contrário, no próprio modo de atividade implicado nessa postura de inatividade — no modo como a "bela alma" estrutura de antemão o mundo social "objetivo", para ficar apta a assumir nele, a desempenhar nele o papel da vítima frágil, inocente e passiva. É essa, portanto, a lição fundamental de Hegel: quando somos ativos, quando intervimos no mundo através de um ato particular, o

O SUBLIME OBJETO DA IDEOLOGIA

verdadeiro ato não é essa intervenção (ou não intervenção) empírica particular, factual; o verdadeiro ato é de natureza estritamente simbólica: consiste em nosso próprio modo de estruturar o mundo, em nossa percepção antecipada dele, de maneira a possibilitarmos nossa intervenção, a abrirmos espaço nele para nossa atividade (ou inatividade). O verdadeiro ato, portanto, *precede* a atividade (particular-factual); consiste na reestruturação prévia de nosso universo simbólico, no qual nosso ato (factual, particular) será inscrito.

Para deixar clara esta ideia, consideremos os cuidados da mãe que sofre como "esteio da família": todos os outros parentes — o marido, os filhos — a exploram sem piedade; ela faz todo o trabalho doméstico e vive, é claro, resmungando continuamente, reclamando de que sua vida nada mais é que um sofrimento mudo, um sacrifício sem recompensa. Mas a questão é que esse "sacrifício silencioso" é sua identificação imaginária: dá coerência a sua identidade própria; se tirarmos dela esse sacrifício incessante, não restará nada; ela literalmente "perderá terreno".

Esse é um caso perfeito de comunicação lacaniana (pela qual o falante recebe de volta do destinatário sua própria mensagem em sentido invertido, isto é, verdadeiro). O significado dos resmungos incessantes da mãe é uma demanda — "Continuem a me explorar! Meu sacrifício é tudo que dá sentido a minha vida!" —, de modo que, ao explorá-la de forma implacável, os outros membros da família lhe devolvem o verdadeiro sentido de sua própria mensagem. Em outras palavras, o verdadeiro sentido da queixa da mãe é: "Estou disposta a abrir mão de tudo, a sacrificar tudo... *tudo, menos o próprio sacrifício*!" O que a pobre mãe deve fazer, se quiser livrar-se efetivamente dessa escravização doméstica, é *sacrificar o próprio sacrifício* — parar de aceitar, ou até de sustentar ativamente, a rede social (da família) que lhe confere o papel de vítima explorada.

O erro da mãe, portanto, não está apenas em sua "inatividade", ao suportar em silêncio o papel de vítima explorada, mas em sustentar

## "NÃO APENAS COMO *SUBSTÂNCIA*, MAS TAMBÉM COMO *SUJEITO*"

ativamente a rede sociossimbólica em que fica reduzida a desempenhar esse papel. Neste ponto, também poderíamos referir-nos à distinção entre identificação "constituinte" e identificação "constituída" — entre o eu ideal e o ideal de eu. No nível do eu ideal imaginário, a "bela alma" se vê como uma vítima frágil e passiva; identifica-se com esse papel; nele, "gosta de si mesma", sente-se digna de afeto; esse papel lhe dá um prazer narcísico, mas sua verdadeira identificação é com a estrutura formal do campo intersubjetivo que a habilita a assumi-lo. Em outras palavras, essa estruturação do espaço intersubjetivo (a rede familiar) é o lugar de sua identificação simbólica, o lugar a partir do qual ela se observa, de modo a parecer digna de amor a si mesma em seu papel imaginário.

Também poderíamos formular tudo isso em termos da dialética hegeliana de forma e conteúdo, na qual a verdade está na forma, é claro: através de um ato puramente formal, a "bela alma" estrutura sua realidade social de antemão, de modo a poder assumir o papel de vítima passiva; cegado pelo conteúdo fascinante (a beleza do papel de "vítima sofredora"), o sujeito desconsidera sua *responsabilidade formal* pelo estado de coisas vigente. Para explicar essa ideia da forma, tomemos um exemplo histórico: o debate entre Sartre e os comunistas franceses imediatamente após a Segunda Guerra Mundial (o chamado "debate do existencialismo"). A principal censura dos comunistas a Sartre era esta: ao conceber o sujeito como pura negatividade, vazio, despojado de qualquer conteúdo substancial positivo, de qualquer determinação por uma "essência" previamente dada, Sartre rejeitava todo o conteúdo burguês. O que restava, no entanto, era a forma pura da subjetividade burguesa, de modo que Sartre continuava tendo que realizar a última e mais difícil tarefa: rejeitar essa própria forma de subjetividade individualista burguesa e se entregar à classe trabalhadora... Apesar de sua simplicidade, há um grão de verdade nessa tese: não será ela é o ponto cego do chamado "radicalismo libertário burguês", precisamente no modo como seu sacrifício patético de todos os conteúdos burgueses afirma a forma da subjetividade burguesa? Essa dialética da forma e do conteúdo é o pano de fundo de nosso entendimento da seguinte passagem enigmática da *Fenomenologia* de Hegel:

> O agir como efetivação é, portanto, a forma pura da vontade: a simples conversão da efetividade — como um caso *essente* — em uma efetividade executada, e do simples modo do saber *objetivo* no modo do saber da *efetividade* como algo produzido pela consciência.[11]

Antes de intervirmos na realidade por meio de um ato *particular*, devemos praticar o ato *puramente formal* de converter a realidade, como algo objetivamente dado, na realidade como "efetividade", como algo produzido, "proposto" pelo sujeito. Nesse ponto, o interesse da "bela alma" é nos fazer ver essa lacuna entre os dois atos (ou dois aspectos do mesmo ato): no nível do conteúdo positivo, ela é uma vítima inativa, mas sua inatividade já se localiza num campo de efetividade, de realidade social "resultante da ação" — pela "conversão" da realidade "objetiva" em efetividade. Para que a realidade se nos afigure como o campo de nossa própria atividade (ou inatividade), devemos concebê-la antecipadamente como "convertida" — *devemos conceber a nós mesmos como formalmente responsáveis-culpados por ela.*

Aqui encontramos, finalmente, o problema das pressuposições postas: em sua atividade particular-empírica, é claro que o sujeito pressupõe o "mundo", a objetividade na qual pratica sua atividade, como algo dado de antemão, como uma condição positiva de sua atividade; mas sua atividade positiva-empírica só é possível quando ele estrutura sua percepção do mundo antecipadamente, de um modo que abra espaço para sua intervenção — em outras palavras, ela só é possível quando ele põe retroativamente as próprias pressuposições de sua atividade, do seu "pôr". Esse "ato antes do ato" mediante o qual o sujeito põe as próprias pressuposições de sua atividade é de natureza estritamente formal; é uma "conversão" puramente formal, que transforma a realidade em algo percebido, presumido como um resultado de nossa atividade.

## "NÃO APENAS COMO *SUBSTÂNCIA*, MAS TAMBÉM COMO *SUJEITO*"

O momento crucial é essa anterioridade do ato de conversão formal em relação às intervenções positivas-factuais, no que Hegel difere radicalmente da dialética marxista: em Marx, primeiro o sujeito (coletivo) transforma a objetividade dada, por meio do processo material-efetivo de produção; primeiro ele lhe dá sua "formas humana" e, a partir daí, refletindo os resultados de sua atividade, percebe-se formalmente como "autor deste mundo", enquanto, em Hegel, a ordem se inverte — antes de o sujeito intervir "efetivamente" no mundo, ele tem que se apreender formalmente como responsável por esse mundo.

Na linguagem comum, o sujeito "não faz realmente nada", apenas assume a culpa-responsabilidade pela situação dada — isto é, aceita-a como "obra sua" por um ato puramente formal: aquilo que, até um momento antes, era percebido como positividade substancial ("realidade que meramente *é*") passa a ser subitamente percebido como resultante de sua própria atividade ("*realidade* como algo produzido pela consciência"). "No começo", portanto, não há uma intervenção ativa, mas um ato paradoxal de "imitação", de "simulação": o sujeito *finge* que a realidade que lhe é dada em sua positividade — que ele encontra em sua substancialidade factual — é obra dele. O primeiro "ato" desse tipo, o ato que define a própria emergência do homem, é o ato fúnebre; Hegel desenvolve esse ponto numa abordagem formal e explícita a propósito do enterro de Polinice em *Antígona*:

> Essa universalidade que o Singular como tal alcança é o puro ser, a morte: é o ser-que-veio-a-ser, natural e imediato, e não o agir de uma consciência. O dever do membro-da-família é, por isso, acrescentar esse lado, de forma que seu ser último, esse ser universal, não pertença só à natureza, nem permaneça algo irracional; mas seja um agido, e nele seja afirmado o direito da consciência. (...) Assim, a consanguinidade completa o movimento natural abstrato, por acrescentar o movimento da consciência, interromper a obra da natureza e arrancar da destruição o con-

sanguíneo. Ou melhor, já que é necessária a destruição — seu vir-a-ser o puro ser —. a consanguinidade toma sobre si o ato da destruição.[12]

A dimensão crucial do rito fúnebre é indicada na última frase citada: a passagem para o puro ser, a morte, a desintegração natural, acontece de qualquer maneira, como uma necessidade natural inevitável; através do rito fúnebre, o sujeito toma a si esse processo de desintegração natural, repete-o simbolicamente, age como se esse processo houvesse resultado de sua decisão livre.

É claro que, de uma perspectiva heideggeriana, podemos censurar Hegel neste ponto por levar o subjetivismo ao extremo: o sujeito quer dispor livremente até mesmo da morte, essa condição limitante da existência humana; quer transformá-la em seu próprio ato. Entretanto, a abordagem lacaniana abre a possibilidade de uma outra leitura, oposta à de Heidegger: o rito fúnebre representa um ato de simbolização por excelência; por meio de uma escolha forçada, o sujeito assume, repete como um ato seu aquilo que acontece de qualquer maneira. No rito fúnebre, o sujeito confere a *forma* de um ato livre a um processo natural, contingente e "irracional".

Hegel articula a mesma linha de pensamento, de modo mais geral, em suas *Lições sobre a filosofia da religião*, quando discute o estatuto da Queda do homem no cristianismo — mais especificamente, a relação entre o Mal e a natureza humana. Seu ponto de partida, é claro, é que a natureza humana é inocente em si, no estado "anterior à Queda", ou seja, que a culpa e o Mal só existem quando temos o sujeito, a liberdade, e o livre-arbítrio. Mas — e este é o ponto crucial —, seria errôneo concluir, partindo dessa inocência original da natureza humana, que podemos simplesmente distinguir no homem o papel da natureza — que lhe foi dado e pelo qual, por conseguinte, ele não é responsável — do papel do Espírito livre — o resultado de seu livre-arbítrio, produto de sua atividade. A natureza humana "em si" — em sua abstração da cultura — é mesmo "inocente", mas, assim que a forma do Espírito

## "NÃO APENAS COMO *SUBSTÂNCIA*, MAS TAMBÉM COMO *SUJEITO*"

começa a reinar, assim que entramos na cultura, o homem se torna, por assim dizer, retroativamente responsável por sua natureza, por suas paixões e instintos mais "naturais". A "cultura" consiste não apenas em transformar a natureza e lhe conferir forma espiritual, mas a própria natureza humana, tão logo se relaciona com a cultura, *transforma-se em seu oposto* — aquilo que era inocência espontânea, um minuto antes, transforma-se, retroativamente, em puro Mal. Em outras palavras, assim que a forma universal do Espírito abrange conteúdos naturais, o sujeito torna-se formalmente *responsável* por ela, ainda que se trate, materialmente, de algo que ele simplesmente *acha*: o sujeito é tratado como se, por meio de um ato primordial eternamente passado, houvesse optado livremente por sua própria base natural-substancial. É essa responsabilidade formal, essa fissura entre a forma espiritual e o conteúdo dado, que impele o sujeito a uma atividade incessante.[13]

Por isso, não é difícil reconhecer a ligação entre esse gesto de "escolher o que é dado", esse ato de conversão formal por cujo meio o sujeito assume — determina como obra sua — a objetividade dada, e a passagem da reflexão exterior para a determinante, realizada quando o sujeito ponente-produtor põe as próprias pressuposições de sua atividade, de seu "pôr": o que é "pôr pressuposições" se não o próprio gesto de conversão formal pelo qual "pomos" como nossa própria obra aquilo que nos é dado?

Do mesmo modo, não é difícil reconhecer a ligação entre tudo isso e a tese hegeliana fundamental de que a substância deve ser concebida como sujeito. Se não quisermos deixar escapar o ponto crucial dessa concepção hegeliana da substância como sujeito, temos que levar em conta a ruptura que separa o sujeito "absoluto" hegeliano do sujeito kantiano-fichtiano, ainda "finito": este último é o sujeito da atividade prática, o sujeito "ponente", o que intervém ativamente no mundo, transformando-mediando a realidade objetiva dada; por conseguinte, ele está *ligado* a essa realidade pressuposta. Em outras palavras, o sujeito kantiano-fichtiano é o sujeito do processo de trabalho, o sujeito da relação produtiva com a realidade. Exatamente por essa razão, nunca

O SUBLIME OBJETO DA IDEOLOGIA

pode "mediar" inteiramente a objetividade dada, está sempre ligado a alguma pressuposição transcendental (a Coisa-em-si) na qual se baseia para exercer a atividade, mesmo que essa pressuposição se reduza à mera "instigação [*Anstoß*]" de nossa atividade prática.

Mas o sujeito hegeliano é "absoluto": já não é um sujeito "finito", ligado a pressuposições dadas e limitado por elas, mas põe, ele mesmo, essas pressuposições — como? Exatamente através do ato de "escolher o que já está dado" — ou seja, através do ato simbólico, mencionado acima, de uma conversão puramente formal; fingindo que a realidade dada já é obra sua e assumindo a responsabilidade por ela.

A ideia corrente de que o sujeito hegeliano é "ainda mais ativo" que o sujeito fichtiano, na medida em que logra êxito onde o sujeito fichtiano ainda falha — ou seja, em "devorar", servir de mediador e internalizar a efetividade inteira, sem nenhum resto — é inteiramente errada: o que devemos acrescentar ao sujeito "finito" de Fichte para chegar ao sujeito "absoluto" hegeliano é apenas um gesto vazio, puramente formal — no linguajar comum, um ato de puro fingimento, por cujo meio o sujeito finge ser responsável pelo que acontece de qualquer maneira, sem sua participação. *É assim que "a substância torna-se sujeito"*: quando, por meio de um gesto vazio, o sujeito assume a sobra que escapa a sua intervenção ativa. Esse "gesto vazio" recebe de Lacan seu nome adequado: o significante; nele reside o ato constitutivo elementar da simbolização.

Com isso, também fica claro como ligamos o conceito hegeliano de "substância como sujeito" ao aspecto fundamental do processo dialético: nesse processo, podemos dizer que, em certo sentido, *tudo já aconteceu*; tudo que está de fato acontecendo é pura mudança de forma, através da qual registramos o fato de que aquilo a que chegamos *sempre já existiu*. Por exemplo, no processo dialético, a fissura não é "suprassumida" por ser ativamente superada: tudo que temos de fazer é declarar formalmente que *ela nunca existiu*. Isso acontece na piada de Rabinovitch, na qual a contra-argumentação do burocrata não é ativamente refutada pelos argumentos mais precisos do judeu; tudo que Rabinovitch tem que fazer é praticar um ato puramente formal de

# "NÃO APENAS COMO *SUBSTÂNCIA*, MAS TAMBÉM COMO *SUJEITO*"

conversão, simplesmente afirmando que o próprio contra-argumento do burocrata é, de fato, um argumento a seu favor.

Não há contradição entre esse aspecto "fatalista" da dialética hegeliana — a ideia de que simplesmente registramos o que já aconteceu — e sua reivindicação de conceber a substância como sujeito. Na realidade, ambos visam a mesma conjunção, porque o "sujeito" é, precisamente, o nome desse "gesto vazio" que não modifica nada no nível do conteúdo positivo (nesse nível, tudo já aconteceu), mas que, ainda assim, tem que ser acrescentado para que o próprio "conteúdo" alcance sua efetividade plena.

Esse paradoxo é igual ao do último grão de areia a ser acrescentado para possuirmos um monte: nunca se pode ter certeza de qual grão será o último; a única definição possível do monte é que, *mesmo que retiremos um grão, ele continuará a ser um monte*. Assim, esse "último grão de areia" é, por definição, supérfluo, mas mesmo assim necessário — constitui um "monte" por sua própria superfluidade. Esse grão paradoxal materializa a ação do significante; parafraseando a definição lacaniana do significante (aquilo que "representa o sujeito para outro significante"), chegamos a ficar tentados a dizer que esse último grão supérfluo representa o sujeito para todos os outros grãos do monte. É o Monarca hegeliano que encarna essa função paradoxal em sua versão mais pura. Sem o Monarca, o Estado continuaria a ser uma ordem *substancial* — o Monarca representa o ponto de sua subjetivação, mas qual é sua função, exatamente? Apenas "pôr os pingos nos is", num gesto formal de se encarregar (apondo-lhes sua assinatura) dos decretos que lhe são propostos por seus ministros e conselheiros — de fazer deles uma expressão de sua vontade pessoal, de acrescentar a forma pura da subjetividade do "é nossa vontade..." ao conteúdo objetivo dos decretos e leis.[14] O Monarca, portanto, é um sujeito por excelência, mas apenas na medida em que se limita ao ato puramente formal da decisão subjetiva: assim que ele almeja algo mais, assim que se interessa por questões de conteúdo positivo, ele atravessa a linha que o separa de seus conselheiros e o Estado regride ao nível da substancialidade.

O SUBLIME OBJETO DA IDEOLOGIA

Agora podemos voltar ao paradoxo do significante fálico: na medida em que, segundo Lacan, o falo é um "significante puro", ele é, precisamente, um significante do ato de conversão formal por cujo meio o sujeito assume a realidade substancial já dada como sendo obra sua. É por isso que podemos determinar a "experiência fálica" fundamental como um certo "tudo depende de mim, mas não posso fazer nada quanto a isso". Exemplifiquemos esta colocação, fazendo referência a dois casos que devem ser lidos juntos: a teoria do falo encontrada em santo Agostinho e certa piada vulgar famosa.

Santo Agostinho desenvolveu sua teoria da sexualidade em um de seus textos menores, mas, ainda assim, cruciais: *De Nuptiis et Concupiscentia* [*Das núpcias e da concupiscência*]. Seu raciocínio é extremamente interessante porque, logo de início, difere do que costuma ser visto como as premissas fundamentais da concepção cristã de sexualidade: longe de ser o pecado que causou a Queda do homem, a sexualidade é, ao contrário, o *castigo*, a *penitência* pelo pecado. O pecado original reside na arrogância e no orgulho do homem; foi cometido quando Adão comeu da Árvore do Conhecimento, querendo elevar-se às alturas divinas e se tornar, ele próprio, senhor de toda a criação. Em seguida, Deus puniu o homem — Adão —, implantando nele certo impulso — a pulsão sexual — que não funciona direito, que não pode ser comparado a outras funções (fome, sede etc.); uma pulsão que excede radicalmente sua função orgânica (reprodução da espécie humana) e que, exatamente por esse caráter não funcional, não pode ser controlada, domesticada. Em outras palavras, se Adão e Eva tivessem ficado no Jardim do Éden, teriam mantido relações sexuais, mas praticariam o ato sexual do mesmo modo que praticavam todos os outros atos instrumentais (arar, semear etc.). Esse caráter excessivo, não funcional e constitutivamente perverso da sexualidade humana representa o castigo divino pelo orgulho do homem e por sua ânsia de poder.

Como podemos detectar, onde podemos localizar esse caráter incontrolável da sexualidade? É nesse ponto que santo Agostinho propõe sua teoria do falo: Quando o homem tem força de vontade e autocontrole,

###### "NÃO APENAS COMO *SUBSTÂNCIA*, MAS TAMBÉM COMO *SUJEITO*"

ele consegue dominar o movimento de todas as partes de seu corpo (Agostinho evoca aí uma série de casos extremos: um faquir indiano que consegue deter os batimentos cardíacos por um momento, e assim por diante); em princípio, portanto, todas as partes do corpo estão submetidas à vontade do homem, e sua incontrolabilidade subsiste apenas no grau *factual* de sua fraqueza ou força de vontade — todas as partes, exceto *uma*: a ereção do falo, que escapa *em princípio* ao livre-arbítrio do homem. É esse, portanto, segundo santo Agostinho, o "significado do falo": a parte do corpo humano que escapa a seu controle, o ponto no qual o próprio corpo do homem se vinga dele por seu falso orgulho. Um homem com força de vontade suficiente pode jejuar no meio de um salão repleto de iguarias deliciosas, mas, se uma virgem nua passar por ele, a ereção do seu falo não dependerá de modo algum da sua força de vontade...

Esse, porém, é apenas um lado do paradoxo do falo; seu avesso é indicado por uma famosa piada/charada: "Qual é o objeto mais leve da Terra? — O falo, porque é o único que pode ser levantado pelo mero pensamento." E, para chegar ao verdadeiro "significado do falo", temos que ler os dois exemplos em conjunto: "falo" designa a junção em que a externalidade radical do corpo, como independente de nossa vontade, como resistente à nossa vontade, une-se à interioridade pura de nosso pensamento. "Falo" é o significante do curto-circuito em decorrência do qual a exterioridade incontrolável do corpo passa imediatamente para alguma coisa ligada à interioridade pura do "pensar" e, em contraste, o ponto em que o "pensamento" mais íntimo assume características de uma entidade estranha, que escapa a nosso "livre-arbítrio". Para usar os termos hegelianos tradicionais, "falo" é o ponto da "união dos opostos": não uma "síntese dialética" (no sentido de uma espécie de complementação mútua), mas a *passagem imediata* de um extremo a seu oposto, como no exemplo hegeliano em que a função mais baixa e mais vulgar da urina passa à função mais sublime da procriação.

É essa própria "contradição" que constitui a "experiência do falo": TUDO *depende de mim* — o tema da charada —, *mas não posso*

## O SUBLIME OBJETO DA IDEOLOGIA

*fazer* NADA *quanto a isso* — o tema da teoria de santo Agostinho; a partir daí, dessa noção do falo como pulsação entre "tudo" e "nada", podemos conceber a dimensão "fálica" do ato de conversão formal da realidade *como dada* em realidade *como posta*. Esse ato é "fálico", na medida em que marca o ponto de coincidência entre a onipotência ("tudo depende de mim": o sujeito afirma toda a realidade como obra sua) e a impotência completa ("mas não posso fazer nada quanto a isso": o sujeito só pode assumir formalmente o que lhe é dado). É nesse sentido que o falo é um "significante transcendental", isto se, seguindo Adorno, definirmos como "transcendental" a inversão mediante a qual o sujeito vivencia sua limitação radical (o fato de estar confinado aos limites de seu mundo) como seu poder constitutivo (a rede a priori das categorias que estruturam sua percepção da realidade).

### Pressupondo o pôr

Mas há uma deficiência crucial no que acabamos de articular: nossa exposição do processo das reflexões foi supersimplificada num aspecto decisivo, que concerne à passagem da reflexão ponente para a reflexão exterior. A interpretação habitual dessa passagem, que aceitamos automaticamente, é esta: a reflexão ponente é a atividade da essência (puro movimento de mediação) que põe a aparência — é o movimento negativo que suprassume qualquer imediatismo dado e o põe como "mera aparência"; mas essa suprassunção reflexiva do imediatismo, esse pôr dele como "mera aparência", está ligada, ela mesma, ao mundo da aparência; *precisa* da aparência como algo já dado, como a base sobre a qual exercer sua atividade negativa de mediação. Em suma, a reflexão *pressupõe* o mundo positivo da aparência como ponto de partida de sua atividade de mediá-lo, de postulá-lo como "mera aparência".

Para ilustrar esse pressuposto, consideremos o processo clássico da "crítica da ideologia": esse processo "desmascara" certo arcabouço teórico, religioso ou de outra natureza, habilitando-nos a "enxergá-lo sem disfarces", fazendo-nos ver nele "apenas uma aparência [ideo-

## "NÃO APENAS COMO *SUBSTÂNCIA*, MAS TAMBÉM COMO *SUJEITO*"

lógica]", uma expressão-efeito de mecanismos ocultos; esse método consiste, pois, em um movimento puramente negativo, que *pressupõe* uma experiência ideológica "espontânea", "não refletida" em sua positividade dada-imediata. Para fazer a passagem da reflexão ponente para a reflexão exterior, basta o movimento de reflexão registrar que está sempre ligado a pressuposições exteriores dadas, que depois são mediadas-suprassumidas através de sua atividade negativa. Em suma, a atividade de pôr tem que levar em conta suas pressuposições — suas *pressuposições* são justamente o que é *exterior* ao movimento de reflexão.

Em contraste com essa visão corrente, Dieter Heinrich, em seu excelente estudo sobre a lógica hegeliana da reflexão, demonstrou que *toda a dialética do pôr e do pressupor sempre se enquadra na categoria da "reflexão ponente".*[15] Façamos referência a Fichte como o filósofo por excelência da reflexão ponente: através de sua atividade produtiva, o sujeito "põe" a positividade dada dos objetos, serve-lhe de mediador, suprassume-a, transforma-a numa manifestação de sua própria criatividade; mas esse pôr continua eternamente ligado às suas pressuposições, isto é, à objetividade positivamente dada com base na qual ele exerce sua atividade negativa. Em outras palavras, a dialética do pôr-pressupor implica o sujeito do processo de trabalho, o sujeito que, por meio de sua atividade negativa, serve de intermediário da objetividade pressuposta, transformando-a numa objetivação dela mesma; em suma, implica o sujeito "finito", não o sujeito "absoluto".

Nesse caso, se toda a dialética do pôr e pressupor enquadra-se no campo da reflexão ponente, em que consiste a passagem da reflexão ponente para a reflexão exterior? Agora chegamos à distinção crucial elaborada por Heinrich: não basta determinar a reflexão exterior pelo fato de que a essência pressupõe o mundo objetivo como seu fundamento, como ponto de partida de seu movimento negativo de mediação, externo a esse movimento; o aspecto decisivo da reflexão exterior é que a essência *pressupõe a si mesma como seu outro, sob a forma da exterioridade, de algo objetivamente dado de antemão,* ou seja, sob a forma do imediato. Estamos na reflexão exterior quando a

O SUBLIME OBJETO DA IDEOLOGIA

essência — o movimento de mediação absoluta, de pura negatividade autorreferente — pressupõe A SI MESMA na forma de uma Entidade que existe em si, excluída do movimento de mediação. Para usar os termos exatos de Hegel, estamos na reflexão exterior quando a essência não apenas pressupõe seu outro (imediatismo objetivo-fenomênico), mas pressupõe A SI MESMA sob a forma de alteridade, sob a forma de uma substância estranha.

Para ilustrar essa virada decisiva, façamos referência a um caso enganoso, na medida em que é "concreto" demais no sentido hegeliano, ou seja, na medida em que implica que já realizamos a passagem das categorias lógicas puras para o conteúdo espiritual histórico concreto: a análise da alienação religiosa desenvolvida por Feuerbach. Essa "alienação", cuja estrutura formal é claramente a da reflexão exterior, não consiste apenas no fato de que o homem — um ser criativo, que externaliza seus potenciais no mundo dos objetos — "deifica" a objetividade, concebendo as forças naturais e sociais objetivas que escapam a seu controle como manifestações de um Ser sobrenatural. "Alienação" quer dizer uma coisa mais precisa: significa que o homem pressupõe, percebe *a si mesmo*, percebe seu poder criativo, sob a forma de uma Entidade substancial externa; significa que ele "projeta", que transpõe sua essência mais íntima para um Ser alheio ("Deus"). "Deus", portanto, é o próprio homem, a essência do homem, o movimento criativo da mediação, o poder transformador da negatividade, mas percebido na forma da exterioridade, como pertencente a uma Entidade estranha que existe em si mesma, independentemente do homem.

Essa é a lição decisiva, mas comumente despercebida, da teoria hegeliana da reflexão: só podemos falar da diferença, da fissura que separa a essência da aparência, na medida em que a própria essência é cindida da maneira descrita acima — ou seja, apenas na medida em que a essência pressupõe a si mesma como algo alheio, como seu próprio Outro. Quando a própria essência não é dividida, quando, no movimento de alienação extrema, ela não se percebe como uma Entidade estranha, a própria dualidade essência/aparência não pode se

## "NÃO APENAS COMO *SUBSTÂNCIA*, MAS TAMBÉM COMO *SUJEITO*"

pôr. *Essa autodivisão da essência significa que ela é "sujeito", e não apenas "substância"*: para expressar essa ideia de modo simplificado, a "substância" é a essência como algo que se reflete no mundo da aparência, na objetividade fenomênica; ela é o movimento de mediação--suprassunção-pôr dessa objetividade, e o "sujeito" é substância na medida em que ele próprio é dividido e se vivencia como uma Entidade estranha positivamente dada.

Poderíamos dizer, paradoxalmente, que o sujeito *é substância exatamente na medida em que se vivencia como substância* (como uma entidade positiva estranha, dada e exterior, que existe em si ): "sujeito" nada mais é que o nome dessa distância interna entre a "substância" e ela mesma, o nome do lugar vazio de onde a substância pode perceber--se como algo "estranho". Sem essa autodivisão da essência, não pode haver lugar distinto da essência em que ela possa *aparecer* como distinta dela mesma, isto é, como "mera aparência": a essência só pode aparecer na medida em que já é externa a si mesma.

Então, qual é a natureza da passagem da reflexão exterior para a reflexão *determinante*? Se permanecermos no nível da interpretação comum da lógica da reflexão, na qual a passagem da reflexão ponente para a exterior coincide com a do pôr para o pressupor, é óbvio que as coisas ficarão claras. Para fazer a passagem em questão, precisamos simplesmente registrar o fato de que as próprias pressuposições já estão postas — e, com isso, já nos encontramos na reflexão determinante, no movimento reflexivo que postula retroativamente suas próprias pressuposições. Voltando a fazer referência ao sujeito produtivo-ativo que medeia-nega-forma a objetividade pressuposta, tudo que lhe cabe fazer é ter a experiência de que o estatuto ontológico dessa objetividade pressuposta *nada mais é* que a pressuposição da atividade dele, sujeito; de que ela existe apenas para seu uso, para que ele exerça sobre ela sua atividade mediadora — de que, portanto, ela mesma é retroativamente "posta" pela atividade dele. A "natureza", o objeto pressuposto da atividade, já é, por assim dizer, "por natureza", em si mesma, o objeto, o material da atividade do sujeito; seu status ontológico é determinado pelo horizonte do processo de produção. Em suma, esse status é previamente *posto* como tal, ou seja, como uma pressuposição do pôr subjetivo.

Entretanto, se a reflexão exterior não pode ser suficientemente definida pelo fato de que o pôr está sempre ligado a pressuposições; se, para chegar à reflexão exterior, a essência tem que pressupor *a si mesma* como seu outro, as coisas ficam meio complicadas. À primeira vista, ainda continuam bastante claras; voltemos a nos referir à análise feuerbachiana da alienação religiosa. Acaso a passagem da reflexão exterior para a reflexão determinante não consiste, simplesmente, no fato de que o homem tem que reconhecer em "Deus", nessa Entidade externa, superior e estranha, o reflexo inverso de sua própria essência, sua essência na forma de alteridade, quer dizer, a "determinação reflexiva" de sua própria essência? Para poder assim afirmar-se como "sujeito absoluto"? O que há de errado nessa concepção?

Para explicá-lo, temos que voltar ao próprio conceito de reflexão. A chave da compreensão adequada da passagem da reflexão exterior para a reflexão determinante é dada pelo duplo sentido do conceito de "reflexão" em Hegel — pelo fato de que, na lógica hegeliana da reflexão, a reflexão se dá sempre em dois níveis:

(1) Em primeiro lugar, "reflexão" designa a simples relação entre essência e aparência, na qual a aparência "reflete" a essência — ou seja, na qual a essência é o movimento negativo de mediação que suprassume e, ao mesmo tempo, põe o mundo da aparência. Aqui, ainda estamos no círculo do pôr e pressupor: a essência põe a objetividade como "mera aparência" e ao mesmo tempo a pressupõe como o ponto de partida de seu movimento negativo; (2) Assim que passamos da reflexão ponente para a reflexão exterior, entretanto, deparamos com um tipo bem diferente de reflexão. Aqui, o termo "reflexão" designa a relação entre a essência como negatividade autorreferente, como o movimento da mediação absoluta, e a essência tal como pressupõe a si mesma

## "NÃO APENAS COMO *SUBSTÂNCIA*, MAS TAMBÉM COMO *SUJEITO*"

na forma alienada-inversa de um imediatismo substancial, como uma entidade transcendental *excluída* do movimento de reflexão (razão por que, aqui, a reflexão é "exterior": uma reflexão exterior não concerne à própria essência).

Nesse nível, passamos da reflexão exterior para a determinante, simplesmente ao vivenciar a relação entre esses dois momentos — a essência como movimento de automediação, de negatividade autorreferente, e a essência como entidade substancial-positiva, excluída do estremecimento da reflexão — *como sendo uma relação de reflexão*, isto é, ao ter a experiência de que essa imagem da essência substancial-imediata, positivamente dada, *nada mais é* do que a reflexão alienada-inversa da essência como puro movimento de negatividade autorreferente.

Estritamente falando, somente essa segunda reflexão é a "reflexão--dentro-de-si" da essência, reflexão em que a essência se duplica e, desse modo, reflete-se em si mesma, não apenas na aparência. É por isso que essa segunda reflexão é uma reflexão *duplicada*: no nível da reflexão "elementar", reflexão no primeiro sentido, a essência simplesmente se opõe à aparência como o poder de negatividade absoluta que, servindo de intermediário a qualquer dado imediato positivo, anulando-o e o pondo, faz dele "mera aparência"; já no nível da reflexão duplicada, da reflexão no segundo sentido, a essência *se reflete* sob a forma de sua própria pressuposição, de uma substituição imediatamente dada. A reflexão da essência-dentro-de-si é um imediatismo que não é "mera aparência", e sim uma imagem invertida-alienada da própria essência, a essência mesma sob a forma de sua alteridade, ou, em outras palavras, uma pressuposição que não é simplesmente posta pela essência: nela, *a essência pressupõe a si mesma como ponente.*

Como já indicamos, a relação entre essas duas reflexões não é a de uma simples sucessão; a reflexão elementar inicial (1) não é meramente seguida pela segunda, a reflexão duplicada (2). A segunda reflexão é, estritamente falando, a condição da primeira — é apenas a duplicação da essência, a reflexão da essência dentro de si, que abre o campo para a aparência em que a essência oculta pode refletir-se. Ao levar em consideração essa necessidade da reflexão duplicada, também podemos demonstrar o que é falho no modelo feuerbachiano de superação da reflexão exterior.

Esse modelo, no qual o sujeito supera a alienação ao reconhecer, na Entidade substancial alienada, a imagem invertida de seu potencial essencial, implica uma concepção de religião que corresponde ao retrato iluminista da religião judaica (Deus Todo-poderoso como imagem invertida da impotência humana etc.); o que escapa a esse entendimento é a lógica que está por trás do tema fundamental do cristianismo: a encarnação de Deus. O gesto feuerbachiano de reconhecer que Deus como essência estranha nada mais é que a imagem alienada do potencial criativo do ser humano não leva em conta a necessidade de que essa relação reflexiva entre Deus e o homem se reflita *no próprio Deus*; em outras palavras, não basta afirmar que "o homem é a verdade de Deus", que o sujeito é a verdade da Entidade substancial alienada. Não basta que o sujeito se reconheça/se reflita nessa Entidade como sua imagem invertida; o ponto crucial é que essa própria Entidade substancial deve dividir-se e "gerar" o sujeito (isto é, "o próprio Deus deve tornar-se homem").

No que tange à dialética do pôr e pressupor, essa necessidade significa que não basta afirmar que o sujeito põe suas pressuposições. Esse pôr das pressuposições já está contido na lógica da reflexão ponente; o que define a reflexão determinante é, antes, que o sujeito deve *pressupor-se como ponente*. Em termos mais precisos, o sujeito efetivamente "põe suas pressuposições" ao pressupor, refletindo-se nelas como ponente. Para exemplificar essa virada crucial, tomemos os dois exemplos costumeiros: o Monarca e Cristo. No imediatismo de suas vidas, é claro que os sujeitos como cidadãos opõem-se ao Estado substancial que determina a rede concreta de suas relações sociais. De que modo eles ultrapassam esse caráter alienado, essa alteridade irredutível do Estado como pressuposição substancial da atividade de pôr dos sujeitos?

A resposta marxista clássica seria, é claro, que o Estado, como força alienada, tem que "fenecer", que sua alteridade tem que se dissolver

## "NÃO APENAS COMO *SUBSTÂNCIA*, MAS TAMBÉM COMO *SUJEITO*"

na transparência de relações sociais não alienadas. A resposta hegeliana, ao contrário, é que, em última instância, os sujeitos só podem reconhecer o Estado como "obra deles" ao refletirem a subjetividade livre no próprio Estado, na pessoa do Monarca, ou seja, ao pressuporem no próprio Estado — como seu "ponto de basta", como lugar que lhes confere sua efetividade — o lugar da subjetividade livre, o lugar do gesto formal e vazio do Monarca, "Esta é nossa vontade..."

Dessa dialética podemos deduzir com muita clareza a necessidade por trás do duplo sentido da palavra "sujeito" — (1) uma pessoa sujeitada à norma política, e (2) um agente livre, instigador de sua atividade: os sujeitos só podem realizar-se como agentes livres por meio de sua duplicação, apenas na medida em que "projetem", transponham a forma pura de sua liberdade para o próprio cerne da substância oposta a eles, para a pessoa do sujeito-Monarca como "chefe de Estado". Em outras palavras, os sujeitos só são sujeitos na medida em que pressupõem que a substância social, oposta a eles sob a forma do Estado, já é em si um sujeito (o Monarca) a quem eles estão submetidos.

Aqui, devemos retificar — ou, mais exatamente, complementar — nossa análise anterior: o gesto vazio, o ato de conversão formal pelo qual "a substância se torna sujeito", não é simplesmente dispersado entre a multidão de sujeitos e, como tal, próprio de cada um deles da mesma maneira; ele é sempre centrado num ponto de exceção, no Um, no indivíduo que assume a missão idiota de praticar o gesto vazio da subjetivação — da complementação do conteúdo substancial dado pela forma do "Esta é minha vontade". O mesmo se dá com Cristo: os sujeitos superam a Alteridade, a estranheza do Deus judaico, não ao proclamarem-no imediatamente como uma criação sua, mas ao pressuporem no próprio Deus o lugar de "encarnação", o lugar em que Deus se faz homem. Essa é a significação da vinda de Cristo, de seu "está consumado!": para que a liberdade se dê (como nosso pôr), ela *já deve ter ocorrido* em Deus como sua encarnação — sem isso, os sujeitos permaneceriam eternamente ligados à substância estranha, presos na rede de suas pressuposições.

## O SUBLIME OBJETO DA IDEOLOGIA

A necessidade dessa duplicação explica perfeitamente por que a instigação mais forte à livre atividade foi garantida pelo protestantismo — pela enorme ênfase religiosa na predestinação, no fato de que "tudo já foi decidido de antemão". E agora, finalmente, também podemos dar uma formulação exata à passagem da reflexão exterior para a reflexão determinante: a condição de nossa liberdade subjetiva, de nosso "pôr", é que ela tem que se refletir de antemão na própria substância, como nossa "determinação reflexiva". Por essa razão, a religião grega, a religião judaica e o cristianismo formam uma tríade de reflexão: na religião grega, a divindade é simplesmente posta na multiplicidade de belas aparências (razão por que, para Hegel, a religião grega era a religião da obra de arte); na religião judaica, o sujeito percebe sua essência na forma de uma força transcendental externa, inatingível; já no cristianismo, a liberdade humana é enfim concebida como uma "determinação reflexiva" dessa própria substância estranha (Deus).

Não há como superestimar a importância dessas ruminações puramente especulativas, à primeira vista, para a teoria psicanalítica da ideologia. O que é o "gesto vazio" por cujo meio a realidade bruta e sem sentido é assumida, aceita como obra nossa, senão a operação ideológica mais elementar, a simbolização do Real, sua transformação numa totalidade significativa, sua inscrição no Outro? Podemos dizer, literalmente, que esse "gesto vazio" *põe o Outro, faz com que ele exista*: a conversão puramente formal que constitui esse gesto é, simplesmente, a conversão do Real pré-simbólico na realidade simbolizada — no Real captado na rede do significante. Em outras palavras, através desse gesto vazio", o sujeito *pressupõe a existência do Outro*.

Agora, talvez estejamos aptos a situar a mudança radical que, ae acordo com Lacan, define a etapa final do processo psicanalítico: a "destituição subjetiva". O que está em jogo nessa "destituição" é exatamente o fato de *o sujeito não mais se pressupor como sujeito*; ao realizar isso, ele anula, por assim dizer, os efeitos do ato de conversão formal. Em outras palavras, presume não a existência, mas a *inexistência* do Outro, aceita o Real em sua completa e insensata idiotia;

312

## "NÃO APENAS COMO *SUBSTÂNCIA*, MAS TAMBÉM COMO *SUJEITO*"

mantém aberto o abismo entre o Real e sua simbolização. O preço a pagar por isso é que, com o mesmo ato, *ele também se anula como sujeito*, porque — e esta seria a última lição de Hegel — o sujeito só é sujeito na medida em que se pressupõe como absoluto através do movimento da dupla reflexão.

## NOTAS

1. Yirmiyahu Yovel, "La Religion de la sublimité", *Hegel et la religion*, org. G Planty-Bonjour, Paris: PUF, 1982.
2. Immanuel Kant, *Critique of Judgement*, Oxford: Clarendon Press, 1964, p. 109 [ed. bras.: *Crítica da faculdade do juízo*, trad. Valério Rohden e António Marques, Rio de Janeiro: Forense Universitária, 2002, p. 106].
3. Ibid., p. 119 [ibid., p. 114].
4. Ibid., p. 106 [ibid., pp. 103-104].
5. Ibid., p. 127 [ibid., p. 121].
6. Hegel, *Phenomenology of Spirit*, p. 195 [*Fenomenologia do espírito*, op. cit.].
7. Ibid., p. 210.
8. Ibid., p. 310.
9. Ibid., p. 308.
10. G. W. F. Hegel, *Wissenschaft der Logik*, vols. I e II, Hamburgo: Hg. von G. Lasson, 1966 [ed. bras.: *Ciência da lógica, 1: A doutrina do ser*, trad. Christian G. Iber, Marloren L. Miranda e Federico Orsini, Petrópolis/Bragança Paulista: Vozes/EdUSF, 2016; *Ciência da lógica, 2: A doutrina da essência*, trad. Christian G. Iber e Federico Orsini, mesmas editoras, 2017].
11. Hegel, *Phenomenology of Spirit*, p. 385 [*Fenomenologia do espírito*, op. cit.].
12. Ibid., pp. 270-271.
13. G. W. F. Hegel, *Philosophie der Religion*, volumes I e II, Frankfurt: Suhrkamp Verlag, 1969.
14. G. W. F. Hegel, *Grundlinien der Philosophie des Rechts*, Frankfurt: Suhrkamp Verlag, 1969, § 280 [ed. bras.: *Linhas fundamentais da filosofia do direito, ou direito natural e ciência do Estado em compêndio*, trad. Paulo Meneses *et al.*, São Leopoldo/Recife: Ed. UNISINOS/Universidade Católica de Pernambuco, 2010].
15. Dieter Heinrich, *Hegel im Kontext*, Frankfurt: Suhrkamp Verlag, 1971.

# Índice remissivo

## A

abstração, 43-45, 47-48, 239-40, 242
Adorno, Theodor, 12-13, 61, 245, 304
Agostinho, santo, 302-04
*De Nuptiis et Concupiscentia* [*Das núpcias e da concupiscência*], 302
*Alemanha no outono* (documentário), 173
*Alien, o oitavo passageiro* (Scott), 123, 191
alienação, 22, 27-28, 54, 81, 157, 179, 241, 286-87, 306-08, 310
Allais, Alphonse, 59, 82
Allen, Woody, *Sonhos de um sedutor*, 163
Althusser, Louis, 22-23, 25-27, 47, 65, 77, 153, 181
"Aparelhos Ideológicos de Estado", 69, 77-79
anamorfose, 149-52
antidescritivismo, 138-46
*Antígona* (Sófocles), 169-73, 205, 291-92, 297-98
antissemitismo, ideologia do, 84-85, 112, 138, 147-48, 151, 169-70, 183-86, 244-45, 275
Associação Psicanalítica Internacional (IPA), 102
Austen, Jane:
*Emma*, 102
*Mansfield Park*, 102
*Orgulho e preconceito*, 102

## B

Bataille, George, 25
Beethoven, Ludwig van, 261
beleza, 275-77
Benjamin, Walter, 195-97, 200-06
"Sobre o Conceito de História", teses, 195-96, 202
Bentham, Jeremy, *Teoria das ficções*, 211
Bernstein, Eduard, 98-99
Bodenheimer, Aron, *Why? On the Obscenity of Questioning* [*Por quê? Da obscenidade de perguntar*], 247-49
*Brazil*(Gilliam), 82
Brecht, Bertolt, 219, 240
*Ópera dos três vinténs*, 60, 240
Brown, Fredric, "Experimento", 225-26
Brueghel, Pieter, 160
Buñuel, Luis:
*anjo exterminador, O*, 267
*discreto charme da burguesia, O*, 267
*Ensaio de um crime*, 267
*Esse obscuro objeto do desejo*, 267
*idade do ouro, A*, 267

## C

capitalismo como modo de produção, 52, 55-56, 65, 86-90, 162
Carroll, Lewis, 241
*Casablanca* (Curtiz), 163-64
castração, 86, 179, 191-92, 216, 220-21, 239, 257
Chaplin, Charlie, 160

Churchill, Winston, 30, 211
cinismo, 60, 64 *Esse obscuro objeto do desejo*, 267
como fenômeno contemporâneo, 33, 58-61, 64
comunismo, 74-75, 77, 136-38, 153-54, 162, 204, 206-07, 243-44, 295
*corpo que cai, Um* (Hitchcock), 176
*Correspondente estrangeiro* (Hitchcock), 252, 258-59
cristianismo, 171-72, 275-76, 280, 298, 310, 312
*Crítica da razão cínica* (Sloterdijk), 59-60
cultura como antagonismo à natureza, 30, 298-99

**D**
*das Ding* na teoria lacaniana, 190, 194, 249, 266-67
"debate do existencialismo", 295
*dama oculta, A* (Hitchcock), 252
democracia, 28-31, 33, 98, 136-37, 148-50, 162-63, 209-11, 248
Derrida, Jacques, 21n, 25, 156, 215-16, 219, 222, 272n
Descartes, René, 128-29
*Discurso do método*, 124
descritivismo, 138-46
Dickens, Charles, 160
*discurso filosófico da modernidade, O* (Habermas), 25
*Disque M para matar* (Hitchcock), 252
*Don Giovanni* (Mozart), 57, 233, 259
Dummett, Michael, *Truth and Other Enigmas* [A verdade e outros enigmas], 95

**E**
Eco, Umberto, *O nome da rosa*, 57-58
ecologia, 30, 137

economia política clássica, 42-43
Édipo, mito de, 86, 97, 216
Einstein, Albert, 115
Eisenstein, Sergei, 160
eleições, papel das, na democracia burguesa, 210-11
Elster, Jon, 128
*Eros e civilização* (Marcuse), 29
Escola de Frankfurt, 43, 59, 195
*essência da liberdade humana, A* (Schelling, 233
ética, 26, 38, 126, 173-74
existencialismo, debate do, 295
*extimité* [intimidade externa] na teoria lacaniana, 191
Eysenck, Hans Jürgen, 38

**F**
família, formulação psicanalítica da, 86
fantasia:
papel da, na estruturação ideológica, 61, 64, 68, 79-83, 181-86, 207
sadiana, 193
teoria lacaniana da, 79-83, 105-06, 111, 117-18, 169-70, 174-76, 180-2, 192, 238, 267-69, 284-85
fascismo, 87, 126-7, 185, 231
Fellini, Frederico, *Roma*, 237
feminismo, 28-30, 135-37
Fenichel, Otto, 220
feudalismo como modo de produção, 52, 56, 65, 286-87
Feuerbach, L. A., 306, 308, 310
ficção científica, 83, 93, 95-96, 107, 138, 191, 225
Fichte, J. G., 16, 233, 300, 305
forma-mercadoria, 38, 41-46, 50-51, 146
fetichismo da, 33, 52-56, 62, 65, 86
Forman, Milos, 161

## ÍNDICE REMISSIVO

fórmula, sujeito:
  althusseriana, 22-23, 27, 47, 65, 78-79, 153
  como transcendental, 44-45
  fichtiana, 16, 299-300
  foucaultiana, 26, 242
  habermasiana, 26
  hegeliana, 12-16, 268-69, 282-83, 293, 297-301, 312
  Kafka sobre, 78-79, 250-51
  kantiana, 16, 44, 299
  lacaniana, 80-81, 114-17, 124, 145, 166, 179, 240-43, 249-51, 255, 268-69, 285, 301, 312
  revolucionária, 98-99, 129
  sartriana, 295-96
Foucault, Michel, 25-26, 242
Freud, Sigmund, 8, 10, 29, 37-41, 45, 86, 99, 101, 115, 118-19, 165-66, 180, 186, 190, 195, 197, 200, 216-17, 223, 227, 232-33, 249, 257, 263, 270
  "Dora", 257-58
  *interpretação dos sonhos, A*, 39, 99, 192-93, 197

### G
Gadamer, Hans-Georg, 215, 291
Gilliam, Terry, *Brazil – o filme*, 82
Goethe, J. W. Von, 276n, 291
gozo, conceito lacaniano de, 109-10, 113, 116-18, 123, 126, 130, 177, 179-81, 190, 229, 236, 249-50, 254-57, 266, 277

### H
Habermas, Jürgen, 25-26, 39, 216
  *Der philosophische Diskurs der Moderne* [O discurso filosófico da modernidade], 25
*Hamlet* (Shakespeare), 177, 194
Hauser, Arnold, 160

Hegel, G. W. F., 9-23, 29-33, 52, 55, 63, 66, 97, 99-107, 137, 160, 189, 193, 211, 218, 227, 236, 244, 246, 261-62, 265-68, 268-70, 272
  *Ciência da lógica*, 13, 102
  dialética, 8, 10-11, 13, 17-18, 21-23, 32-33, 201, 206, 239, 253, 261-63, 275-76, 279-81, 285-87, 289, 295-97, 300-01, 303-05
  *Enciclopédia*, 16, 102
  *Fenomenologia do espírito*, 9, 21, 102, 227, 262, 265, 284, 286-87, 293
  *Lições sobre filosofia da religião*, 12, 275, 298
  *Princípios da filosofia do direito*, 101-02
*Hegemonia e estratégia socialista* (Laclau and Mouffe), 31, 135
Heidegger, Martin, 25, 233, 291, 298
Heinlein, Robert A., *The Door into Summer*, 107-09
Heinrich, Dieter, 305
histeria, 56, 159, 168, 257, 263
Hitchcock, Alfred:
  *39 degraus*, 252
  *corpo que cai, Um*, 176
  *Correspondente estrangeiro*, 252, 258-59
  *dama oculta, A*, 252
  *Disque M para matar*, 252
  *homem que sabia demais, O*, 252
  *Interlúdio*, 252
  *Intriga internacional*, 167
  *Janela indiscreta*, 175, 252
  *Marnie, confissões de uma ladra*, 254
  *Pacto sinistro*, 252-53
  *pássaros, Os*, 254
  *Rebecca, a mulher inesquecível*, 177
  *sombra de uma dúvida, A*, 252
Hitler, Adolf, identificação coletiva com, 74, 159

Holbein, Hans, "Os embaixadores", 151

Hölderlin, F., 291

*homem que sabia demais, O* (Hitchcock), 252

**I**

identificação na teoria lacaniana, 81, 118, 152-54, 157, 161-62, 165, 172-73, 179-81, 247

ideologia:
como costume pascaliano, 73-74, 77-78, 208
crítica da, 49-50, 57-65, 68, 86
fetichismo da mercadoria e, 33, 61-62, 65
interpelação e, 27, 77-79, 153, 165, 168-70, 177, 247
ponto de basta e, 33, 114, 135, 146, 150-56, 216
totalitária, 33, 58, 61

Imaginário, na teoria lacaniana, 93, 157-66, 178, 180-81, 190-91, 219, 226-27, 238, 253-55, 294-95

inconsciente, 38-40, 45, 47, 64, 69-70, 73-74, 77-78, 84, 93-94, 97-98, 109-10, 115, 190, 200, 233-35, 258-60

*Interlúdio* (Hitchcock), 252

International Psycho-Analytical Association *ver* Associação Psicanalítica Internacional

interpelação, 27, 77-79, 153, 165, 168-70, 177, 181-82, 247, 250-51

*interpretação dos sonhos, A* (Freud), 39, 99, 192, 197

*Intriga internacional* (Hitchcock), 167

**J**

Jackson, Jesse, 169

James, Henry, *A volta do parafuso*, 57

*Janela indiscreta* (Hitchcock), 175, 252

*jouissance ver* gozo

Jung, C. G., 25, 220

**K**

Kafka, Franz:
"médico rural, Um", 119-21
*processo, O*, 71, 106, 251

Kanievska, Marek, *Memórias de um espião*, 74

Kant, Immanuel, 16, 18-20, 124-27, 229, 232-33, 239-40, 246, 261-62, 264-65, 277-83, 290
*Crítica da faculdade do juízo*, 276-77
*Crítica da razão prática*, 232
*Crítica da razão pura*, 175
"O que é Esclarecimento?", 124

KGB, 74-75, 77

Kierkegaard, Søren, 70

Kripke, Saul, 138-41, 149, 162, 171, 235, 238

**L**

Lacan, Jacques, 8, 0, 13, 18, 20-21, 25-27, 29, 32-33, 37, 50, 52-54, 59, 65-66, 69, 78n, 79-87, 90, 93-96, 98, 101-02, 106, 109-11, 113-27, 130, 135-37, 141-57, 162, 165-81, 186, 189-94, 202-07, 209, 211, 215-43, 247, 249-63, 266-70, 273n4, 277, 284-85
*Escritos*, 124, 126, , 152, 165, 232
"estádio do espelho, O", 53, 157
*ética da psicanálise, A*, 59, 66, 190, 203, 205, 277
*Função e campo da fala e da linguagem em psicanálise*, 189
"Kant com Sade", 126, 233
*Mais, ainda*, 204, 240, 254
*quatro conceitos fundamentais da psicanálise, Os*, 79-81, 96, 122, 218, 220-21, 268-70

# ÍNDICE REMISSIVO

*seminário*, livro 1, O 93, 189, 227
seminário, livro 8, O 249
*seminário*, livro 11, O 109, 181, 218, 268-69
Sobre "A carta roubada", 189
*ver também* Imaginário, na teoria lacaniana; *objeto a*, conceito lacaniano de; ponto de basta; Real, na teoria lacaniana; ordem simbólica, conceito lacaniano de
Laclau, Ernesto, 49-50, 242, 289
Chantal Mouffe e, 25, 31, 70, 80-81, 137, 185, 228, 254
*Hegemonia e estratégia socialista*, 31, 135
Lefort, Claude, 210
Lévi-Strauss, Claude, 25, 216
liberdade, 16-18, 28, 50, 56, 65, 73, 136, 153-55, 162-63, 230-35, 248, 298, 311-12
Lubitsch, Ernst, *Ninotchka*, 207
Luciano, Charles "Lucky", 161
luta de classes, 136, 183, 229
Luxemburgo, Rosa, 98-99, 129

## M
mais-gozar (*plus-de-jouir*), conceito lacaniano de, 33, 85-90, 126-28, 182, 236
mais-valia, categoria marxista de, 51, 85-90, 127
Marcuse, Herbert, *Eros e civilização*, 29
*Marnie, confissões de uma ladra* (Hitchcock), 254
Marx, Karl, 8, 18, 22n, 25, 27-29, 46, 53-58, 61-65, 72, 75, 85-88, 90, 124, 127, 137-38, 149-50, 186, 195, 199, 208, 210, 297, 310
análise da forma-mercadoria, 41-43, 46, 52-53, 56, 65, 145-46

*capital*, O, 41-42, 52, 56, 58, 63, 87-88
conceito de sintoma derivado de, 37, 50-52, 56, 186
prefácio de *Crítica da economia política*, 90
Maugham, Somerset, *Sheppey*, 96-97
*Memórias de um espião* (Kanievska), 74
Merleau-Ponty, Maurice, *Humanismo e terror*, 203
*mil e uma noites, As*, 255
Miller, Jacques-Alaın, 115, 158, 165, 180, 191, 237, 247
movimentos pacifistas, 28, 136
Mozart, Wolfgang Amadeus, 260-61
*As bodas de Fígaro*, 259
*Don Giovanni*, 57, 233, 259
mulher, como sujeito psicanalítico, 99, 114-15, 118-19, 159, 163-64, 166, 168-69, 176-77, 231, 238-39, 257, 259, 267
Mussolini, Benito, 127

## N
Nietzsche, Friedrich, 25, 197, 216
*nome da rosa, O* (Eco), 57-58

## O
*objeto a*, conceito lacaniano de, 87, 90, 106, 127, 145-46, 172, 207, 222, 228, 249, 255
*Ópera dos três vinténs* (Brecht), 60, 240
ordem simbólica, conceito lacaniano de, 46-47, 94, 101, 110, 114-15, 143, 157, 179-81, 184, 189-92, 194, 226, 231, 236-37, 240, 247, 253, 255, 267, 270
*Orgulho e preconceito* (Austen), 102
*Os 39 degraus* (Hitchcock), 252

# P

*Pacto sinistro* (Hitchcock), 252-53
Partido, papel do, no Estado totalitário, 150, 161, 207-10, 242
Pascal, Blaise, 69, 71-73, 77-78, 129, 208
*pássaros, Os* (Hitchcock), 254
Pêcheux, Michel, 27
Pétain, Henri (marechal), 148-49
Platão, 270
  *O banquete*, 249
*plus-de-jouir ver* mais-gozar
*point de capiton ver* ponto de basta
Pollack, Sydney, *Três dias do condor*, 262
ponto de basta ("ponto de estofo"; "ponto nodal"), na teoria lacaniana, 33, 115, 135, 146, 150, 152-56, 216
pós-estruturalismo, 25, 33, 57, 114, 215-18, 221, 224, 230, 238, 242
"pós-marxismo", 29, 31-32
"pós-modernismo", 123
princípio do prazer, 57-58, 126, 190, 233, 277, 287-88
*processo, O* (Kafka), 71, 106, 251
projeto iluminista, 33, 123-25
propaganda, símbolos norte-americanos, 146-47
protestantismo, 312
"pulsão de morte", 29-30, 118, 173-74, 181, 189-91, 195, 205-06, 250

# R

Real, na teoria lacaniana, 27, 80, 82-84, 86-87, 95, 110, 115, 118, 123, 125, 144, 148-49, 186, 190, 192, 210-11, 219, 225-29, 235-41, 247, 249-50, 252-55, 283, 312-13
*Rebecca, a mulher inesquecível* (Hitchcock), 177
reificação, 62

religião grega, 275-76, 312
religião judaica, 171-72, 275-76, 279-80, 310-12
revolução, conceito marxista de, 28, 31, 90, 98-99, 129, 138, 154, 195, 198-200, 202-05, 241-42, 244, 288
riso:
  enlatado, 67
  força antitotalitária do, 58
Robertson, Morgan, *Futility*, 111
Rossetti, Dante-Gabriel, *Ecce Ancilla Domini*, 168-69
Rousseau, Jean-Jacques, 162, 202

# S

Sade, marquês de, 46, 126, 173, 206, 233
  *Juliette*, 193
Saint-Just, Louis de, 210
Sartre, Jean-Paul, 295
Saussure, Ferdinand de, 136n, 153, 224
Schelling, F. W. J. von, *A essência da liberdade humana*, 233
Scorsese, Martin, *A última tentação de Cristo*, 169
Scott, Ridley, *Alien, o oitavo passageiro*, 123, 191
Searle, John, 142-44, 146
*separação* na teoria lacaniana, 27, 179
Shakespeare, William, *Hamlet*, 177, 194
significante fálico na teoria lacaniana, 216, 218-21, 285-86
Silvestre, Michel, 241
*sinthoma*, na teoria lacaniana, 114, 118-19, 123, 180-81
sintoma:
  conceito de, derivado de Marx, 37, 50-52, 56, 186
  fórmula lacaniana do, 93-97, 110-11, 114-18, 122, 124, 186, 202

# ÍNDICE REMISSIVO

interpretação freudiana do, 39, 122, 168, 180, 191, 202, 224, 255, 263

Sloterdijk, Peter, *Crítica da razão cínica*, 59-60

"Sobre o Conceito de História" (Benjamin), 195-96, 202

socialismo *utópico*, 51-52

Sófocles, *Antígona*, 169-73, 205, 291-92, 297-98

Sohn-Rethel, Alfred, 43-49

*sombra de uma dúvida, A* (Hitchcock), 252

sonhos, interpretação dos:
  freudiana, 37-42, 99, 192-93, 197
  lacaniana, 79-84

Stalin, Josef, 161-62, 206-07

stalinismo, 66, 87, 161, 187n10, 203-07, 209, 231, 241-42, 258, 270-72, 288-89

Sublime:
  como conceito estético, 277-79, 281-83
  corpo, na teoria lacaniana, 193, 207
  objeto, na teoria lacaniana, 33, 113, 207, 237, 266-67, 276-79
  religião judaica como, 275-76, 279

Syberberg, Hans-Jürgen, *Parsifal*, 120-21

## T

Tenn, William, "A descoberta de Morniel Mathaway", 96

*Teoria das ficções* (Bentham), 211

*Titanic*, efeito do naufrágio no imaginário social, 110-13

Tocqueville, Alexis de, 128

*Tom & Jerry* (desenho animado), 193, 207

totalitarismo, 30, 33, 56-58, 150, 182, 210

transferência, conceito psicanalítico de, 71, 75-76, 94-96, 98, 105, 116, 154-55, 174, 255

Trotta, Margarethe Von, *Os anos de chumbo*, 173

## U

*última tentação de Cristo, A* (Scorsese), 169

## V

*Vampiros de almas* (Siegel), 138

## W

Wagner, Richard, *Parsifal*, 28, 120

Waldheim, Kurt, 158-59

*Why? On the Obscenity of Questioning* [Por quê? Da obscenidade de perguntar] (Bodenheimer), 247-49

Wiener, Norbert, 93, 202

Wittgenstein, Ludwig, *Tractatus Logico-Philosophicus*, 229

## Y

Yovel, Yirmiyahu, 275-76

## Z

Žižek, Slavoj, *O mais sublime dos histéricos: Hegel com Lacan*, 32

Este livro foi impresso na tipografia Sabon LT Std,
em corpo 11/15, e impresso em
papel off-white no Sistema Cameron da
Divisão Gráfica da Distribuidora Record.